QUEM EU TANTO AMEI

AMÉRICO SIMÕES
GARRIDO FILHO
DITADO POR CLARA

QUEM EU TANTO AMEI

Barbara

Revisão: Sumico Yamada Okada
Revisão de conteúdo: Antonina Barbosa
Capa e diagramação: Meco Simões Garrido
Foto capa: Getty Images

Dados Internacionais de Catalogação na Publicação (CIP)
(Câmara Brasileira do Livro, SP, Brasil)   .

Garrido Filho, Américo Simões
Quem eu tanto amei/ Américo Simões. - São Paulo: Barbara Editora, 2016.

1. Espiritismo 2. Romance espírita I.Título.
08-0616   CDD-133.93

Índices para catálogo sistemático:
1. Romances espíritas: Espiritismo   133.93

BARBARA EDITORA
Rua Primeiro de Janeiro, 396 – 81
Vila Clementino – São Paulo – SP – CEP 04044-060
Tel.: (11) 26158082/ (11) 9 92084999
E-mail: editorabarbara@gmail.com
www.barbaraeditora.com.br

Todos os direitos reservados.
Nenhuma parte desta obra pode ser reproduzida ou transmitida por qualquer forma e/ou quaisquer meios (eletrônico ou mecânico, incluindo fotocópia e gravação) ou arquivada em qualquer sistema de banco de dados sem permissão expressa da Editora (lei nº 5.988, de 14/12/73).

Compre em lugar de fotocopiar. Cada real que você dá por um livro recompensa seus autores e os convida a produzir mais sobre o tema; incentiva seus editores a encomendar, traduzir e publicar outras obras sobre o assunto; e paga aos livreiros por estocar e levar até você livros para a sua informação e o seu entretenimento. Cada real que você dá pela fotocópia não autorizada de um livro financia um crime e ajuda a matar a produção intelectual em todo o mundo.
O direito autoral deste livro e dos demais do autor, patrocina projetos sociais e artísticos em prol do crescimento artístico e cultural de cada semelhante. Em nome de todos que são agraciados por tudo isso, o nosso muito obrigado.

Um olhar pode conceder, o outro cegar.
Um gesto pode acolher, o outro matar.
Uma palavra pode aprovar, a outra, mortificar.
De um ou outro modo, cada ato é uma força que cria e destrói, porém, a vida nos faz aprender... Tudo vai e volta na medida de cada ação. Assim, a verdadeira escolha é aquela que o amor decide.

L. Gasparetto

Capítulo 1

Despontavam os primeiros dias do verão de 1890 e o Brasil que se via na ocasião era um país tomado por muitos imigrantes italianos e negros livres dos horrores da escravidão, procurando se adequar à liberdade que tanto lhes custou caro e deixou muitos na miséria.

A cidade de Santos continuava sendo uma das mais importantes do país e do mundo na época, por ser o porto mais usado para a entrada de navios comerciantes e de imigrantes europeus.

Ali vivia Miguel Mietto, moço de um metro e oitenta e quatro de altura, cabelos negros e ondulados, cavanhaque devidamente aparado, e bigodes longos e arredondados nas pontas. Os olhos, tão negros quanto as sobrancelhas, pareciam duas luas escuras num céu esbranquiçado, com o poder de seduzir qualquer um que olhasse diretamente para eles.

Diziam que ele tinha confiança demais em si, por isso vivia correndo riscos, seu maior prazer; apostando o que tinha e o que não tinha nos jogos de baralho, dos quais participava, constantemente, especialmente nos que aconteciam no topo do Monte Serrat; lugar frequentado por homens impetuosos, irresponsáveis e bon-vivants, além de muitas autoridades e celebridades da época.

Ao ganhar no jogo, jamais perdoava a dívida de seus adversários, levando muitos ao desespero para pagar o que lhe deviam.

Há pouco se casara com Beatriz de Toledo, dona de um rosto extraordinariamente belo e marcante. Olhos calmos e cabelos bem penteados, escuros, uma figura esbelta que se movia com graça infinita.

Apaixonara-se por Miguel, no mesmo instante em que se conheceram, e da forma mais inesperada possível. Ela subia o pequeno lance de escada em frente ao Teatro São José, no Largo de São Gonçalo, São Paulo, para assistir a uma das ilustres apresentações das muitas companhias internacionais que se apresentavam ali, quando, sem querer, pisou em falso, torceu o pé e teria caído se ele, que vinha atrás dela, não a tivesse amparado.

A troca de olhares, o calor que cada um sentiu, ao se verem tão colados um ao outro, foi o suficiente para compreenderem que haveriam de ser marido e mulher. Foi o fascínio com que ela o olhou, mais do que propriamente sua beleza, que impressionou Miguel. Um olhar difícil de esquecer, eternamente registrado na memória de seu coração.

Contraíram laços matrimoniais em poucos meses e foram morar em Santos, numa casa aconchegante, herdada dos pais por Miguel.

Por muitas vezes, Beatriz se divertia com o marido, que relatava suas proezas nas mesas de jogo, deixando muitos na bancarrota. Ela o amava tão forte quanto alguém pode amar o próximo. O amor dos dois era a história mais linda que alguém já vira ou ouvira falar, fundada no respeito, na paixão e na devoção. Eles realmente se adoravam e estavam dispostos a compartilhar as alegrias do mundo e superar, juntos, os desafios e tristezas que a vida traz a todos.

A passagem do ano de 1890 para o de 1891 foi também comemorada no topo do Monte Serrat, sob um céu de estrelas brilhantes e luar encantador. O clima, agradável, não poderia estar mais propício para os convidados transitarem pelo amplo e arejado terraço do local; jogando conversa fora, rindo alto, descontraindo-se totalmente.

Entre os muitos presentes naquela noite, destacava-se Henrique Quaresma Assunção, sujeito de rosto longo e bonito, barba e cabelo perfeitamente aparados, num tom castanho que muito se assemelhava à cor de seus olhos.

Trajava-se com elegância e andava ereto, um dândi*, pedante por natureza. Um daqueles indivíduos que pensam que só porque possuem dinheiro, podem comprar o mundo e todos que nele habitam. Dinheiro que jamais conseguiu por mérito próprio. Fora puramente ampliado por meio de inescrupulosa agiotagem. Fingia-se de solidário àqueles que haviam perdido dinheiro no jogo ou de outra forma infeliz, oferecendo-lhes empréstimos quase impossíveis de serem pagos depois, devido aos juros exorbitantes que cobrava. Assim enriquecia a olhos vistos, sentindo-se cada vez mais superior a todos, sortudo e inatingível por qualquer mal sobre a Terra.

Nessa noite, Beatriz estava mais linda do que nunca, trajando um magnífico vestido de algodão, nas cores rosa e azul claro, com uma faixa de cetim na cintura, num tom branco que combinava com os sapatos no mesmo tom. No pescoço delicado, trazia um colar de perolas de três voltas e, nas orelhas graciosas, brincos de pérolas tão magníficas quanto as de seu colar. No pulso direito, uma linda pulseira de ouro, e no terceiro dedo da mão direta, um anel de considerável brilhante, contrastando lindamente com sua mão delicada e macia.

Não eram somente os homens que paravam para vê-la passar, admirando sua luminescência, muitas mulheres também a olhavam com admiração.

Foi durante a salva de rojões para comemorar a chegada do ano novo que Henrique Quaresma Assunção avistou tão monumental figura.

– Desculpe-me – disse ele, atabalhoadamente, ao esbarrar nela sem querer.

Ela se limitou a lhe oferecer um sorriso hermético e continuou seu caminho, deixando o cavalheiro prostrado no lugar, medindo-a de cima a baixo com seu olhos castanhos, subitamente cheios de malícia.

---

*Costumava-se denominar dândi, o homem de bom gosto e apurado senso estético, mas que não necessariamente pertencia à nobreza. Sujeito que geralmente levava a vida de maneira leviana e superficial. (Nota do autor).

O perfume dela, farejou ele novamente o ar, só para poder se deliciar por mais tempo com tão estonteante fragrância.

– Que mulher é essa? – perguntou a si mesmo sem se dar conta de que falara alto demais. – Uma alma divina, uma deusa?

Moços ao seu redor acabaram rindo de seu comentário tão espontâneo e verdadeiro.

Antes que a perdesse de vista, Henrique partiu atrás dela, embrenhando-se por entre outras graciosas almas femininas, muitas delas, solteiras, em busca de um marido, ou simplesmente um homem para amar.

Quando novamente se aproximou de Beatriz, ela sequer notou a sua presença, o que o deixou imediatamente de orgulho ferido.

– Ei – exclamou ele, injuriado. – Volte aqui!

Mas ela não o ouviu, continuou simplesmente caminhando, por entre os presentes, com seus passos delicados, como se fosse uma pluma, levada pelo vento. Henrique novamente arquitetou um meio de se aproximar dela como se o acaso os tivesse unido. Ela novamente lhe sorriu com simpatia, não por tê-lo reconhecido de há pouco, mas porque assim mandava a boa educação.

– Boa noite – disse ele, colocando-se repentinamente à sua frente.

– Pois não? – assustou-se ela, arrepiando-se diante de seu olhar vivo, escuro e penetrante.

– Gostaria de ter uma palavra com a senhorita. Posso?

Ela enviesou o cenho com uma delicadeza notável.

– Uma palavra... Sobre o quê?

– Sobre nós.

– Nós?

– Sim, sobre nós. Meu nome é Henrique Quaresma Assunção. Ao teu dispor.

– Senhor Assunção, sou uma mulher casada.

Ele não a ouviu. Primeiro por causa do burburinho a sua volta, segundo, porque, inconscientemente, não desejava ouvir nada que destruísse seu fascínio por ela.

– Teu nome, por obséquio – tornou ele, impondo ainda mais

simpatia à voz.

– Senhor Assunção – retrucou ela, sem perder a delicadeza. – Sou uma mulher casada. Casada, compreendeu?

Ao tocá-lo, para despertá-lo do que parecia ser um transe, ele teve a certeza de estar frente a frente com aquela que viria ser a mulher da sua vida.

– A senhorita... – continuou ele, emocionado.

– Senhora – corrigiu ela, apressadamente.

– Senhora? – finalmente ele a compreendeu.

– Sim – afirmou ela, ligeiramente severa desta vez. – Sou uma mulher casada. Com licença.

As palavras dela lhe caíram como uma martelada no estômago.

– Casada?! – indignou-se Henrique, assombrado. – Não pode ser.

Quando deu por si, Beatriz juntava-se ao marido que, numa roda de amigos, conversava animado.

– Casada – repetiu ele, decepcionado. – Que maçada.

Para ele, o rosto de Beatriz era o mais perfeito rosto feminino que já vira até então.

– Ela é mesmo muito linda... Perfeita... – murmurou a seguir, com voz de adolescente tomado por uma súbita e avassaladora paixão.

Sem se dar por vencido, ele imediatamente começou a colher informações sobre o casal e se espantou com o fato de ela amar o marido, a ponto de causar inveja e revolta na maioria dos homens que a desejavam tanto quanto ele a desejava.

Henrique terminou a noite, pensando em Beatriz, admirando-a de longe, desejando-a mais do que tudo. Voltou para sua casa, levado por sua carruagem, conduzida por seu cocheiro de inteira confiança, desejando encontrar uma forma de roubar, descaradamente, Beatriz de Miguel Mietto.

Roubá-la por amor, por paixão, por um desejo intenso de fazê-la feliz ao seu lado. Por nenhum outro motivo senão esses. Mas como? Como?!

Ao contrário de Henrique, Beatriz não registrou sua fisionomia em sua memória. O encontro que para ele significara tanto, para ela não passou de mais um, com qualquer indivíduo sem importância.

Ao dizerem que Beatriz só tinha olhos para o marido, era a mais pura verdade. Ela realmente amava Miguel e era capaz de tudo por ele.

Logo na segunda semana do novo ano, Miguel percebeu que sua maré de sorte estava definitivamente minguando. Desde que começara a jogar, nunca tivera um período ruim, no entanto, há mais de dois meses sua sorte vinha despencando vertiginosamente, a ponto de acumular dívidas sobre dívidas. Por um tempo, ele conseguiu esconder da esposa a situação difícil em que se encontrava, depois, não mais. Beatriz, alarmada o questionou:

– E agora, meu amor? O que pretendes fazer?

– Acalma-te. Eu hei de sair dessa. Se fui sempre sortudo, hei de resgatar minha sorte, cedo ou tarde.

– Deus queira que sim. Mas até lá...

– Até lá, faço empréstimos, eu me viro. Tranquiliza-te.

Ela achou melhor continuar confiando nele, porque tudo o que ele alegara para ela, desde que haviam se conhecido, acontecera como ele supunha.

Duas semanas depois, sem ter dinheiro para mais nada, tampouco mais o que vender para contornar a situação, Miguel foi pedir um empréstimo no banco, e quando não conseguiu, viu-se obrigado a recorrer a um agiota, apesar de abominar todos.

– Não gosto de agiotas – admitiu para um amigo.

– Quem é que gosta, meu caro? – respondeu prontamente o sujeito. – Mas, no teu caso, que outra solução tu tens?

– Tens razão.

Sendo assim, Miguel foi parar no escritório de Henrique Quaresma Assunção, onde conseguiu o que desejava, dando-lhe como garantia a casa em que morava com a esposa. O último bem da herança que ele recebera de seus pais. Se perdesse a casa, acabaria na sarjeta, indubitavelmente.

Diante do corre-corre diário, Henrique não se deu conta de que Miguel era o marido da mulher por quem se apaixonara no último réveillon. Mulher, na qual, não conseguia deixar de pensar por um instante sequer. Sempre fora de se ater à fisionomia das belas almas femininas, jamais às masculinas.

Nas semanas seguintes, a situação de Miguel piorou drasticamente. Nesse período, perdeu mais algumas das joias que dera à esposa e havia penhorado para poder ter com que se manter até sua sorte mudar. Por não ter conseguido pagar nenhuma das parcelas do empréstimo com o agiota, a casa seria tomada em menos de duas semanas, caso a dívida não fosse totalmente quitada na data exigida no contrato assinado entre ele e Henrique Assunção.

Miguel ainda se mostrava calmo diante da situação, crente de que na última hora conseguiria ganhar uma bolada no jogo e com ela, reverter sua situação. Beatriz, no entanto, já não tinha mais esperanças numa reviravolta a favor de ambos, por isso, decidiu ter uma palavra com o agiota, sem que seu marido soubesse, na esperança de convencê-lo a prorrogar o prazo do pagamento da dívida.

Henrique se encontrava atarefado em seu escritório, quando seu secretário apareceu, informando:

– Há uma senhora, querendo falar com o senhor. Posso mandá-la entrar?

– Pode, sim.

Quando Beatriz adentrou o recinto, Henrique sequer prestou atenção a ela. Disse-lhe simplesmente "sente-se", enquanto terminava de pôr alguns papéis nos devidos lugares. Levou quase dois minutos até que ele voltasse os olhos na sua direção e se surpreendesse com a sua presença. Logo seu rosto se iluminou com um sorriso de ponta a ponta.

– Abençoados sejam meus olhos! – exclamou, sem inibição. Ele mal podia acreditar que diante dele estava a mulher que lhe roubara o coração e a paz, após o destino tê-los jogado, frente a frente, na noite de ano novo no Monte Serrat.

– Tu... – continuou Henrique, apagando o cigarro num cinzeiro cheio de pontas fumadas pela metade.

Ela se limitou a encará-lo, querendo muito compreender por que ele reagira tão efusivamente.

– Senta-te, por favor – insistiu ele com tremenda simpatia na voz. – Fica à vontade. A que devo a honra?

Muito timidamente ela se sentou.

– Queres tomar um copo d'água, uma laranjada ou limonada?

– Não, obrigada.

Houve uma pausa até que Beatriz conseguisse realmente dizer ao que vinha.

– Venho até aqui pedir-te, encarecidamente, que prorrogues o prazo que deste a meu marido para acertar a dívida contigo.

– Dívida, marido?

– Sim. Sou a esposa de Miguel Mietto.

– Miguel... Miguel... Ah, sim! Ele me deve um bocado.

– E no momento não tem como saldar a dívida.

– Eu sinto muito.

– Sentes?

– Sinto não poder fazer nada por ele. Dívida é dívida e o pagamento deve ser honrado.

– Mas no momento meu marido não tem condições de acertar o que deve. Miguel sempre foi um homem de sorte, de muita sorte...

– Não me parece.

– Porque tem enfrentado uma maré de azar nos últimos meses, mas é temporário. Logo ele...

– Não posso me fiar na sorte do teu marido. Se ele tiver de ter sorte novamente, há de se reerguer de sua ruína financeira.

– Sim, mas...

– É tudo o que tenho a dizer-te.

– Tu não podes mesmo adiar o pagamento? Dar-lhe um tempo maior?

– Não, isso vai contra as minhas regras.

Abaixando os olhos para o chão, ficando subitamente muito sem graça diante da sua pessoa, ela respondeu:

– Eu compreendo...

– Que bom que me compreendes.

– De qualquer modo, obrigada pela tua atenção.

Ela se levantou, muito cuidadosamente, e depois de enxugar o canto dos olhos, dirigiu-se à porta. Tocava a maçaneta, prestes a girá-la, quando a voz grave e sonora de Henrique soou novamente no recinto:

– Espera um minuto, tenho algo a dizer-te.

Ela novamente voltou seu olhar angustiado para ele que rapidamente indicou-lhe a cadeira em frente a sua escrivaninha para que ela se sentasse outra vez.

– Estou bem de pé – agradeceu ela, com voz mais controlada.

– Por favor.

Ainda que incerta, Beatriz acabou atendendo ao pedido do sujeito. Levou quase cinco minutos até que Henrique fosse direto ao assunto. Nesse período, ele acendeu um novo cigarro, tragou-o, olhando para ela com muita atenção, pensativo e misterioso. Só então se abriu:

– Desde que te vi na última passagem de ano, eu jamais te tirei da minha cabeça.

Por nem um minuto ela pensou que ele lhe dissesse aquilo, tampouco que ficara fascinado por sua pessoa na noite em que se encontraram. Algo que se apagara totalmente da sua memória, pois ela não se recordava de tê-lo visto uma vez sequer em toda vida.

– Sim – continuou ele, por trás da fumaça asfixiante que exalava de seus pulmões. – Eu simplesmente fiquei apaixonado por ti. Nenhuma outra mulher até então me deixou tão fascinado. No entanto, já eras casada, o que me decepcionou tremendamente.

– E-eu...

– Não te constranjas. Não tens culpa de eu ter me apaixonado, tampouco de ter te casado com um sujeito irresponsável como o teu marido.

– Não fales assim do meu marido. Eu o amo. Ele é tudo para mim. Sou capaz de qualquer coisa por ele. Até mesmo...

– Até mesmo?

– Morrer por ele se for preciso.

– Então, tua paixão por teu marido é tal qual a que sinto por ti. Que pena que não te conheci antes, que o destino se atrasou em nos unir.

Incomodada com as palavras do sujeito à sua frente, Beatriz se agitou:

– Quer o senhor ir direto ao ponto, por favor? Diz-me logo o que queres.

Ele, muito pacientemente, respondeu:

– Quero ajudar-te. Tu vieste aqui me pedir ajuda e estou disposto a isso.

Novamente ela se surpreendeu com suas palavras.

– Quer dizer que vais aceitar a minha proposta? Vais dar um prazo maior para o meu marido pagar-te a dívida?

– Pela senhora posso fazer bem mais do que isso.

– Não estou entendendo.

– É simples. Posso perdoar a dívida do teu marido.

– Perdoar-lhe?

– Sim, senhora. Totalmente!

Ela levou a mão ao peito, agarrando firmemente a medalhinha de seu cordão de ouro, como se precisasse dela, mais do que tudo, naquele instante, para não desabar. Novamente seus olhos se inundaram d'água e lágrimas escorreram por seu rosto de porcelana.

– Serias mesmo capaz de perdoar a dívida do meu marido?

– Se estou dizendo que sim. Não sou de jogar palavras ao léu.

Ela perdeu a voz, tomada por súbita emoção.

– Serei eternamente grata a ti – admitiu ela, quando se sentiu forte o suficiente para articular as palavras.

– Obrigado. Eu só desejo em troca...

– Diz, se estiver ao meu alcance, farei em gratidão.

– Está sim ao teu alcance.

– Pois me digas, o que é?

– Eu só desejo em troca... a senhora.

Por um minuto, Beatriz Mietto se perguntou se não teria ouvido demais.

– Por acaso, estás a brincar comigo?

– Não, em absoluto! – confirmou ele, devorando-a com seus lindos olhos acastanhados.

– Então estás me ofendendo. Ofendendo a mim e ao meu marido. Desrespeitando minha integridade moral.

Ele se recusou a ouvi-la, atropelou suas palavras, dizendo:

– Estou disposto a dar-te o mundo e as estrelas se assim desejares. Porque estou perdidamente apaixonado por ti. Loucamente apaixonado.

– Sabes bem que sou uma mulher casada.

– Sei, sim, mas que futuro podes ter ao lado de um homem falido como o teu esposo? Duvido muito que ele possa se reerguer ainda que tenha sorte, muita sorte, que parece tê-lo abandonado totalmente nos últimos meses.

– O Miguel é tudo para mim!

– Pensa em ti, no teu futuro. Aposto que queres ter filhos. Que vida digna eles poderão ter, ao lado de um sujeito feito teu marido? Sê realista. Por favor. Quero-te tanto como minha esposa, que sou capaz de aceitar-te, mesmo tendo sido desvirginada por outro. Que homem da minha estirpe chegaria a esse ponto?

– Vou-me embora daqui.

– Calma.

– Tu não tens coração.

– E teu marido teve pena daqueles que perderam suas fortunas para ele no jogo? Não, ele fez questão de receber cada tostão devido. Agora é a vez de ele provar do seu próprio veneno.

Nesse momento, Beatriz se viu literalmente sem saber o que dizer. Não tinha argumentos para defender Miguel, porque sabia o quanto aquilo era verdade. Desde que se viciara no jogo, fora sempre impiedoso para com todos que perdiam para ele, jamais perdoando suas dívidas, ainda que acabassem na miséria ou na loucura a ponto de atentarem contra a própria vida.

Calada, ela se levantou, obrigando Henrique a ir atrás dela, segurando-a pelo braço, antes que atravessasse a porta.

– Se não me desejas como marido, tudo bem, eu me conformo. Se insistes em querer o fracassado do teu esposo, faz bom proveito dele. Agora, se pretende mesmo ajudá-lo a sair da enrascada em que ele se meteu e, consequentemente tu também, aceita minha proposta.

Os olhos negros dela, brilhantes pelas lágrimas, arregalaram-se ainda mais, assustados.

– Proposta, que proposta?

– Deita-te comigo uma única vez, ninguém precisará ficar sabendo, sequer teu marido, e eu perdoarei a dívida dele. Uma única hora entre nós dois, num local discreto e tranquilo. É só...

Ele não completou a frase, ela cuspiu-lhe na face.

– Tira as mãos de mim, seu nojento, seu pulha – rugiu ela, entre dentes. – Sinto asco de ti.

Henrique não se deixou abater:

– Uma horinha só é o que te peço, nada mais. Assim me farás feliz e eu também te farei feliz.

– Indecente, como ousas falar assim com uma mulher casada? Uma mulher de respeito como eu? Tu não prestas. Não vales um *tostão.* Solta-me!

Ele apertou ainda mais o braço dela e se fez incisivo, mais uma vez:

– Aceita a minha proposta. Tu e teu marido não têm saída. É pegar ou terminar na sarjeta. Pensa bem antes que eu mude de ideia.

Com um safanão, Beatriz se livrou das garras do homem e partiu, estugando os passos, tremendo por debaixo do vestido. Nunca, em toda vida, sentira-se tão ofendida como naquele momento. Segurava-se para não chorar e passar vergonha diante daqueles que cruzavam pelo seu caminho.

Henrique Assunção, por sua vez, escorou-se contra a porta

17

de seu escritório, assim que a visitante partiu. Cheirava as mãos que apertaram o braço dela para sentir o perfume que lhe parecia único.

— Só uma estúpida não aceitaria a minha proposta — murmurou, transpirando, devido a forte emoção. — E ela não é estúpida, não pode ser.

Naquele momento, após aquela terrível colisão com a realidade, o que Beatriz mais queria era um lugar onde pudesse aterrissar suavemente sua cabeça e fechar os olhos para o mundo caótico ao qual pertencia.

Mais tarde, naquele mesmo dia, ao ver o marido chegando a casa, novamente alcoolizado mais do que habitual, Beatriz desesperou-se ainda mais:

— Miguel, meu amor, bebeste além da conta novamente. Assim vais prejudicar tua saúde.

— Preciso relaxar, Beatriz. Relaxar...

— E o jogo desta noite?

— Foi péssimo novamente, endividei-me ainda mais.

— Oh, Miguel.

— Mas como diz o ditado: quem não arrisca não petisca! Por isso...

Ela não opinou, calou-se, voltando os olhos para o chão.

— Ei — chamou ele, procurando alegrá-la. — O que é isso? Nós vamos sair dessa.

— É que tu nunca antes perdeste a sorte, perdeste?

— Não, mas...

— Só fico pensando se... tudo isso que está acontecendo conosco não é porque foste impiedoso com aqueles que perderam para ti nos jogos.

— Se eu tivesse sido piedoso com todos, Beatriz, não teria recebido o que me deviam. O que ganhei de cada um, em cada partida jogada. Não posso ser um fraco, um frouxo, um...

— Alguns chegaram a tirar a própria vida por terem perdido o que apostaram.

– Então não tivessem apostado, Beatriz. Tivessem pensado antes de se meterem com jogos de azar.

Ela refletiu por instantes, enquanto ele enxugou suas lágrimas com um lenço.

– Sabes o que tem me prejudicado, Beatriz? É o nervoso que venho passando nos últimos meses pela falta de sorte. A pressão que tenho vivido para recuperar minha sorte, tem sido pior do que a minha própria falta de sorte. Preciso relaxar. Só assim vou recuperá-la.

Beatriz pensou mais uma vez em perguntar ao marido, se ele não deveria finalmente arranjar um trabalho que lhe garantisse um salário no final do mês, para pagar suas despesas. Que levasse o jogo, se não podia viver sem ele, como um passatempo, uma diversão de final de semana. Calou-se mais uma vez por receio de que sua sugestão o deixasse ainda mais nervoso e deprimido do que já estava.

Pegando nos ombros dela, tão delicados quanto ela num todo, Miguel se fez franco mais uma vez:

– Não te preocupes, meu amor. Eu hei de ganhar na hora certa. Tu verás!

Ela se agarrou a ele e o abraçou apertado, querendo muito acreditar em suas palavras, ditas com tanta certeza. No dia seguinte, logo pela manhã, Beatriz voltou à igreja que passara a ir com mais frequência, na esperança de que Deus iluminasse a vida do casal. Nos dias que se seguiram, Miguel, infelizmente, continuou perdendo no jogo, noite após noite, piorando cada vez mais a sua situação financeira. Das joias que dera à esposa, não restou nem uma. Muitas delas, ele usou para pagar apostas, e das que penhorou para obter novos empréstimos, perdeu por não conseguir pagar a penhora.

A casa era tudo o que possuíam e seria de propriedade de Henrique Assunção, caso não lhe pagasse a dívida na data prevista.

Quando Beatriz encontrou o marido no meio da noite, junto à janela, olhando para as estrelas enquanto tragava um cigarro, teve a certeza de que ele perdera definitivamente a esperança de que poderia ganhar no jogo e livrá-los da bancarrota. A constatação a deixou devastada por dentro e por fora, crente de que se ele perdesse a casa desta vez, nunca mais recuperaria a fé em si mesmo.

– Vamos para a cama, Miguel – chamou ela, carinhosamente, puxando-o pela mão de volta ao leito. – Tu precisas dormir. Relaxar.

Ele procurou sorrir para ela, ainda que não conseguisse mais esconder seu desespero, por trás de seu sorriso,

Assim que se deitaram e ela apagou a luminária, Beatriz se recordou da proposta indecente do homem por quem mais sentira nojo na vida toda.

"Deita-te comigo uma única vez, ninguém precisará ficar sabendo, sequer teu marido, e eu perdoarei a divida dele. Uma única hora entre nós dois, num local discreto e tranquilo... Assim me farás feliz e eu também te farei feliz... Aceita minha proposta. Tu e teu marido não têm saída. É pegar ou terminar na sarjeta. Pensa bem antes que eu mude de ideia."

Só de se lembrar dele, olhando para ela, com olhos obscenos, desejando-a, despudoradamente, Beatriz sentiu seu estômago embrulhar. Nunca, em toda vida, conhecera um indivíduo tão desagradável como aquele, capaz de fazê-la se arrepiar quando ao seu lado, ou, simplesmente por saber que ele habitava o mesmo planeta que ela.

No entanto, Henrique Quaresma Assunção os tinha na palma de sua mão. Estava, como se dizia popularmente, com a faca e o queijo nas mãos.

O ódio por se ver presa àquele sujeito pervertido era quase capaz de fazer Beatriz perder o ar. Só de pensar nele, sentia-se arrepiar e o estômago se contorcer de dor.

No dia seguinte, ao receber a visita de um dos funcionários de Henrique, para lembrar Miguel de que o prazo para saldar sua dívida, terminava em uma semana, Beatriz se convenceu de que não havia mesmo saída para ela e o marido, ambos acabariam na sarjeta se uma providência não fosse tomada. Sendo assim, ela rapidamente se arrumou e voltou ao escritório do agiota, na esperança de convencê-lo, desta vez, terminantemente, a lhes dar mais tempo para saldar a dívida.

– Já estiveste aqui – respondeu Henrique, sem rodeios, tampouco delicadeza. – Já te expliquei como lido com os meus negócios.

– Sim, mas... Só te peço mais um mês...

Ele novamente mirou bem os olhos dela, lindos, envoltos de cílios longos e brilhantes e disse, abrandando a voz:

– Um mês?

– Sim, um mês. Encarecidamente.

– Sabes o quanto gosto de ti. Abri meu coração, correndo o risco de me expor ao ridículo. Não o faria, jamais faria, se não te adorasse tanto. Vivo com tua imagem no meu pensamento. Dia e noite, noite e dia. Só peço a ti que me dê uma oportunidade. Uma única para que eu possa convencer-te do quanto te quero bem, do meu lado, até que a morte nos separe.

Ele tomou e ar e completou:

– É só o que te peço: uma chance.

– Mas eu não te amo.

– Mas podes vir a me amar, se me conheceres melhor.

– Isso nunca vai acontecer. O homem da minha vida é o Miguel. Eu sinto muito.

– Pois eu também sinto muito por ti. Não poderei ajudar-te. Não enquanto não te deitares comigo. Se o fizeres, então...

Dessa vez foi ela quem suspirou. Desperta de suas reflexões, falou o que achava ser necessário:

– Se rasgares na minha frente o documento assinado por meu marido, perdoando-lhe a dívida, eu... – A voz dela falhou por duas, três vezes, até que se mantivesse firme suficiente para dizer: – Se assim fizeres, aceito tua proposta.

O rosto dele se iluminou por ver ali, a chance de fazer a mulher dos seus sonhos, apaixonar-se por ele.

– Eu rasgo o documento, faço tudo o que me pedires – respondeu ele apressado e empolgado.

– Se me prometes que ninguém nunca há de saber a respeito do nosso trato.

– Prometo. Será um pacto entre nós dois.

– Onde e quando devo...

– Oh, sim – respondeu ele, apressadamente, e depois de refletir um minuto, sugeriu-lhe um lugar discreto no centro da cidade, por volta das três horas da tarde do dia seguinte.

Assim que ela pegou o pedaço de papel, onde ele anotara o endereço do lugar, ela encerrou a visita, dizendo:

– Estarei lá. Só não te esqueças de levar o bendito documento.

– Não me esquecerei.

Sem mais, ela partiu, deixando Henrique com um sorriso de ponta a ponta, agradecido à vida por ter colocado a mulher que tanto desejava, na palma de suas mãos.

Naquela noite, durante o jantar, Miguel tentou agradar a esposa, ao perceber seu abatimento. Para ele, ela se encontrava naquele estado por estar desesperada com a situação em que ambos enfrentavam, jamais poderia imaginar o que realmente a afligia tanto. O que ela estava prestes a fazer para salvá-los da ruína. Aquela foi uma das piores noites já passadas por Beatriz; dormiu mal, acordando assustada a cada meia hora, afligindo-se cada vez mais com o que teria de enfrentar na tarde do dia que estava para nascer.

14:55 e lá estava Beatriz em frente ao local onde prometera se encontrar com Henrique Assunção. O quarto em questão ficava no terceiro andar e foi com muito custo que ela subiu até ele. Antes de bater à porta hesitou por duas, três vezes e quando o fez, seu toque foi tão leve que foi preciso repeti-lo para que fosse ouvido.

Não demorou mais do que 5 segundos para que Henrique a recebesse e sem abdicar de um sorriso, guiasse a recém-chegada para dentro do aposento.

– Entre, fique à vontade.

Ele estava impecavelmente arrumado e perfumado, feliz à flor da pele. Ela, no entanto, estava visivelmente nervosa. Fazia pequenos e involuntários movimentos descontrolados e seus olhos, com olheiras profundas, brilhavam demais. Estava atenta, alerta, incapaz de relaxar.

Quando o indivíduo deu um passo à frente, Beatriz recuou. Nunca sentira tanto medo na vida. A inquietação devorava seu interior.

Diante do seu olhar assustado e da crescente angústia que ela se esforçava em esconder, ele tentou acalmá-la com palavras bonitas e sutis.

– Vamos acabar com isso o mais rápido possível – pediu ela, sem demonstrar raiva na voz, nem mesmo desgosto, só cansaço.

– Está bem...

Ao se aproximar dela, ela, afastando-o com a mão, pediu-lhe, aflita:

– Espere! O documento! Onde está o documento?

– Aqui – ele mostrou para ela e logo depois de ela conferi-lo, ele o rasgou em pedaços.

– Mas – agitou-se ele – tu rasgaste o documento antes sequer de termos...

– Para mostrar-te que minhas intenções são só as melhores. Digo que te amo, porque é verdade. Não brincaria com os teus sentimentos, nem com os meus.

Ele acreditou que suas palavras a tocariam de algum modo, o que não aconteceu. Ela continuava odiando tudo aquilo, odiando-se por estar ali, diante daquele homem desprezível que mais desejava vê-lo morto ainda que fosse um pecado inconcebível a Deus.

Ao pegar o punho dela, para levá-la para cama, Beatriz novamente reagiu:

– Prometa-me que meu marido nunca há de saber o que houve. Por tudo que há de mais sagrado.

Ele prontamente atendeu ao seu pedido:

– Prometo. Tens a minha palavra.

Na cabeça de Henrique Assunção, Beatriz se apaixonaria por

ele naquele encontro e o segredo entre os dois, seria guardado para sempre, porque ela haveria de ser dele.

Foram os onze minutos mais aterrorizantes da vida daquela jovem de não mais que 20 anos de idade na ocasião. Com a sensação crescente de ter sido enterrada viva, querendo se libertar da cova, sem ter condições físicas e psíquicas para aquilo.

Para Henrique, o momento foi o mais glorioso já vivido com uma mulher até então. Nunca se sentira tão completo, tão vivo e tão convencido de sua masculinidade.

Quando tudo teve fim, ele se jogou para o lado, acendeu um cigarro e riu de alegria.

– Você é formidável... – desabafou, logo após a primeira tragada. – Simplesmente formidável.

Ela, como que desperta de um transe, sentou-se a cama, procurando se recompor.

– Espere! – disse ele, empolgado. – É tão cedo.

A resposta dela soou alta, clara e objetiva:

– O que tu querias de mim já tiveste. Agora deixa-me ir.

Ela se levantou e, com certo cuidado, foi se vestindo. Tão desagradável quanto tudo que vivera há pouco, foi perceber que ele admirava seu corpo, passeando seus olhos de lá para cá, detendo-se em suas curvas, roubando-lhe mais uma vez a dignidade.

Ele se levantou a seguir, vestiu as calças e foi até ela, esperando ser tratado com mais cordialidade.

– Eu adorei... – admitiu, sorrindo terno e apaixonadamente para ela.

Ela, evitando olhar diretamente para ele, ergueu a voz:

– Não quero nunca mais olhar-te. És-me repugnante.

– Não digas isso. Assim tu partes o meu coração.

Quando ele a tocou novamente, ela fez o que finalmente desejava, desde que pusera os pés ali. Deu-lhe um tapa no rosto, com toda força do que dispunha no físico. Depois mais outro e outro... Estava tão cega de raiva que só parou quando ele a segurou firme com as duas mãos e tentou beijá-la mais uma vez. Ela então lutou, freneticamente, para se livrar dele e quando conseguiu, cuspiu-lhe na face, provocando-lhe risos e não revolta, como ela presumiu que aconteceria.

– Eu te adoro, Beatriz – exclamou ele, apaixonadamente. – Esse teu jeito furioso. Eu...

Ela novamente cuspiu nele e disse, a toda voz:

– Tu me humilhaste. Nenhum ser humano tem o direito de humilhar o outro dessa forma. Que o inferno seja o teu lugar. O inferno eterno.

Sem mais, ela apanhou suas coisas e partiu, deixando um sorriso de trapo, brilhando na face do jovem agiota, que acreditava, piamente, que ela, cedo ou tarde, haveria de se apaixonar por ele.

Na primeira igreja que avistou pelo caminho, Beatriz entrou para pedir perdão a Deus pelo que fez.

– Fiz o que fiz por amor, o amor imenso que sinto pelo meu marido – declarou, baixinho, com o terço na mão, o véu sobre a cabeça e muitas lágrimas, escorrendo pela face, tomada de contrariedade pelo que se submetera há pouco, na esperança de salvar o marido da ruína.

Ao chegar a sua casa, correu atrás da criada para que lhe preparasse um banho, urgente, antes que Miguel chegasse. Por sorte ele havia saído, ela não se perdoaria se ele a abraçasse e a beijasse, tendo ainda na pele, resquícios do suor do homem que por pouco não destruíra a sua vida.

Beatriz tomou seu banho entre lágrimas e mais lágrimas que pareciam nunca mais ter fim. Quanto mais a criada lhe esfregava a pele, mais ela lhe pedia que fizesse mais forte. Como se a fricção da bucha pudesse lhe devolver a dignidade perdida. Não podia haver um resquício sequer de suor de Henrique Assunção sobre ela. Nada! Nem sequer em sua alma.

Duas horas depois, quando Miguel chegou, ela se olhou no espelho do toucador para se certificar se sua aparência estava menos abatida e só então correu até ele.

– Miguel, meu amor – gritou, indo ao seu encontro e o abraçando com ternura.

– Está tudo bem? – estranhou ele seu comportamento exagerado. – O que houve? Tu me pareces nervosa. Aconteceu alguma coisa?

– Não, meu amor, estava apenas preocupada com a tua demora.

– Fui caminhar à beira mar, para espairecer.

– Oh, meu querido. Senta-te aqui. Fiz uma canja deliciosa. Prova.

– Vou querer, sim. Estou faminto. Vou só lavar minhas mãos.

Minutos depois, o casal estava sentado à mesa, deliciando-se com a saborosa canja.

– Hum... – murmurou ele, sorrindo. – Está deliciosa.

– Obrigada – respondeu ela, com lágrima, escapando pelo canto dos olhos.

– O que foi? – estranhou ele, ao avistar a lágrima, rolando por sua face.

– Deve ter sido a fumaça... – mentiu ela e em seguida, tomou-lhe a mão, entrelaçou à sua e admitiu:

– Ah, Miguel, não te esqueças nunca do quanto eu te amo, meu amor.

Ele, sorrindo para ela com olhos bondosos e apaixonados, respondeu:

– Eu também te amo, Beatriz. Infinitamente. E não importa o que aconteça, nós vamos sair dessa. Vamos dar a volta por cima, tu verás.

– Sim, meu amor. Eu acredito plenamente nisso.

Naquela noite, Henrique Assunção dormiu feliz, tão feliz que nada podia destruir dentro dele a certeza de que Beatriz acabaria se decidindo ficar com ele, porque percebera, depois do ato vivido entre quatro paredes, o quanto ele poderia fazê-la bem mais feliz na cama e ao longo de sua vida.

No entanto, o que ele muito acreditou e almejou não aconteceu. Logo soube que Beatriz continuava intensamente devotada ao marido, amando-o de paixão.

Tão inconformado ficou com a reação da moça que decidiu aguardar por ela, em frente a sua casa, do outro lado da rua, em seu tílburi, até que ela saísse só e ele pudesse lhe falar em particular. Seguiu-a até a igreja e quando lá, surpreendeu-a com sua chegada repentina.

– Senhora... – chamou ele, baixinho.

Quando Beatriz o viu, ali, tão rente dela, por pouco não gritou de desespero.

– Não te assustes, só quero ter uma palavra contigo.

– Afasta-te de mim ou eu grito.

– Não precisa, respeitarei tua decisão. Só quero que entendas que o meu amor por ti, ainda é imenso e...

– Que parte não entendeste? A que falei do asco que sinto por ti ou a que nunca mais quero ver-te na vida? É meu marido quem eu amo de verdade e hei de ser feliz com ele até que a morte nos separe.

– Por que recusas o meu amor?

– Por quê? – ela riu com escárnio. – Porque te abomino. Teus olhos, tua voz, teu cheiro. – Ela fez cara de nojo e se arrepiou. – Deus que tudo vê e tudo ouve é testemunha do mal que me fizeste.

– Não foi por mal.

– Pois para mim, foi como se tivesses me estuprado. A sensação mais apavorante que já vivi.

– Não quero que te sintas assim a meu respeito. Amo-te, quero-te de qualquer jeito.

– Nem no inferno, onde me condenaste com tua obscenidade, hás de me ter. Nem lá! Agora, desaparece da minha frente. Nunca mais te atrevas a te dirigir a mim.

Ele, desacorçoado, respondeu com todas as letras:

– Tu ainda vais te arrepender por ter me negado o teu amor.

– Já me arrependo de ter olhado para ti, um dândi, esnobe e artificial, cuja única fortuna que realmente possui, é aquela que não pode comprar a felicidade, de fato, ao lado de uma mulher.

Que tu morras de tristeza e solidão por nunca teres encontrado a felicidade. Tu não a mereces, nunca!

Arrasado, Henrique atendeu ao pedido da mulher que tanto mexia com ele. Deixou a igreja, caminhando de costas, a princípio, e depois de frente, a passos ligeiros, enquanto entortava a aba de seu chapéu, rilhando os dentes, sentindo-se desmoronar.

Assim que ele partiu, Beatriz foi até o confessionário, ajoelhou-se e disse:

– Padre, preciso me confessar.

– Pois não, filha.

Foi entre lágrimas, insopitáveis, que ela pediu perdão a Deus pelo que fez para salvar o marido da ruína.

Henrique chegou ao seu tílburi, sem sequer observar seus passos até lá. Tudo que disse ao cocheiro foi para que o levasse de volta ao seu escritório. Seu estado preocupou o empregado, a impressão que tinha é de que o patrão teria um surto a qualquer minuto. Tremia por inteiro, os olhos parecendo de vidro, olhavam o vazio. Era o retrato da desilusão em pessoa. A imagem de um soldado que a duras penas perdeu a guerra e precisa reconhecer o fato.

Assim que adentrou seu local de trabalho, entre aspas, Henrique recebeu a correspondência do dia. Seu desânimo era tanto que levou quase uma hora para lê-la. Quando fez, surpreendeu-se com uma carta, informando que ele herdara propriedades e certa fortuna na Europa, deixada por uma tia distante.

– Preciso viajar, urgente! – declarou ao seu secretário.

– Urgente, senhor?

– Sim, para Portugal. Um membro de minha família morreu e deixou parte de sua herança para mim. Tenho de ir recebê-la. Quem me prende ao Brasil no momento não me quer, portanto...

Logicamente que ele pensou em partir com Beatriz. Com ela ao seu lado tudo seria mais lindo e gratificante de se viver. Pena que ela não o via com os mesmos olhos, que seu único intento em relação a ele era espezinhá-lo e humilhá-lo.

– Essa viagem veio bem a calhar. Estou realmente precisando respirar novos ares – admitiu ele ao perceber que morando na mesma cidade de Beatriz, ela continuaria humilhando-o com seu desprezo e sua alegria por estar ao lado do marido, o que não seria nada agradável para ele.

– E quanto as dívidas que muitos têm com o senhor? – perguntou o secretário a seguir.

– Enquanto eu estiver fora, tu tomarás conta de tudo para mim. Nas datas devidas receberás o que tiver de ser recebido e...

– E quanto aos empréstimos?

– Estão suspensos até minha volta.

– O empréstimo do Senhor Miguel Mietto vence em dois dias.

– Esqueça. Eu perdoei a dívida.

– O senhor perdoou?!!!

– É uma longa história que não cabe ser explicada agora. Se o sujeito vier procurá-lo, aqui está o documento devidamente rasgado.

– Bem...

O criado coçou a nuca, deveras surpreso com a bondade repentina do patrão. O que ele disse a seguir o surpreendeu ainda mais:

– Só assim vou mesmo conseguir tirá-la da minha cabeça.

– Ela?

– Esqueça.

Dia seguinte, no porto, junto à balaustrada do navio, ao lançar seu olhar para a cidade que tanto admirava, Henrique recordou-se mais uma vez do futuro que desejou ter ao lado daquela que guardaria para sempre em seu coração. Uma paixão doentia, diriam muitos, enquanto os poetas a chamariam de necessária para apurar um coração incapaz de se livrar das artimanhas do amor.

No dia estipulado para saldar sua dívida, Miguel apareceu no escritório de Henrique Assunção e, ao ser informado que o agiota havia viajado para a Europa, onde permaneceria por tempo indeterminado, surpreendeu-se.

– Vim falar da minha dívida com ele – explicou-se Miguel assim que teve oportunidade.

– Aqui está – o funcionário lhe entregou o envelope, contendo o documento rasgado.

– O que é isso? – surpreendeu-se Miguel, franzindo a testa diante do que recebeu.

– Seu documento.

– Picado?

– Pelo que entendi, o Sr. Assunção perdoou a dívida do senhor. Tão feliz ficou com a herança que recebeu de um parente distante que lhe perdoou, impulsionado, com certeza, por uma bondade repentina.

O rosto de Miguel se iluminou. Rapidamente agradeceu o sujeito e partiu, estugando os passos, de volta para sua casa, ansioso para contar a novidade à esposa.

– Beatriz! – adentrou ele sua morada, chamando por ela.

Ao vê-la, também ansiosa para saber se o agiota havia realmente cumprido o que lhe prometera, Miguel, entre lágrimas contou-lhe o que havia acontecido.

– É isso mesmo que tu ouviste, Beatriz. O agiota perdoou-me a dívida. Recebeu uma herança na Europa e partiu para lá por tempo indeterminado. Deve ter ficado tão feliz com o que recebeu que me perdoou a dívida. Isso não é maravilhoso?

Miguel abraçou a esposa na altura da cintura e a girou. Depois beijou-lhe os lábios e disse, com sinceridade:

– Nunca mais passaremos por isso, Beatriz. Nunca mais dívidas, eu prometo!

Naquela noite eles comemoraram o acontecimento com um jantar especial, e, depois, se amaram, felizes pela nova oportunidade de vida.

– Ah, Beatriz, Beatriz, meu amor... Tudo vai ser diferente daqui para frente, tu verás!

Ao ser beijada, mais uma vez por ele, que tanto amava, a moça se agradeceu, em silêncio, por ter feito o que fez para manter um teto sobre suas cabeças, o único bem material que possuíam.

Assim que teve oportunidade, ela também agradeceu a Deus por Ele ter tirado Henrique Quaresma Assunção de perto dela. Só de saber que moravam na mesma cidade e, que poderiam se encontrar a qualquer momento, era horrível demais. Uma tortura insana.

"Obrigada, Senhor", agradeceu ela silenciosamente. "Quanto mais longe aquele monstro estiver de mim, menos culpada me sentirei pelo que fiz. Menos impura e humilhada. Que o destino o leve para longe e para sempre, para todo sempre. Amém."

Outra notícia boa, Beatriz teve ao saber que a sorte do marido estava voltando. E ao que parecia, dessa vez, para ficar. Com isso, Miguel voltou a esbanjar, como sempre fazia, quando se sentia insuperavelmente vitorioso. Quanto aos que perdiam para ele no jogo, pouco se importava com o desespero e a miséria que passavam a enfrentar na vida desde então. Como ele mesmo dizia e fazia questão de frisar: se não quisessem perder bens materiais e dinheiro, que não apostassem. Ficassem em suas casas, levando uma vidinha medíocre sem riscos e emoções radiantes. Não, ele não tinha pena de ninguém, da mesma forma que acreditava que ninguém tinha pena dele.

Capítulo 2

A chegada de Henrique Quaresma Assunção a Portugal renovou suas energias. A herança recebida da tia: uma bela mansão numa das ruas mais importantes de Lisboa, uma quinta e uma considerável soma em dinheiro que lhe permitiria viver ali sem precisar trabalhar, foram motivos de sobra para alegrá-lo.

Decidido a se esquecer de Beatriz Mietto, Henrique começou a participar de todos os saraus a que era convidado, almoços e jantares. Nesses locais, muitos eram os cavalheiros e damas que apresentavam suas filhas solteiras, na esperança de que ele se interessasse por uma delas e se casassem. Ainda que se permitisse conversar com muitas, Henrique logo se desinteressava ao compará-las com Beatriz Mietto, aquela que mesmo sem querer, parecia ter aprisionado seu coração na cidade de Santos. Ela ainda mantinha forte presença em seu peito, como se tivesse criado raízes ali.

Quando foi viver só na casa que herdara da tia, ainda que bem servido de criados e de amigos, que volta e meia o visitavam, tornou-se triste e angustiado, começando a dar verdadeiros sinais de carência afetiva.

– Tu precisas casar, Henrique – aconselhou-lhe mais um amigo. – Uma rapariga formosa há de afugentar a solidão do teu coração. Ouve meu conselho. Um homem casado é um homem sadio.

Ele bem que tentava, mas nenhuma beldade fora capaz até então de conquistá-lo. Ele queria mesmo era se apaixonar por uma mulher tal como se apaixonara por Beatriz, para viver um amor intenso, como ela vivia pelo marido.

Foi quando visitava o Rio Douro, ao caminhar às suas margens, que uma dama finalmente despertou sua atenção. Seu nome era Maria Rita Abreu de Medeiros, moça de acurada educação e polidez. O tipo de alma feminina que quando se apaixona, apaixona-se de verdade e com intensidade.

Ao passar por ela, Henrique ergueu o chapéu com galanteria, sem perceber que se encantara por ela por se parecer fisicamente com Beatriz, quase que por inteira. Fez-lhe a corte como prezava um cavalheiro da sua estirpe e, sem medo de errar, pediu-lhe a mão a seu pai que consentiu no mesmo instante. Casaram-se num sábado frio e ventoso de novembro de 1891.

Ao tocar seu corpo na noite de núpcias, a decepção de Henrique foi imediata. Tão transparente que a esposa percebeu na mesma hora que algo saíra errado.

– Fiz algo que não devia? – perguntou ela, sem esconder a aflição.

– Tu, não, eu fiz.

– Tu foste perfeito – agitou-se ela, querendo muito agradá-lo.

– Como podes saber se nunca te deitaste com outro homem antes?

– Eu sinto.

Ele calou-se e mergulhou o rosto entre as mãos, num gesto desesperador.

– O erro foi meu. Meu, entende? Eu jamais deveria ter me casado contigo por se parecer com ela...

– Ela? Ela quem? De quem meu marido estás a falar?

– Da mulher por quem fui perdidamente apaixonado. Fui, não, ainda sou.

– És tu apaixonado por outra mulher e se casaste comigo?

– Porque ela não me quis, entende?

– Sim, acho que sim.

– Quanta estupidez a minha, não?

– Eu ainda posso fazer-te feliz, dá-me ao menos uma chance. É muito cedo para desistires de mim.

– Sim, tens razão.

Nas semanas que se seguiram, por mais que Maria Rita tentasse agradar o marido, mais e mais ele se sentia desconfortável ao seu lado. Algo que foi deixando a moça desgostosa com a vida, vindo a se alegrar somente quando soube que estava grávida.

– Mas doutor eu e meu marido há muito que...

O médico explicou:

– A senhora já está grávida há meses... Pelo menos há uns 3, 4 meses.

Pensativa, ela concluiu:

– Devo ter engravidado na minha noite de núpcias.

– Sim, com certeza.

Maria Rita acreditava que a notícia de que em breve ela e Henrique teriam um bebê, o alegrasse, o que de fato aconteceu.

Meses depois, ela dava à luz a um menino que recebeu o nome de Rodrigo, em memória do pai de Henrique que havia morrido muito cedo, como todos mais a sua volta pareciam morrer. O garoto tornou-se o colírio dos olhos do pai.

– Recebe bem o filho que Deus deu a ti – anunciou a parteira, mostrando a criança para o pai.

Ele, entre lágrimas, tomou o menino nas mãos, admirando-o com olhos amorosos e tremendo ar de satisfação.

– Meu filho! Rodrigo Medeiros Assunção, meu herdeiro!

Henrique estava verdadeiramente emocionado. Jamais pensara que ser pai o faria tão feliz.

– Que Deus abençoe esta criança – desejou a parteira, fazendo o sinal da cruz na testa do menino.

Meses antes, no Brasil, Beatriz dera à luz a um casal de gêmeos: Helena e Bernardo. Miguel mal cabia em si, tamanha felicidade. Não sabia qual dos filhos agradar. Queria pegar os dois ao mesmo tempo, mas receava derrubá-los. Se segurar um bebê no colo, para ele, já era difícil, dois, então...

Desde o nascimento dos gêmeos, Beatriz voltou a ser, definitivamente, quem sempre fora antes do que se obrigou a fazer para salvar Miguel da ruína. Algo degradante e imoral, que por pouco não lhe corrompeu a alma num todo. Seus olhos voltaram a brilhar como antes e seus cabelos pareciam ter mais luminosidade. Voltara também a usar vestidos em cores alegres como a primavera e o verão, enquanto deixava, muitas vezes, seus cabelos negros soltos, esvoaçando lindamente à passagem do vento. Não era mais uma pessoa fugindo do passado que parecia segui-la onde quer que fosse. Era novamente uma criatura viva e vibrante como outrora, aparentemente livre do pesadelo que por pouco não a levou à loucura.

Maria Rita, ao contrário de Beatriz, parecia murchar como uma flor, a cada mês que passava ao lado de Henrique. Ele simplesmente a ignorava por completo, sequer olhava para ela e quando o fazia era com desprezo. Apesar de se parecer muito fisicamente com Beatriz, nada nela se assemelhava a verdadeira Beatriz que tanto o encantara. Sendo assim, o casal raramente trocava alguma palavra que não fosse para resolver alguma questão de âmbito doméstico. A paz, ainda que fingida, só reinava mesmo quando eram vistos em frente a outras pessoas.

A única vez em que ela ousou confrontar o marido, expondo sua carência afetiva, Henrique simplesmente ficou furioso. Vermelho de raiva. Transtornado, berrou:

– O que queres que eu faça? Que eu minta para ti? Que eu te diga palavras que não sinto? Que te faça elogios mentirosos? Não gosto de ti. O que posso fazer se não gosto? Não suporto sequer teu cheiro. Deste-me um filho, por isso sou te muito grato. Mas não terás outra coisa de mim senão gratidão pelo filho que me deste.

Ela, aos prantos, deixou o aposento, seguindo pelos corredores da casa, apalpando as paredes para se guiar, como se tivesse perdido subitamente a visão.

Ao perceber seu drama, a madrinha de Maria Rita se convidou para passar um tempo na casa da afilhada, com o propósito de ajudá-la a melhorar a relação com o marido. A mulher, no entanto, acabou voltando para casa frustrada, por não ter conseguido atingir seu intento. Maria Rita se recusava a falar de sua vida pessoal com o marido, certamente por receio do que Henrique pudesse vir a fazer contra ela, caso descobrisse que ela havia exposto a vida do casal para terceiros.

Desgostosa com seu casamento, ainda que tivesse todo o amor do filho, Maria Rita adoeceu gravemente, vindo a ficar prostrada numa cama por quase quatro anos até seu falecimento. O pequeno Rodrigo estava em vias de completar seus sete anos quando a pobre mulher desencarnou.

– Já era de se esperar – desabafou Henrique com um amigo português. – Todos que me rodeiam, sempre morrem muito cedo.

– Não digas isso, meu bom Henrique. Superstição tua.

– É verdade, tenho de admitir os fatos. Não posso me fazer de cego diante de tão transparente realidade.

Henrique fundava sua opinião no fato de ter perdido a mãe aos nove anos, o pai aos dezesseis, seu avô adorado logo a seguir e o irmão quando ainda era garoto.

O velório de Maria Rita aconteceu na própria mansão num dia chuvoso e triste. Sua família toda estava presente, bem como seus amigos e os de Henrique Assunção. Rodrigo, o filho do casal ficou sob os cuidados das babás, nos fundos da mansão, por exigência de Henrique, para que não presenciasse tão deprimente momento.

Depois do sepultamento no mausoléu da família Medeiros, quando a família de Maria Rita já ia se retirando do local, a mãe da moça parou diante de Henrique e se fez clara como nunca:

– Minha filha morreu por tua causa. Por tê-la maltratado desde que se tornou sua esposa.

– Mamãe! – repreendeu-a delicadamente sua filha mais velha.

– Deixe-me falar! Ele tem de ouvir. Henrique Assunção, tu guardas ódio em teu coração. Que deste ódio brote a tua ruína!

Mais uma vez sua filha tentou pôr panos quentes na situação:

– Mamãe!

– Ele precisa ouvir! – retrucou a mulher, ácida como nunca. E voltando a encarar Henrique, com lágrimas nos olhos, ela completou: – Não vou morrer com isso entalado em minha garganta. Minha pobre Maria Rita não teve coragem de dizer-te umas verdades, mas eu digo, por mim e por ela.

– Aqui não é lugar para isso, mamãe.

– Este homem precisa ser punido pelo pecado que cometeu, ao maltratar nossa Maria Rita. Precisa pagar pelo mal que fez a ela. No inferno! No inferno!

A família, com muito custo, conseguiu levar a mulher para fora do local, deixando Henrique sob o efeito do choque de suas palavras. Quando não havia mais ninguém ali, somente o melhor amigo que Henrique fizera em Portugal, desde que ali chegou, o português disse:

– Reage, homem. Não te deprimas por causa das palavras de tua sogra.

– De certo modo ela tem razão, Manoel. Não fui um bom marido para Maria Rita. Não poderia porque meu coração há muito me foi tirado do peito por uma brasileira que recusou o meu amor. Recusou o meu amor e tudo de bom que eu poderia oferecer a ela em termos de fartura e luxo.

– Não te apegues mais a isso, homem. Fecha as portas para o passado. Não vale a pena mantê-las abertas, só te causarão dor e sofrimento.

– Tens razão, meu bom amigo. Toda razão.

– Lembra-te que tens um filho, esperando por ti em tua casa. Um molecão bonito que muito carece do teu amor.

– Sim, ele é a razão do meu viver.

– Pois então, coragem! Volta pra tua casa e cuida bem do teu filho. Para que nunca lhe falte amor, para que cresça orgulhoso do pai que tem e desenvolva um caráter invejável e de poucos.

– Sim, sim. Farei isso!

Desde esse dia, então, Henrique se dedicou ao pequeno Rodrigo que tanto estimava, o qual cresceu tendo os melhores professores, nas melhores escolas e os melhores exemplos que um pai poderia dar a sua prole.

Henrique viu florescer em Rodrigo, um novo Henrique cuja beleza e luminosidade não ficavam evidentes somente para os seus olhos amorosos, mas também para todos que o conheciam. Rodrigo era a luz, era amor, era alegria personificada num ser humano.

A passagem do tempo só fez fortalecer a união entre pai e filho que se tornaram companheiros inseparáveis.

Para Henrique a morte de Maria Rita acontecera em momento oportuno, não seria nada bom que o filho crescesse, presenciando a vida conjugal infeliz dos pais.

Nesse ínterim, na cidade de Santos, um grito rompia a madrugada silenciosa, despertando Beatriz de seu sono tranquilo. Imediatamente ela correu para o quarto da filha e procurou acudi-la.

– Helena! – exclamou, assim que se aproximou da cama da menina, olhando assustada na sua direção. – Estou aqui, filha. Foi só um pesadelo. Mais um daqueles malditos pesadelos que te perseguem.

A mulher afagou a menina num abraço carinhoso, enquanto acariciava seus cabelos sedosos e bonitos. A pequenina respirava agitadamente, como sempre acontecia ao ser desperta por um sonho mau.

– Sonhei de novo com aquilo, mamãe... Com aquilo – explicou Helena, exasperadamente.

– Calma, minha querida. Logo isso passa.

– Havia água, mamãe. Muita água... estrelas e muita gente ao meu redor gritando. Havia também algo parecido com montanhas brancas, brancas e esquisitas...

– Montanhas brancas?... Isso não existe, minha querida. Por isso não te preocupes. Agora deita-te, novamente. A mamãe vai preparar um chá de camomila para que durmas mais tranquilamente. Volto já.

Assim que Beatriz deixou a menina sozinha no quarto, a pequena Helena voltou a pensar no sonho mau que tanto a assustara: nas pessoas ao seu redor, gritando, apavoradas e afundando na água que parecia não ter mais fim. Novamente ela se arrepiou com o que vira.

Capítulo 3

    Haviam se passado precisamente 20 anos desde que Henrique Quaresma Assunção deixara o Brasil. Visto que não havia mais motivos para viver longe de sua pátria, pois há muito ele deixara de alimentar qualquer esperança por Beatriz Mietto, ele decidiu voltar para sua cidade natal, para que também o filho finalmente pudesse conhecer sua terra, sua origem, o país que um dia fora colônia de Portugal.

    Quando pai e filho chegaram ao porto de Santos, Rodrigo, com 18 anos de idade na ocasião, lançando um olhar curioso para a cidade litorânea portuária, perguntou:

    – Então foi aqui que o senhor nasceu, papai?

    Havia interesse e encanto pelo que via.

    – Não – respondeu Henrique prontamente. – Minha cidade natal, na verdade, é São Paulo, mas muito pouco vivi por lá. Eu e meus pais nos mudamos para cá quando eu ainda tinha dois, três anos de idade. Por isso considero Santos a minha cidade, pela qual tenho mais apreço.

    – Compreendo.

    Logo os dois chegaram à casa que Henrique residiu com os pais e depois da morte deles, um lindíssimo sobrado a uma quadra do mar. Casa que ficara fechada por praticamente 20 anos, aberta somente para limpeza, uma vez por semana.

    – A casa não é tão magnífica quanto a nossa em Lisboa e da quinta em Portugal, mas... – comentou Henrique, olhando saudosamente para as paredes de sua morada.

Rodrigo discordou, prontamente:

– É atraente e aconchegante, sim.

– Que bom que gostaste!

– Sim, muito.

Mais um giro pela casa e Rodrigo admitiu:

– Estou louco para conhecer a cidade, transitar por aí, ver o mar...

– Fica à vontade para conhecer tudo o que tiveres direito. Não vou contigo porque não tenho mais idade para isso.

– Que nada, papai. Ainda és moço.

– Será?!

O rapaz já ia deixando o aposento quando Henrique se lembrou de lhe dizer algo que, a seu ver, era de extrema importância.

– Rodrigo, meu filho. Quando te apresentares a alguém, não te apresentes com o nome de Assunção. Não quero que te relacionem a minha pessoa que no passado fiz da agiotagem meu ganha-pão.

– Não sabia que foste um...

– Pois é. É algo de que não sinto muito orgulho de ter feito, por isso... Além do mais, muitos me odiaram na época por eu exigir, a duras penas, muitas vezes, que me pagassem o que lhes emprestei. Tenho receio de que algumas dessas pessoas, ao saberem que tu és filho meu, possam te fazer algum mal.

– Está bem, papai. Direi apenas que me chamo Rodrigo Medeiros.

– É melhor.

Sem mais, o jovem partiu entusiasmado para conhecer o fascinante lugar.

Por intermédio do funcionário que Henrique manteve no Brasil durante todos aqueles anos, para cuidar de seus negócios, contrataram um cocheiro, uma cozinheira, uma arrumadeira e um criado "pau para toda obra". Logo após se apresentar a todos, Rodrigo pediu ao cocheiro que o levasse para conhecer os pontos mais bonitos da cidade de Santos. Assim fez o criado, simpatizando-se cada vez mais com o patrãozinho. O tílburi seguia pelas ruas principais, deixando o jovem surpreso com a vista e o clima do lugar.

Rodrigo sempre ouvira dizer que nos trópicos fazia mais calor do que na Europa, não pensou que fosse tanto. O fato é que para aquela época do ano, o clima andava muito mais quente do que habitual, pelo menos era o que os moradores da cidade diziam. O importante, no entanto, era descobrir as maravilhas que a belíssima cidade tinha a lhe oferecer, sua exótica beleza e suas lindas jovens para flertar.

Aos 18 anos, Rodrigo havia se tornado um rapaz tão bonito quanto fora o pai no auge da juventude. Moço garboso, de cabelos e olhos castanhos, costeleta e cavanhaque bem aparados, trajando um terno impecável de linho italiano, não passava mesmo despercebido por nenhuma jovem que cruzasse o seu caminho. Até mesmo as mocinhas mais recatadas não deixavam de admirá-lo pelo canto dos olhos.

Somente uma, dentre todas as jovens que viu naquele seu primeiro dia em Santos, despertou seu interesse. De fato, ela era linda. Rodrigo ficou imediatamente estarrecido com sua beleza e feminilidade. Ela caminhava descontraidamente pela longa calçada que se estendia rente à praia principal da cidade, trajando um vestido rosado de rendas e uma sombrinha no mesmo tom, para se proteger do sol. Jamais vira tão formosa criatura, por isso, decidiu que haveria de conhecê-la, custasse o que custasse.

Cumprimentou-a de longe, forçando um sorriso que ela provavelmente não viu, pois não lhe retribuiu. Isso, no entanto, não esfriou seu entusiasmo por ela. Pelo contrário, tornou-se um aditivo a mais para ele que gostava de certos desafios.

Muitos olhares a distância se passariam até que ele tivesse a oportunidade de trocar as primeiras palavras com a jovem. Algo que fez somente quando avistou no fundo dos olhos dela, o mesmo interesse que o devorava por dentro.

– Rodrigo Medeiros – apresentou-se ele, curvando-se e lhe fazendo uma reverência com a cartola.

Ela muito timidamente sorriu.

– Helena... Helena Mietto.

Ele se curvou diante dela, fazendo um galanteio típico com seu chapéu, costume dos cavalheiros da época.

– Encantado.

Tomou-lhe a mão e a beijou.

– Acabo de chegar da Europa, ansioso por conhecer as maravilhas deste país, especialmente desta cidade, mas, por momento algum, pensei que haveria de encontrar tanta beleza quanto a senhorita.

Ela novamente sorriu, lindamente.

– Vieste ao Brasil a passeio ou para ficar?

– Ainda não sabemos. A princípio para passeio, mas agora, depois de conhecer-te, já não sei mais...

Novamente um sorriu para o outro, congelando seus olhares na mesma posição.

– Gostaria muito de poder rever a senhorita. És comprometida?

– Não.

– Posso então alimentar esperanças por ti?

– ...

– Por favor.

– Por que não? – conseguiu ela responder finalmente.

Ele novamente sorriu, exibindo seus dentes lindos em meio ao seu cavanhaque acastanhado. Delicadamente tomou-lhe a mãe e a beijou novamente.

Trocaram mais algumas palavras até que a amiga dela reapareceu e a lembrou de que precisavam ir, senão ficaria tarde para voltarem para casa. É que na época, duas jovens, solteiras, não ficavam a perambular pelas ruas, ainda que acompanhadas de suas amigas, por muito tempo. 17 horas ou antes até era o horário preciso para estarem de volta as suas casas.

– Estou de tílburi, posso levá-las – prontificou-se Rodrigo, polidamente.

Mas as duas recusaram, por ser Rodrigo ainda um total estranho para ambas.

– Quando posso rever-te? – perguntou ele, andando ligeiramente aflito atrás das duas raparigas.

– Amanhã – respondeu Helena precisamente. – Neste mesmo local, por volta das 14:30.

– Aqui estarei – respondeu ele, entusiasmado, travando os passos e acenando para as duas que seguiam de costas para ele, sem poder enxergar o que ele fazia.

Assim que voltou para sua casa, Henrique percebeu de imediato que algo de bom havia lhe acontecido.

– Rodrigo, meu filho, está tudo bem contigo?

O rapaz exibiu seus dentes bonitos, num sorriso magnífico e respondeu, empolgado:

– Papai, conheci hoje a rapariga mais formosa que já vi em toda vida. Não consigo deixar de pensar nela por um minuto sequer.

Henrique, achando graça do rapaz, comentou:

– Mal acabaste de chegar ao Brasil e já...

– Pois é.

– Tu me lembras quando na mocidade, um pouco acima da tua idade, me apaixonei por...

Ele não completou a frase.

– Por minha mãe? – concluiu o jovem, olhando mais atentamente para o pai.

– Sim, filho, por tua mãe. Quando me apaixonei por ela...

Henrique não teve coragem de revelar ao rapaz o que se passara entre ele e Beatriz no passado, a mulher que o aprisionara a uma saudade latejante e sem fim. Tudo o que disse, foi:

– Fico contente que já tenha se encantado por uma moçoila em tão pouco tempo.

– Confesso que temi que ela não me visse com o mesmo fascínio. Mas quando me deparei face a face com ela, com seus olhos lindos e pude ver dentro deles, o mesmo interesse que transparecia nos meus, ah, papai...

– Sabes o nome dela?

– Sei, sim. Helena.

– Helena... – repetiu Henrique, pronunciando com certa admiração o nome da moça.

– Combinamos de nos encontrar amanhã no mesmo local.

E Henrique achou mais uma vez graça do rapaz.

– Só tenho a dizer-te que foi uma ótima ideia termos vindo para o Brasil. Estou contente, muito contente. Obrigado.

O filho abraçou o pai e o beijou na face, como sempre fazia para externar seu carinho e respeito por ele. Henrique, deveras emocionado retribuiu o abraço e disse:

– Quero que tu faças um bom casamento, com uma rapariga que te mereça. Acima de tudo que seja digna de ti.

– Pois estou quase certo de que essa rapariga há de ser Helena, papai. Quando conhecê-la, há também de te encantares por ela.

O pai sorriu, um sorriso triste sem saber ao certo por que. Mas a resposta logo veio a sua mente: era por medo de que o filho viesse a sofrer por uma jovem, como ele sofrera no passado por Beatriz Mietto.

Tarde do dia seguinte, lá estava novamente Rodrigo Assunção, lindamente vestido, transitando por entre os coqueiros à beira mar, em busca da linda Helena. De tão ansioso que estava para encontrá-la, não se deu conta de que chegara quase uma hora antes da hora combinada, o que o levou a pensar que ela não apareceria. Desanimado, quando estava prestes a desistir de esperar por ela, Helena apareceu, acompanhada de sua amiga, caminhando graciosamente como sempre, coberta por sua sombrinha rendada.

Saudações foram feitas e palavras ao léu foram trocadas.

– Pensei que não viesses – admitiu ele, quando a amiga de Helena se afastou para deixá-los mais à vontade para trocarem ideias.

– Cheguei pontualmente as 14:30.

– 14:30?!!! Oh, sim! Eu, por ter chegado cedo demais é que... Esquece. Falemos de nós. Ou melhor, fala-me um pouco de ti.

44

E assim os dois seguiram caminhando envoltos numa agradável palestra. Não demorou muito para ele confirmar o que já presumira. Helena era de fato uma simpatia. Estar na sua companhia era agradável demais. Uma bênção dos céus.

O encontro terminou novamente com a promessa de um reencontro, no fim de semana seguinte, quando ela teria novamente permissão dos pais para sair somente na companhia das amigas.

Rodrigo voltou mais uma vez para casa, sentindo-se nas nuvens. Grato novamente ao pai por ter se decidido a vir para o Brasil. Henrique mais uma vez se sentiu feliz por ver o filho feliz, como sempre desejara.

Dias depois, visto que o dia estava perfeito para visitar as praias da região, Rodrigo aproveitou para ir conhecê-las. Henrique, estimulado também pelos brilhantes raios do sol, ousou deixar seu casarão pela primeira vez desde que ali chegara, para ir ao lugar que mais ansiava rever na cidade: o Monte Serrat, seu lugar favorito cujo fascínio nunca soubera precisar de onde vinha. Ainda que fosse ali, o local onde ele conhecera Beatriz, não poderia se furtar das maravilhas que o lugar oferecia a todos, por causa de um pormenor tão triste de sua vida.

Ao pisar no local, Hernrique foi imediatamente invadido por uma onda de nostalgia, o tempo em que viveu com o rosto de Beatriz impresso na mente, numa tentativa evidente de se prender a ela de algum modo.

Ele andava pela sacada da suntuosa edificação, onde muitas vezes a jogatina corria solta, pelos viciados em jogos de azar, admirando a paisagem ao longe, quando avistou uma mulher ao lado de um moço, cuja silhueta lhe lembrava Beatriz. Seria ela? Não poderia ser, se fosse, seria coincidência demais.

Por estar com a cabeça escondida pela sombrinha, ele não podia precisar sua idade, tampouco se era ela de fato. Assim, ele aguardou por uma oportunidade de vê-la de frente, o que não demorou para acontecer. Ela era linda, magnífica, perfeita.

O moço que a acompanhava deveria ser certamente seu namorado, o que o desagradou profundamente, pois queria se aproximar dela, quem sabe até trocar algumas palavras. Foi como se os céus tivessem ouvido seu desejo, pois não demorou muito para que o acompanhante da jovem a deixasse a sós.

Sem perder tempo, com certa cautela, Henrique se aproximou da moça que debruçara sobre a amurada do local, deixando-se maravilhar com a estupenda vista da natureza ao longe. Um lindo quadro pintado pelas mãos do Criador.

– Olá, posso me achegar? – indagou ele, extremamente polido.

Ela rapidamente endireitou o corpo e o olhou com certo espanto. Ele, após lhe fazer um galanteio com a cartola, pediu-lhe perdão pelo susto causado.

– És daqui? – continuou Henrique, procurando entabular uma conversa. – Digo... Tua família é da cidade ou estão a passeio?

Os lábios dela esboçaram um sorriso tímido e trêmulo ao mesmo tempo.

– Não vou te fazer mal – adiantou-se Henrique, receoso de lhe causar má impressão.

Finalmente ela lhe deu o prazer de ouvir sua voz:

– Sei que não. Mesmo assim...

Ela tinha voz de cristal, tão transparente e frágil que parecia que suas palavras se partiriam se ele a interrompesse no meio da frase.

– Devo me resguardar – completou ela, fugindo timidamente do seu olhar.

– Compreendo. Está acompanhada?

– Meu irmão está comigo.

– Ah, sim...

Houve uma breve pausa até que ele se sentisse mais à vontade para falar sobre a beleza do lugar, algo que ela escutou em silêncio, com vívida atenção. Por mais que tentasse, ele não conseguia deixar de admirar seus olhos cor de mel que mais pareciam ter o poder de hipnotizá-lo.

A deliciosa palestra foi interrompida pela chegada de Bernardo, irmão de Helena. Apresentações foram feitas e imediatamente Bernardo não se simpatizou com Henrique. Não lhe deu margem para nenhuma palavra a mais do que fosse necessário, para ser polido um com o outro.

– Precisamos ir – disse Bernardo à irmã que de tão concentrada em Henrique se perdera do tempo e do espaço que se encontrava.

– Sim – concordou ela e quando se despediu de Henrique, uma saudade imensa invadiu o coração do sujeito garboso. Para ele, foi como se nunca mais os dois pudessem se reencontrar. Por isso, ele a contemplou, longamente, para gravar para sempre as feições de seu rosto, para trazê-lo à memória, sempre que sentisse sua falta.

– Gostaria muito de revê-la – disse ele, audaciosamente..

– Eu preciso ir – respondeu ela já se pondo em movimento.

– Poderíamos nos reencontrar, não? O seu nome, você não me disse seu nome.

Ela não pôde, Bernardo aguardava por ela, endereçando-lhe um olhar cada vez mais severo.

– Que rapazinho mais petulante – resmungou Henrique, olhando de esguelha para o jovem que, a certa distância, voltou a enfrentá-lo pelo olhar.

Os irmãos desceram com certa pressa a longa escadaria que ligava o topo do monte às ruelas aos seus pés.

– Que sujeito mais descabido – protestou Bernardo, assim que ganhou certa distância. – Onde já se viu flertar contigo assim tão despudoradamente?

– Estava ele flertando comigo? Tu achas mesmo?

– Helena, por favor. Inocência tem limites!

– Pois eu me simpatizei com ele.

– Pois para mim ele não passa de um safado. Cuidado, minha irmã, Tipos assim podem ser perigosos. Podem ser bem vestidos, aparentar status, berço, poder, mas... Muitos deles são casados, procuram jovens tolas como tu para...

– Não sou tola.

– Pois tenho lá minhas desconfianças.

– Ora, Bernardo.

– Falo sério, Helena. Tem muito cuidado com tipos assim. Muito cuidado!

Mas Helena havia realmente se simpatizado com Henrique Assunção, algo nele despertara sua confiança. Seus olhos, sua estirpe, sua voz, o quê, exatamente, isso ela não sabia, pelo menos por ora.

Naquela noite foi Henrique quem contou entusiasmado para o filho a respeito da jovem que conhecera naquela tarde no topo do Monte Serrat.

– Sei que para vocês, jovens, nós, velhos, não nos apaixonamos mais, mas isso é tolice.

– Papai, que maravilha! – entusiasmou-se Rodrigo, aplaudindo-o de pé. – Está mais do que na hora de te interessares por outra mulher. Estás viúvo há tanto tempo...

– Sim, Rodrigo, mas... Não creio que ela queira algo comigo. É jovem demais para mim.

– Jovem, quanto?

– Jovem demais.

– Dizem os poetas que o amor não tem idade.

– Poetas?! O que são os poetas senão um bando de malucos boêmios, alcoólatras e delirantes? Não dizem nada com nada.

Rodrigo, rindo, perguntou:

– Trocaram endereços? Pelo menos algum ponto de referência para um encontro futuro?

– Não. Deixa pra lá. Não quero me empolgar para não vir a sofrer novamente

– Do jeito que falas até parece que...

– Rodrigo, meu filho, vou contar-te algo que nunca contei antes, por você não ser maduro o suficiente para me compreender. Antes da sua mãe, apaixonei-me por outra mulher. Foi nesta cidade, há praticamente vinte anos atrás. Foi uma paixão fulminante, intensa e febril. Não pudemos ficar juntos por motivos diversos, parti então para Portugal, para receber a herança que me fora deixada por uma tia. Lá conheci tua mãe e...

– Pelo visto amaste muito essa mulher.

– Sim, Rodrigo, eu a amei imensamente.

– Tens notícias dela? Sabes se ela ainda reside na cidade? Se está viva?

– Não. Nem quero ter. O que os olhos não veem o coração não sente. Não é o que dizem?

– Quem? Os poetas malucos boêmios, alcoólatras e delirantes?

Henrique concordou, abrindo um largo sorriso:

– Sim, os poetas malucos boêmios, alcoólatras e delirantes.

Novas gargalhadas ecoaram pela sala e muitos cálices de vinho foram erguidos ao alto para brindar as mulheres que haviam despertado algo de bom em seus corações. Jamais poderiam imaginar que se tratava de uma mesma mulher, uma linda jovem de acurada beleza. Não teriam como saber.

Naquela mesma noite, no casarão de Miguel e Beatriz Mietto, à mesa do jantar, Bernardo reclamava do comportamento que Henrique tivera diante de Helena, ao visitarem o Monte Serrat.

– Onde já se viu um senhor daquela idade, flertando com uma jovem que tem idade para ser sua filha? Que homem mais desprezível.

Miguel também se indignou com o fato.

– Esses sujeitos são mesmo desprezíveis. Muitos vestem um terno asseado e posam de boa praça, endinheirado e estudado, só para ludibriar as jovens. Deveria haver uma lei para prender cafajestes como esses.

Beatriz, pensativa, engoliu o que mastigava há mais tempo que o normal e quis saber o nome do sujeito. Foi a própria Helena quem lhe respondeu:

– Ele disse sim, mamãe, mas não gravei. Pareceu-me um homem de brio, não um pilantra.

– Mas seu pai e seu irmão têm razão, filha. Toma muito cuidado com tipos assim.

– Terei. Não se preocupem mais com isso. Quanto a esse cavalheiro, eu certamente nunca mais hei de encontrá-lo.

E todos voltaram a comer em silêncio. Naquela noite, Helena teve novamente seu sonho aterrorizante. O mesmo que parecia persegui-la desde menina, fazendo-a despertar na madrugada, chorando e gritando pelo amparo da mãe.

Por que sonhava sempre com aquilo?, era a pergunta que há muito ela fazia aos céus, sem nunca obter resposta. Um mistério cujo avanço do tempo jamais lhe revelara. Pelo menos até então.

Bernardo também já fora atormentado pelo mesmo pesadelo. Nele via um bando de pessoas reunidas, com água até o pescoço, gritando desesperadamente.

Capítulo 4

No dia seguinte, Henrique e Rodrigo despertaram muito além da hora costumeira. Rodrigo ansiava pela chegada do sábado quando novamente poderia rever a jovem que tanto o fascinara. Henrique, por sua vez, desejava reencontrar a mesma jovem para ter com ela, novamente, uma conversa inofensiva. Seria o destino capaz de uni-los mais uma vez? Acreditou que sim. Se o unira uma vez, haveria de uni-los novamente.

Helena, passou os dias relembrando os dois encontros da semana. Um jovem lindo e polido que demonstrou tamanho interesse em vir a cortejá-la e um outro com um pouco mais que o dobro da sua idade, que a surpreendera com palavras e olhares curiosos.

O sábado amanheceu tão ensolarado quanto os dias anteriores. Rodrigo levantou-se empolgado, vestiu-se garbosamente e saiu ansioso para reencontrar Helena no lugar e hora que haviam combinado. Uma brisa fresca penteava a cidade quando ele novamente a encontrou.

– Helena – chamou ele, fazendo-lhe uma mesura com a cartola.

Ela se voltou na sua direção pensando ser o senhor que conhecera no topo do Monte Serrat, na tarde do dia anterior. Sua voz, seu tom a marcaram surpreendentemente. Só então notou o quanto a voz de ambos era semelhante. Rodrigo se aproximou dela, sem esconder a ansiedade e a alegria de poder revê-la.

– Que bom reencontrá-la, Helena! Estava com saudade.

Ela imediatamente procurou se fazer feliz por sua chegada.

– Preciso te falar, Helena. Quero compartilhar contigo o que sinto desde que te conheci.

Ele tomou as mãos dela, aprisionando-as entre as suas e se declarou:

– Tu roubaste meu coração, minha respiração e meu sono. O direito de eu sonhar com outras coisas senão tu.

– Tuas palavras me assustam.

– Não te assustes. Elas significam apenas que desde que te conheci, não tenho olhos para outra rapariga senão a ti.

– Não achas que precisamos nos conhecer um pouco mais para...

– Então me dá esta chance, é tudo o que te peço, por favor.

– Está bem...

– Se for preciso pedir consentimento ao teu pai, eu pedirei.

– No momento certo.

– Está bem, farei como tu desejas.

E os dois começaram a caminhar, lado a lado, enquanto ela lhe perguntou como havia passado a semana, o que estava achando da cidade, entre outras coisas.

No dia seguinte, domingo, lá estavam novamente os dois passeando pela calçada rente à praia, por entre muitos casais, turistas e moradores. Nesta tarde, Rodrigo teve a oportunidade de conhecer Bernardo e Lídia Piovesan, a jovem que o rapaz cortejava já há algum tempo.

Lídia e Bernado seguiam à frente de Rodrigo e Helena, também trocando ideias amorosas. Com um sorriso de doce contentamento nos lábios, Lídia comentou com Bernardo:

– Toda vez que me vejo ao teu lado ou até mesmo em pensamento, tenho a sensação de que já nos conhecemos de longa data, de outras vidas...

– Outras vidas? Acreditas mesmo que já existimos antes...

– Acredito cada vez mais nesta possibilidade, porque percebo cada dia mais o quanto ela explica muitas das nossas questões existenciais. Como poderia um homem escravizado ter o mesmo privilégio de um homem que viveu a vida toda, livre, senão por meio de uma nova vida, uma nova reencarnação? Como poderia um soldado, que morreu ainda moço num conflito, viver as alegrias de um que chegou á velhice e pôde, assim, gozar da companhia de uma esposa, de filhos e netos? A reencarnação é o único meio de justiça para as injustiças causadas pelo homem.

– Faz sentido.

– Por isso acredito que já nos conhecemos em vidas passadas. Reencarnamos para vivermos lado a lado tudo o que o amor pode nos dar e que, por algum motivo, não pudemos usufruir antes. Ou simplesmente para nos apoiarmos diante daquilo que temos de passar para crescermos como pessoa, como espírito.

– Eu sinceramente não sei se tudo isso existe. Talvez eu não queira acreditar. A única certeza que tenho é que te amo imensamente e hei de me casar contigo, Lídia.

– Disso, Bernardo, eu também estou certa. Tão certa quanto o fato de que o sol há de nascer amanhã e depois, e depois...

Ela sorriu e ele também. Seu sorriso infantil deliciou-o.

– É tão bom te amar, Bernardo! – admitiu ela, radiante. – Tu me fazes tão feliz... Sinto-me completa ao teu lado.

O sorriso dela, mais uma vez transbordou de adoração, enquanto ele olhava apaixonadamente para ela.

– Eu te amo, Lídia! Te amo infinitamente! – sussurrou ele ao ouvido dela que, novamente se sentiu a mulher mais amada e realizada do planeta.

Não muito distante de Bernardo e Lídia, Rodrigo caminhava ao lado de Helena, falando, como sempre, descontraidamente com ela, como se se conhecessem há anos.

– Em verdade, nunca fiquei satisfeito com coisa alguma em minha vida.

Ela tornou a encará-lo com aquela expressão de brincalhona severidade.

– É sério – afirmou ele, achando graça do seu jeito. – Estava sempre em busca de algo que não poderia ter e quando pensei que não mais haveria com o que me surpreender na vida, tu surges, linda, jovem e radiante na minha frente.

– Será mesmo que sou tudo isso? – questinou ela, em tom de legítima defesa.

Passeando seus olhos pelos seus cabelos castanhos ligeiramente dourados pelo sol, ele assentiu, com uma lágrima a brilhar por entre seus cilios tão longos e pretos quanto os dela.

– És sim, muito mais até, eu diria.

Diante do seu olhar bonito e timido, ao mesmo tempo, ele conteve um sorriso, o que a fez imediatamente perguntar:

– Ris de mim, por quê?

– De felicidade. Quando se está feliz, rimos sem ter nem porquê, não é verdade? Nunca aconteceu contigo?

– Acho que sim, talvez, não me recordo – seus olhos lindos piscaram de forma sobrenatural.

– Não tem problema.

Houve uma pausa, uma breve pausa até ela admitir, com sua voz e seu toque de seda.

– Sabe, porém, que muito quero compartilhar desse teu humor, mais ainda desse teu sorriso bonito. Que seja assim até na nossa velhice, a qual quero passar ao teu lado...

Ele travou os passos, mirou o rosto dela, maravilhado com aquela jovialidade encantadora e irradiante e disse:

– Te quero mais do que tudo, Helena

Um sorriso travesso brincou nos lábios dela, ligeiramente assustada com a repentina franqueza do rapaz.

– Falo sério – reforçou ele, com convicção. – Nunca falei tão sério em toda vida.

– Suas palavras muito me honram...

Num impulso de loucura, para época, levou a mão dela até seus lábios e a beijou ternamente. Antes de partir, Rodrigo contemplou o rosto dela mais uma vez, para o qual soprou um beijo. Ele havia pulado a etapa em que a paixão cresce no coração dos homens. Ele se apaixonara por Helena à velocidade de um raio.

Não havia mais o que se questionar quanto ao seu amor por ela. Era ao seu lado que ele desejava passar o resto de sua vida, ter filhos e envelhecer.

Assim que Helena se juntou novamente ao irmão com a namorada, Lídia lhe falou:

– O português está realmente se apaixonando por ti, Helena.

– Está, não está?

– E tu? Sentes o mesmo por ele ou é ainda muito cedo para saber?

– ... – Helena não soube o que responder.

– Não te preocupes, minha querida. É mesmo muito cedo para decifrar teus sentimentos por ele.

– Mas ele, Lídia, me parece tão certo, tão convicto a respeito de seus sentimentos por mim. Eu deveria me sentir honrada, não acha?

– Tudo a seu tempo, Helena. É o que minha avó sempre me diz.

Sorrindo, Helena respondeu:

– Vou então seguir o conselho dela. Que tal?

Lídia enlaçou a futura cunhada, de forma carinhosa, e sorriu.

Só então Beatriz ficou sabendo do rapaz que parecia estar se apaixonando por Helena e quis imediatamente saber a que família pertencia.

– Medeiros, mamãe – explicou Helena, estranhando ligeiramente a preocupação da mãe.

– Medeiros... – repetiu Beatriz pronunciando vagarosamente cada sílaba.

– Sim, por quê? Algum problema?

– Não, não...

Bernardo falou a seguir:

– Ele me parece um sujeito de caráter. Lídia também o aprovou. O único problema com ele, a meu ver, é seu sotaque português. Em certos momentos não entendo nada do que ele diz.

– Ele é português?! – espantou-se Beatriz a olhos vistos.

– Sim. Pelo que entendi está a passeio com a família.

– Ele que não ouse levar minha Helena para longe de mim, não permitirei.

Os gêmeos riram e Helena envolveu a mãe num abraço e se fez clara como nunca:

– Rodrigo é mesmo um bom sujeito como o Bernardo comentou, mamãe, mas se eu tiver mesmo interesse em um dia me casar com ele, farei somente se ele me prometer continuar morando aqui, ao lado de vocês. Não suportaria uma vida longe dos meus pais, do meu irmão e do meu país. Eu, não!

Beatriz sorriu emocionada para filha e encerrou o assunto dizendo:

– Traz esse rapaz aqui para eu e teu pai o conhecermos.

– Trá-lo-ei, sim, mas só quando eu achar que realmente chegou o momento de haver uma proximidade entre nós. Não quero lhe dar falsas esperanças.

– Está bem, querida. Faz como achares melhor. Só não quero ver vocês dois, saindo por aí, sozinhos. Saiam somente na companhia de uma amiga ou de seu irmão com sua namorada.

– Está bem. Podes ficar tranquila.

Enquanto Rodrigo estreitava os laços que o unia a Helena Mietto, Henrique se perguntava onde poderia encontrar a jovem, para poder conhecê-la melhor.

Foi na tarde do dia seguinte, quando ele caminhava por uma das ruas centrais da cidade, que ele novamente avistou tão majestosa figura, caminhando lindamente pela calçada, protegendo-se do sol com sua bela sombrinha rendada.

Ao perceber que ela estava prestes a tomar um carro de praça, ele atravessou a rua correndo, ansiando chegar a tempo de detê-la, para que trocassem pelo menos um dedinho de prosa. Infelizmente não foi rápido o suficiente. Que tivesse mais sorte da próxima vez.

Naquela noite, à mesa do jantar, diante do pai, sorvendo sua sopa em silêncio, Rodrigo cismou:

– Papai? Está tudo bem? O senhor me parece tão ausente esta noite.

Henrique segurou a colher de sopa no ar, olhou para o filho, vagarosamente, com um sorriso leve, fugindo dos lábios e disse:

– Sim, filho... Está tudo bem. Tempo abafado como este me deixa um pouco cansado.

– S-sim... sem dúvida.

Henrique suspirou e voltou a tomar a sopa, sem muita vontade, enquanto Rodrigo se manteve cismado com sua reação.

Ao se servirem da sobremesa, um delicioso manjar branco com ameixas em calda, Rodrigo soltou novamente a voz:

– Está chateado por causa dela, não é mesmo?

– Dela?

– A tal jovem que conheceu no topo do monte.

– Ah, sim...

– É, não é?

– Acho que sim, filho. Desde que a vi, não consegui mais tirá-la do meu pensamento. Hoje, por acaso, a vi tomando um carro de praça.

– E então? Falou com ela?

– Não consegui chegar a tempo.

– Que pena, mas certamente não lhe faltará oportunidade.

– Certamente.

Minutos depois, Henrique permaneceu na sala, degustando um bom vinho seco, enquanto procurava se esquecer da falta de sorte que tivera naquela tarde. Meia hora depois, levantou-se e refugiou-se em seu quarto, após desejar uma ótima noite para o filho.

Não tinha sono, nem vontade de persegui-lo. Aproximou-se da varanda e se debruçou no parapeito onde ficou a admirar a lua, derramando sua luz preateada por sobre a cidade e a serra ao longe. A perspectiva de que cedo ou tarde poderia rever a jovem que tanto despertara sua atenção, persuadiu-o a se jogar na cama e se entregar ao sono finalmente.

Capítulo 5

Quando Rodrigo convidou Helena para um jantar na sua casa, para que pudesse apresentá-la a seu pai, Helena decidiu marcar um encontro dele com Miguel, para que também pudessem se conhecer e receber o consentimento para a tal visita. Um mês já havia passado desde que os dois haviam se conhecido em frente à praia.

No dia em questão, Beatriz não estava presente, porque havia ido para São Paulo, dias antes, visitar uma tia que estava à beira da morte e a família carecia de seus préstimos.

Miguel recebeu Rodrigo com muita simpatia, deixando-o à vontade para que se expressasse sem atropelos. Ao saber que era filho de um recém-chegado da Europa, homem de posses, herdeiro de considerável fortuna, Miguel consentiu imediatamente que o rapaz fizesse a corte a Helena.

Por mais que Rodrigo lhe tivesse dito o nome do pai, Miguel não o relacionou ao agiota que lhe perdoou a dívida no passado.

– É muito importante para mim – concluiu Rodrigo –, que meu pai conheça a rapariga que tem me deixado muito feliz por estar em sua companhia.

– Muito me estima também tê-lo como meu futuro genro – admitiu Miguel, visando somente ao futuro abastado que Helena poderia ter, casando-se com o rapaz..

Assim que Rodrigo se foi, Helena voltou-se para o pai e disse:

– Papai, ainda é muito cedo para chamares Rodrigo de genro. Eu ainda o estou conhecendo.

– Filha, ele é um moço que todo pai e toda mãe, de bom senso, gostariam de ter como genro. É um partido e tanto, algo raro de se encontrar...

– O que conta não é o amor, papai?

– Helena, querida, olha para esta casa. Está prestes a cair sobre a nossa cabeça por falta de verba para reformá-la. Anos a fio que ando sem sorte no jogo... Que futuro posso dar a ti e ao teu irmão, nestas condições? Por isso ouve o meu conselho.

Voltando-se para Bernardo, Miguel lhe foi também incisivo:

– Ouve-me tu também, Bernardo. Arranja um bom casamento para que possas viver com mais regalias no futuro.

– Lídia já é de família abastada, papai. Esqueceste?

– A família dela tem dinheiro sim, mas não o suficiente para te garantir uma vida farta no futuro.

– Mas é dela que eu gosto, papai.

– Está bem, só quis alertá-lo.

Bernardo moveu os lábios, ia dizer alguma coisa que desistiu quase que imediatamente. Voltando-se para Helena, Miguel acrescentou:

– Estou certo de que tua mãe há de gostar muito do Rodrigo, filha. Ele me pareceu um bom sujeito, de caráter, brio...

– E é, papai.

Enquanto isso, em São Paulo, Beatriz visitava a tia e seus familiares. Não fazia ideia do que estava se passando em sua casa.

Ao cair da noite do dia seguinte, Helena chegou ao casarão dos Quaresma Assunção provocando grande alarido nos empregados. Todos ali tiveram a impressão de estar recebendo uma princesa naquela morada. Ao adentrar a grande sala forrada de quadros, um mais lindo que o outro, Henrique se preparou para receber a tão falada e amada rapariga que conquistara o coração do seu único varão.

— Papai, esta é Helena — anunciou Rodrigo, orgulhoso, puxando a jovem à frente.

No rosto de Helena estampou-se imensa alegria ao rever o homem que tanto despertara sua atenção semanas antes no topo do Monte Serrat. Henrique, por sua vez, perdeu o ar diante de tão inesperada e surpreendente figura. Ficou a fitá-la em silêncio, procurando pelo que dizer, sem saber ao certo se deveria.

— Ela não é linda, papai?

O pai assentiu quase em transe.

— Sim, linda... — afirmou, balançando positivamente a cabeça.

Henrique teve a impressão de que seus pés afundavam no chão ou de que seu esqueleto encolhia alguns centímetros. Chegou a engolir em seco, uma saliva amarga. Um longo silêncio se estendeu até que ele despertasse e tomasse a mão da recém-chegada, para beijá-la, como ditava os bons modos da época.

— Muito prazer. Henrique Quaresma Assunção, a seu dispor.

— Helena... Helena de Toledo Mietto.

Rodrigo piscou para o pai, como faz um amigo para o outro, referindo-se a uma estonteante alma feminina. Henrique, de tão assombrado com a aparição da moça, não prestou a devida atenção ao seu sobrenome.

Helena, parecendo mais à vontade, tirou as luvas e voltou a sorrir para o dono da casa que, novamente se sentiu pequeno diante de tão formosa criatura.

Uma conversa trivial envolveu os três até que o jantar fosse servido. Durante todo o tempo, Henrique exibiu toda a calma que era capaz de fingir ter, medindo as palavras para não revelar ao filho que Helena era a tal jovem que tanto o impressionara, ao conhecê-la no topo do Monte Serrat.

Jantaram trocando olhares envergonhados, volta e meia afundando-os nos pratos por não saberem mais para onde dirigi-los. Rodrigo falava com empolgação, sobre os planos que tinha para sua vida no Brasil, enquanto Henrique não conseguia raciocinar direito. Jamais, por momento algum, pensou que haveria de enfrentar algo do gênero. Quase não tocou na comida. Limitava-se a mexer com o garfo o frango com legumes, como se estivesse procurando algo escondido ali.

– Papai – perguntou Rodrigo a certa altura. – Está tudo bem?

Ele não soube o que responder. Simplesmente levantou os olhos, como se procurasse algo no ar e feito bobo, disse:

– Acho que me excedi no vinho esta noite...

Sorrisos constrangedores ecoaram a seguir e, novamente Henrique procurou ocultar seus olhos aflitos dos olhos vivos e penetrantes de Helena de Toledo Mietto.

Ao se despedirem naquela noite, Henrique parecia ter envelhecido dez anos. Novamente ele se sentiu pequeno diante de Helena, e receoso de olhá-la diretamente nos olhos. Só mesmo quando se viu a sós é que pôde voltar a respirar mais aliviado. Foi como se tivesse ficado preso debaixo da água por um longo período, ansiando pela superfície, sem conseguir alcançá-la.

Pelo caminho até a casa de Helena, Rodrigo pediu desculpas a ela pelo comportamento estranho de seu pai naquela noite.

– Papai anda esquisito desde que se interessou por uma jovem que conheceu dia desses, no topo do Monte Serrat.

– Monte Serrat?!

– Sim. Desde então ele ficou meio abestalhado, sonhando com a possibilidade de reencontrá-la. Tomara que aconteça, ele está realmente precisando se apaixonar depois de tantos anos de solidão. Rezo por isso todos os dias. Desde que ele enviuvou de minha mãe nunca mais demonstrou interesse algum por outra mulher.

Helena absorveu a informação em silêncio e pensativa. Rodrigo, entusiasmado, completou:

– Saiba, porém, que ele certamente te adorou. Tenho a absoluta certeza disso.

Ela sorriu, de leve, enquanto algo se agitava em seu cérebro. A seguir, Rodrigo abordou outro assunto e assim foi, até chegarem à casa da moça.

Ao voltar para casa, o jovem encontrou o pai no mesmo lugar que o deixara, afundado na poltrona, taciturno.

– Papai... – Rodrigo lançou-lhe um olhar inquisitivo. – Está mesmo tudo bem com o senhor?

Henrique aquiesceu, dando um suspiro.

– Sim, filho. Foi apenas o vinho, acho que não me caiu bem nesta noite calorenta.

– O que achou dela? Perfeita, não? Estou louco por ela. Simplesmente louco.

– Não é para menos, ela é mesmo uma jovem lindíssima.

Sem mais, Henrique se levantou, desejou boa noite ao filho e se refugiou em seu quarto, onde abraçou o silêncio e se deixou chorar. Depois de tantos anos, solitário, interessar-se justamente pela jovem que o filho se apaixonara era ultrajante demais. Outro desatino do destino em sua vida afetiva caótica e infeliz.

Quando Helena chegou a sua casa, Miguel se encontrava na sala de estar, aconchegado em sua poltrona predileta, deliciando-se com a brisa gostosa que entrava pela janela e ondulava as cortinas. Despertou de seus devaneios, ao ouvir a porta sendo destrancada, abrindo e se fechando a seguir.

– Como foi a noite, filha? Correu tudo bem?

– Sim, papai. Tudo maravilhosamente bem. O pai do Rodrigo é um *gentleman*. Acho que ele também gostou de mim.

– Ótimo. Não vejo a hora de contar a sua mãe sobre esse jantar na casa de seu futuro marido.

Helena foi até o pai, curvou-se sobre ele e lhe beijou a testa.

– Já vou me deitar, papai. Boa noite.

– Eu também, filha. Não suporto ficar nesta casa sem tua mãe. Ela me faz muita falta.

– O amor de vocês é tão lindo... Deus queira que eu tenha a mesma sorte de vocês.

– Há de ter, minha querida.

Os dois seguiram juntos para o corredor e antes de cada um se fechar em seu aposento, desejaram-se novamente "boa noite".

Ao se encontrar sozinho, esparramado na cama de casal, Miguel pensou mais uma vez no quanto sua vida se tornava vazia longe de Beatriz. Era mesmo ela quem dava sentido a sua vida e completava tudo mais que acreditava fazer falta em sua alma. Ele simplesmente a amava, adorava, era louco por ela.

Ao ver-se só, Helena sentou-se na beira da cama e sorriu para seu reflexo no espelho.

– Que tremenda coincidência... – murmurou, voltando os pensamentos para o jantar que tivera naquela noite na companhia de Rodrigo e seu pai. – O pai dele... Quem diria... Mas que tremenda coincidência.

E novamente as palavras de Rodrigo se repetiram na sua mente:

"Papai anda esquisito desde que se interessou por uma jovem que conheceu dias desses, no topo do Monte Serrat... Desde então ele ficou meio abestalhado, sonhando com a possibilidade de reencontrá-la. Tomara que aconteça, ele está realmente precisando se apaixonar depois de tantos anos de solidão... Rezo por isso todos os dias. Desde que ele enviuvou nunca mais demonstrou interesse por mulher alguma."

Seria ela a moça por quem Henrique Assunção se apaixonara, por isso reagira tão estranhamente durante o jantar? A hipótese voltou a lhe provocar certo calor. Um calor estranho e delicioso ao mesmo tempo.

No dia seguinte, por volta das catorze horas, Helena recebeu um ramalhete que muito a alegrou. Pensou de imediato que havia sido mandado por Henrique e quando leu o nome de Rodrigo escrito ali, achou-se uma estúpida por ter pensado naquilo, afinal, por que o homem haveria de lhe fazer aquilo? Só porque se interessara por ela, apreciara sua pessoa?

No cartão, Rodrigo dizia também para que ela o aguardasse por volta das catorze horas, quando por ali passaria, com sua carruagem, para irem dar uma volta pela calçada rente à praia. Sendo assim, Helena se aprontou lindamente, como sempre, causando surpresa em Bernardo e Lídia que haviam chegado da rua há pouco.

— Acho que nunca te vi tão linda — admitiu Lídia, olhando fascinada para a futura cunhada.

— Exagero seu, minha querida.

— Que nada, Helena. Tu hoje me pareces muito mais feliz. O teu relacionamento com este rapaz está te fazendo muito bem.

Miguel, ouvindo parte da conversa, pediu licença para opinar:

— Eu concordo em número, gênero e grau.

Foi até a filha e a beijou carinhosamente.

— Lídia tem toda razão, Helena. Tu hoje estás luminescente.

A jovem corou.

A convite de Rodrigo, Bernardo e Lídia foram com eles ao passeio e nesse ínterim, Beatriz voltou da viagem a São Paulo, trazendo a triste notícia de que a tia havia falecido.

— Descansou, pobrezinha — admitiu Miguel, abraçando carinhosamente a esposa adorada.

Só então contou as últimas novidades em torno de Helena, pegando Beatriz de surpresa.

— Quero também conhecer este rapaz... Na verdade, já deveria tê-lo conhecido desde o primeiro instante em que os dois começaram a dialogar – agitou-se Beatriz, tentando imaginar como seria a fisionomia do jovem.

– Há pouco ele esteve aqui. Passou de carruagem para levar Helena a um passeio e...

– Ela foi só com ele?

– Não, minha querida. Bernardo e Lídia também foram com os dois.

– Assim é melhor. Bem melhor. Não fica bem uma moça...

– ...andando só na companhia de um rapaz, ainda que este rapaz esteja lhe fazendo a corte. É isso o que ia dizer?

– Sim, exatamente isso.

Ele riu.

– Beatriz, meu amor, não podemos também deixar nossos filhos dentro de casa, feito prisioneiros. Temos de confiar neles também. Helena e Bernardo são ajuizados.

– Mesmo assim...

– Não te apavores.

Trocaram um novo abraço e ela quis saber:

– A que família mesmo esse moço pertence?

– Não me recordo o sobrenome, agora. Só sei que são portugueses, mudaram-se há pouco para cá. Mudaram ou estão a passeio, algo assim...

– Sei...

Sim, Beatriz pensou na possibilidade de o rapaz ter alguma ligação com Henrique Assunção que ela tanto odiava, mas logo se repreendeu por ter pensado naquilo. Não podia mais viver sob o temor de um dia, seus filhos o encontrarem e firmarem laços, o que seria a morte para ela, simplesmente a morte. O jeito mesmo era procurar confiar seu destino à proteção divina.

Capítulo 6

Ao voltar para casa, Helena abraçou fortemente Beatriz, feliz por sua volta.

– Mamãe, mamãe, mamãe, que saudade!

– Fiquei tão pouco longe daqui...

– Mesmo assim.

– Eu também estava morta de saudades de ti, minha querida.

O abraço se repetiu e foi então que Beatriz, tomada de fingida despretensão, quis saber detalhes a respeito do rapaz que vinha lhe fazendo a corte.

– O nome dele é Rodrigo, mamãe. São portugueses. A mãe já é falecida.

– E o pai?

– Está vivo. Tive a oportunidade de conhecê-lo no jantar que me ofereceram em sua casa. Uma belíssima casa ao longo...

– Quero saber o nome dele – interrompeu Beatriz, violentamente.

– Rodrigo, mamãe. Já lhe disse, não?

– Disse? Disse, sim. Rodrigo de quê?

– Mamãe, calma.

– Desculpe, filha. Não sei o que me deu.

– Deve ser por causa do que a titia andou passando. Não deve ter sido fácil para a senhora encarar a situação, não é mesmo?

– Pode ser...

– Ou a senhora está com ciúmes de mim, por eu estar sendo cortejada por um rapaz...

– Não, filha, é lógico que não!

– Dizem que os pais ficam enciumados dos filhos nessa idade, por medo de que se casem cedo demais e os deixem sós.

– Não é meu caso, filha. Eu só quero a sua alegria, a sua felicidade. Só isso.

– Mesmo?

– Claro que sim, minha doçura.

Mãe e filha se abraçaram. Houve uma pausa até que Helena respondesse finalmente à pergunta da mãe:

– O sobrenome do Rodrigo é Medeiros, mamãe. Quanto ao pai, chamei-o o tempo todo em que estive lá, de Senhor Medeiros.

Beatriz respirou aliviada.

– Medeiros – repetiu Beatriz, pronunciando devagar o sobrenome.

– Medeiros – confirmou Helena ainda estranhando a preocupação da mãe em relação ao moço e sua família.

Houve uma pausa e Beatriz disse, com mais tranquilidade:

– Precisa trazer o moço aqui para um jantar.

– Conversei com o papai a respeito. Segundo ele, é melhor deixar o Rodrigo longe daqui até que estreitemos os laços. As péssimas condições do interior da casa podem fazê-lo desistir de mim. Por achar que não temos onde cair mortos e, bem... Opinião do papai.

– Se teu pai te disse isso, então faremos como ele deseja. Pelo menos por ora.

Helena assentiu, mordendo os lábios, enquanto se perguntava novamente, intimamente, por que a mãe mostrara tão exagerada preocupação em relação ao rapaz e sua família. Quando o pai voltou para a casa, ela veladamente lhe perguntou a respeito. Miguel imediatamente opinou.

– Essa é uma atitude típica de mães superprotetoras, Helena. Não te preocupes. Isso passa. Minha mãe também foi um pouco assim comigo. Quando tu fores mãe, hás de compreendê-la melhor. Não te esqueças de que ela fez o mesmo inquérito em relação a família de Lídia, quando descobriu que Bernardo a estava cortejando.

– Verdade.

– Pois então, não te preocupes.

– A impressão que se tem é de que a mamãe está sempre esperando que alguma coisa de ruim nos aconteça, em relação a nossa vida afetiva.

– Sua mãe é assim porque não sabe controlar os ciúmes que sente por ti e teu irmão. Ciúmes, que são capazes de estragar o teu relacionamento com o Rodrigo e o de Bernardo com Lídia se não o policiarmos.

Helena riu e abraçou o pai, agradecida por suas palavras.

Naquela mesma noite, ao voltar para casa, Rodrigo, muito entusiasmado, relatou ao pai como fora seu dia ao lado de Helena Mietto. O que fizeram e sobre o que conversaram. Por muitas vezes, Henrique quis interrompê-lo, de ciúmes por vê-lo desfrutando das mesmas alegrias que ele gostaria de estar desfrutando ao lado da mesma jovem. Ao término da narrativa, Henrique sugeriu ao filho que convidasse Helena novamente para uma visita a casa, para que ele pudesse tirar a má impressão que certamente lhe causara, na última vez em que ela estivera ali. O convite, dessa vez, foi para um almoço. E lá foi Helena, trajando um lindo vestido azul claro, parecendo uma princesa do mundo real.

Nem ela própria se deu conta do quanto estava empolgada com aquilo. O motivo maior acontecia, a um nível inconsciente, para que pudesse observar com maior atenção o impacto de sua pessoa sobre Henrique Assunção.

Quando ele a viu sob a proteção de um raio de luz que descia da claraboia do teto do hall, da entrada da casa, foi como se Henrique estivesse tendo uma visão celestial.

Ao vê-lo, um sorriso envergonhado salpicou o rosto da jovem. Ver-se admirada por aqueles olhos castanhos, lindos e expressivos, novamente lhe provocaram uma sensação indecifrável no peito.

– Como vai? – perguntou ele, despertando-a do seu transe temporário.

– Muito bem e o senhor?

Ele apenas moveu os lábios, sem emitir som algum.

– E Rodrigo, onde está?

– Foi ao meu escritório no centro da cidade, apanhar uma correspondência de urgência, que me esqueci completamente de ir buscar na sexta-feira.

– Ah, sim...

– Não deve se demorar. Queiras sentar-te, por favor. Fica à vontade. A casa é tua.

– Obrigada.

Houve uma pausa até ela perguntar, de maneira simples e direta:

– És o senhor com quem encontrei outro dia no topo do Monte Serrat, não?

– Eu mesmo.

Subitamente ele ficou sem graça.

– Soube que conheceu uma jovem por lá, por quem muito se interessou.

– Como sabes?

– Rodrigo me contou.

– Ah, sim... Foi isso mesmo.

– Tomara que a reencontres, pois mereces ser feliz novamente ao lado de uma mulher.

– Tomara. Se o destino nos permitir.

Ela o estudou mais atentamente e corajosa, mais uma vez, comentou:

– Por seres mais velho do que ela, por acaso, achas que isso possa prejudicar a união de vocês?

– Não da minha parte. Quanto a ela, bem... Vai depender dela. Totalmente dela. – Ele apagou o cigarro no cinzeiro e lançando o corpo à frente, mirando ainda mais fundo os olhos dela, perguntou: – Tu, por exemplo, aceitarias ser cortejada por um homem com o dobro da tua idade?

– Se ele me...

– Prossegue. Sem medo.

– Se me despertasse amor, paixão... Acho que sim.

Os olhos de ambos novamente se congelaram um no outro, enquanto um brilho estranho reluzia no fundo de cada um deles.

– Está abafado hoje, não? – disse ela, despertando do transe e abrindo o leque para se abanar.

– Esta sala é um pouco abafada – respondeu ele, também se recompondo. – Queres beber uma água?

– Sim, não...

– Sim, não?

– Agora não, obrigada.

Ela corou, e muito sem graça se levantou e foi até a janela.

– Importas-te se eu...

Ele foi até ela e quando muito perto, respondeu:

– Em absoluto. Como te disse: a casa é tua.

Novamente eles se admiraram com um olhar intenso e ela ousou perguntar, o que queria muito saber há dias:

– A tal jovem que conheceste no topo do Monte Serrat? Sou eu, por acaso?

Ele tentou deter a lágrima que veio aos seus olhos, mas não conseguiu. Pelo seu olhar, simplesmente pelo seu olhar, Helena soube da resposta precisa.

– Por isso ficaste tão desconcertado aquela noite em que estive aqui.

Ele assentiu, um tanto envergonhado de si.

– Que coincidência, seres pai do Rodrigo e...

– Eu também achei. Não é à toa que muitos dizem que o mundo é um ovo.

Foi ela quem corou dessa vez.

– Sabe – prosseguiu ele, tentando parecer o mais calmo possível diante de tudo. – Essa correspondência que pedi para o Rodrigo ir buscar, bem, eu... inventei tudo isso para que eu pudesse ter a chance de conversar contigo a sós.

– Quer dizer...

– Sim, fiz uso de uma mentira para poder...

– Eu te compreendo.

– Desculpe-me por ter feito o que fiz, por ter dito tudo isso a ti...

– Não te sintas mal com isso. Não tiveste culpa de ter me conhecido e gostado de mim. Não sabias que teu filho já estava interessado em mim. Foi o acaso, o destino...

– Ainda bem que me compreendes e podes me perdoar.

– Não há o que perdoar.

Ela, num gesto involuntário, tomou-lhe a mão e a acariciou. E foi bem nesse momento que ela novamente sentiu algo, ecoando em seu interior, como uma onda se propagando por dentro do seu corpo jovial e delicado.

– É mesmo um homem fascinante, sabias?

– E tu uma deusa.

Ela sorriu, linda.

Nada mais pôde ser dito, pois naquele momento Rodrigo estava de volta a casa. Henrique, então, aflito, pediu a ela:

– Não contes nada a meu filho, é só o que eu te peço. Pelo menos por ora.

Ela assentiu, bem no momento em que o jovem entrava pela porta da sala.

– Aí estão vocês.

Ele foi até ela, tomou-lhe a mão e a beijou.

– Desculpa a demora.

Depois de algumas explicações para o pai, os três seguiram para a copa onde foi servido o delicioso almoço. Minutos depois, entre uma garfada e outra, Henrique, sentindo-se bem mais à vontade com a situação, comentou:

– Quero que Rodrigo conheça São Paulo. Tu certamente conheces, não?

– Sim, tenho parentes lá – respondeu Helena, delicadamente.

– Creio que Rodrigo vai se surpreender com a capital. Há tanta coisa para se ver.

– Sugeri a ele que passe uns dias por lá, o que achas?

– Uma ótima ideia.

– Pena que eu não possa te levar comigo – lamentou o rapaz, endereçando-lhe um olhar apaixonado e cortês.

– Não faltará oportunidade.

E novamente os olhos dela se encontraram com os de Henrique que parecia querer lhe dizer alguma coisa a mais por meio do seu olhar bonito e sedutor.

Ao levá-la para casa, Rodrigo perguntou-lhe:

– Tu estás tão distraída, hoje. O que há? Fiz eu alguma coisa que não devia?

– Não, em absoluto. É *coisa* de mulher, entende?

– Ah, sim...

Ele corou e tomando-lhe uma das mãos entre as suas, declarou-se mais uma vez:

– Eu te amo, Helena. Não te esqueças nunca disso.

Ela sorriu, apenas sorriu, enquanto ele esperou que ela lhe dissesse o mesmo.

– Estou pensando em ir a São Paulo, conhecer...

– Vai, sim, vais gostar.

– Pena que não posso levar-te comigo. Mas isso é só até nos casarmos. Aí então poderemos rodar o mundo se quisermos. O que achas?

Ela novamente sorriu, timidamente.

– Sabes que quero me casar contigo o mais rápido possível. Não vejo por que cortejar-te por tempo maior do que um ano.

E novamente ela fez uma expressão curiosa e singela, enquanto ele esperou que ela lhe dissesse o mesmo e, novamente, não fez.

Ao chegar a sua casa, Helena pouco conversou com os presentes, alegando indisposição, recolheu-se em seu quarto onde ficou rememorando incansavelmente os três encontros que tivera com Henrique Assunção.

Desde que aquele homem enigmático aparecera em sua vida, algo tipo uma forte química parecia atraí-la até ele. Algo inexplicável e perigoso ao mesmo tempo. Por Deus, o que estaria acontecendo com ela?, perguntou-se. Nunca sentira isso antes por alguém. Tampouco ficara pensando numa pessoa por tanto tempo, a toda hora, incansavelmente.

Voltou à sua memória então o primeiro encontro dos dois no Monte Serrat, depois o segundo, o jantar oferecido para ela em sua casa e, por último o surpreendente encontro daquele dia.

Se sua mãe, que já era cismada com todos os homens que poderiam se aproximar dela, soubesse do que havia acontecido entre ela e Henrique, ou melhor, o que ainda estava acontecendo, ela simplesmente surtaria. Não o aceitaria em sua vida, como genro, jamais! Primeiro por ele ser bem mais velho do que ela, segundo porque... Helena nem sequer concluiu seu raciocínio, repreendeu-se no mesmo instante por pensar em Henrique como seu marido. Onde já se viu pensar nele dessa forma? Rodrigo é quem lhe fazia a corte e, possivelmente viria a ser seu esposo num futuro próximo. Rodrigo, não Henrique. Cansada de tantas reflexões, ela acabou cochilando e, dessa vez, pôde ver em seus sonhos a figura imponente de Henrique Assunção, caminhando ao seu lado, sorrindo para ela, e, ao longe, icebergs vindo na direção dos dois. Icebergs, sempre icebergs a atormentá-la desde menina. Algo totalmente inapropriado, afinal, nem existiam no Brasil.

Aproveitando a ida do filho para São Paulo, Henrique mandou seu cocheiro à casa de Helena, entregar-lhe um bilhete, marcando um encontro com ela na matriz de Santo Antônio do Valongo*. Conseguira o endereço da moça por intermédio de seu outro funcionário, o qual levava Rodrigo para cima e para baixo. Deixou claro ao serviçal, que seu assunto com a rapariga era estritamente a respeito das pretensões dela para com seu filho. E lhe pediu sigilo absoluto a respeito.

Assim que Helena seu viu diante de Henrique, baixando a voz,

*O local atualmente é chamado de Santuário St. A. do Valongo. (N. A.)

quase num sussurro ela lhe perguntou:

– Tu... Por que marcaste este encontro?

– Porque achei que não te importarias em me fazer um pouco de companhia. É pedir muito?

– Não, não...

"Estaria o coração dele pulsando tão forte quanto o dela?", perguntou-se Helena em silêncio. E foi como se ele tivesse lido seus pensamentos:

– Acalma-te, não tens razão para te alarmares.

– Eu sei, mas é que...

– O que te afliges exatamente?

– O que me aflige?

Ela mesma não sabia dizer.

– Relaxa. Só quero tua companhia.

E diante de seus olhos castanhos, lindos, ela acabou se descontraindo, perdendo a repentina rigidez que endurecia seu corpo.

– Tens razão. Não há motivos para não desfrutarmos da companhia um do outro.

– Estás ao meu lado e ao meu lado nada de mal pode te acontecer.

Ela pareceu relaxar um pouco mais e assim, ambos começaram a caminhar pelo interior da igreja, admirando as lindas pinturas, imagens, vitrôs e mosaicos.

– É tudo tão lindo... – comentou ela, admirando com atenção as figuras.

– E inspirador, não acha?

– Sim, inspirador.

Breve pausa e ela perguntou:

– Quer dizer então que é um homem religioso?

– Não, nem um pouco. Nunca fui. Apenas aprecio a arte das igrejas.

– Ah, sim... Algumas são realmente belíssimas.

Houve uma pausa até ela lhe perguntar:

– E não sentes falta?

– Falta?

– De Deus no coração?

– Nunca parei para pensar nisso. Estive sempre muito atribulado com meus negócios e os altos e baixos pessoais para me ater a Deus.

– Entendo. Pois eu sempre me apeguei a Deus, sabe? Desde menininha, quando acordava assustada, gritando no meio da noite por causa de um sonho mau.

– Um pesadelo?

– Sim, dos mais terríveis. Na época não podia compreender o que era, só depois de maiorzinha é que fui entender que se tratavam de icebergs o que via em meus sonhos pavorosos.

– Icebergs?! Que coisa mais estranha!

– Pois é. Quem é que pode compreender o significado dos sonhos, não é mesmo?

– Sim, verdade.

Mais uns passos e eles adentraram um hall que dava acesso à capela erguida rente à igreja. Um lugar muito interessante, com pedras de mentira.

– Sinto-me tão em paz aqui – admitiu ela diante da imagem cravada na gruta de barro construída especialmente ali por artesãos.

– Eu também – respondeu ele, deixando-se emocionar pelo local e por vê-la, de olhos fechados, orando baixinho, encerrando com o nome do pai. Após ele imitar seu gesto, os dois voltaram para o interior da igreja, onde se sentaram aos fundos, deixando-se mais uma vez incorporar à magia do lugar.

– Sempre quis me casar aqui – confessou ela após breve introspecção.

– Mesmo? É de fato uma igreja lindíssima.

– Eu também acho.

Nova pausa e ele disse, corajoso:

– E eu sempre quis encontrar a mulher certa para eu me casar. Nunca consegui. Pensei que seria a mãe do meu filho, mas me enganei redondamente.

– Eu sinto muito.

– Acho que não nasci mesmo para ser feliz no amor.

– Não digas isso.

– Digo, há muito que procuro me apaixonar novamente e não consigo. Foi sempre assim até... – demorou alguns segundos até que ele conseguisse concluir seu raciocínio: – Quando pensei que não mais haveria com o que me surpreender na vida, tu surges, linda, jovem e radiante na minha frente.

– Será mesmo que sou tudo isso? – questinou ela, em tom de legítima defesa.

Passeando seus olhos pelos seus cabelos castanhos ligeiramente dourados pelo sol, ele assentiu, com uma lágrima a brilhar por entre seus cilios tão longos e pretos quanto os dela.

– És sim, muito mais até, eu diria.

Diante do seu olhar bonito e tímido ao mesmo tempo, ele sorriu surpreendendo-a com sua fisionomia descontraída e feliz.

– Pareces-me tão disposto hoje.

– Porque estou na tua companhia, Helena. Ao teu lado, impossível não me sentir bem.

Os olhos lindos dela piscaram, de forma sobrenatural, enquanto corava ligeiramente.

– Não te envergonhes. Não há motivos.

Muito corajosamente ela voltou a encará-lo para dizer, com toda sinceridade:

– Também me sinto bem na sua companhia. Sinto-me em paz.

– Que bom! Que seja assim até que a vida...

Ele se interrompeu.

– Ias dizer...

– Ah! – ele fez um gesto de impaciência com as mãos. – Bobagem minha.

– Diz, por favor.

– Que seja assim até que a vida nos separe. Era isso o que eu pretendia dizer.

E novamente ela se inibiu e fugiu do seu olhar.

– O importante é que eu e tu apreciamos a companhia um do outro. A meu ver, isso é formidável.

E novamente ela sorriu, satisfeita. Dali os dois caminharam até a Praça da República, onde em 1908 havia sido demolida a antiga Igreja Matriz de Santos, consagrada em 1/6/1754. Comeram um doce numa doceria e depois voltaram para casa, cada um num carro. Helena não quis de jeito algum que ele a levasse no seu próprio veículo, se a mãe a visse ao seu lado, certamente não lhe perdoria. Assim ela tomou um carro de praça, pago pelo próprio Henrique, como ele tanto fez questão de fazer.

No dia seguinte haveriam de se encontrar novamente, desta vez, no topo do Monte Serrat. Assim que chegou a sua casa, Beatriz quis saber como havia sido sua tarde na casa de sua amiga. Helena não queria mentir, detestava mentiras, mas se viu obrigada a fazer uso de uma para encobrir o encontro delicioso que tivera com Henrique Assunção. Um encontro que ficara marcado para sempre na sua memória.

No dia seguinte, como combinado, lá estavam os dois novamente no local e horário combinados.

– Desde criança – admitiu Henrique com certa emoção – este foi sempre o meu lugar favorito dentre todos da cidade.

– É de fato muito lindo.

Mais uns passos e ele parou, mirou o rosto dela, maravilhado com aquela jovialidade encantadora e irradiante e disse:

– Estou muito contente por estares comigo mais uma vez... Por teres aceitado mais este convite. Tua presença, tua companhia muito me alegram.

– A tua também Hen...

– Podes me chamar pelo nome. Não há motivos para não fazê-lo.

– Está bem, Hen... Henrique.

– Viu? Soa mais natural, não?

Novamente ela sorriu, um sorriso que o fez ter a coragem suficiente para se declarar para ela:

– Meu filho em breve voltará de São Paulo, portanto não disponho de muito tempo para... – ele tomou ar. – Para te dizer, Helena, que te quero mais do que tudo, que estou perdidamente apaixonado por ti.

Um sorriso travesso brincou nos lábios dela, ligeiramente assustada com a repentina franqueza daquele homem por quem seu coração parecia falar mais alto.

– Falo sério – reforçou ele, impondo ainda mais emoção na voz. – Há anos que não me apaixono dessa forma.

– Tuas palavras muito me honram...

Num impulso de loucura, para época, ele tomou as mãos dela, levou-as até seus lábios e as beijou ternamente.

– Tu és simplesmente encantadora, Helena. Simplesmente encantadora. Estou absurdamente apaixonado por ti.

– Mas...

Ele novamente levou as mãos dela até os lábios e os beijou, deliciando-se mais uma vez com o calor gostoso que sua pele irradiava.

– Sei que também sentes algo por mim, admite.

Helena recolheu-se a um profundo silêncio. Ao perceber que seu coração batia acelerado, ele novamente segurou suas mãos e lhe pediu calma.

– Sim, eu também sinto algo por ti. Algo bom, muito bom toda vez que estou ao teu lado.

– Isso me alegra muito, Helena. Imensamente.

E de repente, nada mais precisou ser dito, bastava que estivessem juntos, compartilhando os momentos, que a vida se preenchia por inteira.

Enquanto isso, na casa dos Mietto, Beatriz se sentia novamente inquieta com algo que não sabia definir o que era. Era como se pressentisse algum mal prestes a desabar sobre sua família, só não conseguia localizar sua procedência. Quando a filha voltou para casa naquela tarde, de tão atormentada com seus maus pressentimentos, Beatriz pouco lhe deu atenção.

Já era alta madrugada quando Beatriz acordou sobressaltada, acendeu a luminária, à beira da cama, e olhou para o relógio. Três horas da manhã. Silêncio absoluto exceto pelo ronco abafado do marido, imerso num sono profundo, deitado na outra extremidade da cama. Ela tentou voltar a dormir até desistir, levantar-se e ir até a porta, espiar o corredor quieto e escuro. Algo estranho e sinistro continuava a perturbá-la, sem saber ao certo sua procedência.

Na manhã do dia seguinte, diante do estado perturbador da esposa, Miguel quis saber:

– O que te preocupa, Beatriz? Há dias que vens agindo estranhamente.

A mulher, com olheiras profundas e olhos brilhando demais, após breve hesitação, respondeu, depressa e quase sem fôlego:

– Algo me aflige, Miguel.

– Se é a penhora da casa, eu hei de conseguir o dinheiro para nos livrar dela mais uma vez. Foi sempre assim, na última hora consigo uma bolada no jogo e somos salvos.

– Não creio que seja a questão da penhora, Miguel... É algo que eu ainda não sei precisar bem o que é.

– Acalma-te. Assim tu vais acabar doente.

– Tens razão. Estou a passar dos limites. Tornando-me uma chata, não é mesmo?

Ele procurou acalmá-la, curvando-se sobre ela e beijando-lhe a testa. Assim que deixou o aposento, os olhos de Beatriz pousaram, distraídos, no saleiro. Olhando perturbada para o objeto, como vinha fazendo com tudo mais a sua volta, sua mente regressou temporariamente ao passado, na época em que ela se submeteu aos caprichos de Henrique Assunção para salvar a casa que abrigava a ela e a Miguel.

Naquela mesma manhã, precisamente às oito horas e três minutos, os olhos acastanhados de Helena abriram-se para mais um dia. Ao abrir a persiana deparou-se com a agradável luz do sol de um lindo amanhecer primaveril.

– Passarinhos! – comentou ela consigo mesma, espiando com visível prazer através da vidraça. – Tão bonitinhos.

Diante do calor agradável e do céu azul, ela concluiu:

– O tempo está firme. Não atrapalhará os nossos planos para hoje. Nada, simplesmente nada...

E um sorriso bonito destacou-se na sua face linda e jovial.

Capítulo 7

À tarde daquele dia, numa das praias mais desertas próximas da cidade de Santos, Henrique e Helena caminhavam lado a lado.

– Tenho certo medo, Henrique – desabafou ela a certa altura do passeio. – Medo de que sejamos punidos pelo que estamos fazendo.

– Punidos?!

– Sim. Por estarmos aqui, às escondidas, enquanto Rodrigo continua me amando e me cortejando e...

– Ele terá de aceitar os fatos. Deseja tanto que eu volte a ser feliz ao lado de uma nova mulher, que há de se alegrar ao saber que você é essa mulher.

– E se ele não reagir como esperas? E se ele se magoar, se sentir ferido, ou pior, traído por ti?

– Não penses assim.

– De qualquer modo, devemos contar para ele o que se passa entre nós, assim que ele voltar de São Paulo.

– Sim, pode ser. Eu falarei com ele. Será melhor.

Helena refletiu por instantes e mudou de ideia.

– Não, espera. Tenho uma ideia melhor. Vou terminar com ele, primeiramente, alegando não estar preparada no momento para assumir um relacionamento sério. Assim, ele sofrerá bem menos do que se eu disser que estou terminando por tua causa.

– Tens razão, Helena. Toda razão.

– Pois bem, aguardaremos até que Rodrigo se apaixone por uma nova moça e aí, sim, diremos a ele que nos encontramos nesse ínterim e nos apaixonamos.

– Mas até lá...

– Até lá teremos de manter o nosso relacionamento em segredo.

– Mas...

– Será melhor, assim, Henrique. Não quero ver o Rodrigo sofrendo. Tampouco se tornando um inimigo teu e meu.

– Eu também, não.

– Então...

– Vai ser tão difícil para nós termos de manter em segredo o nosso amor até que Rodrigo... Tu sabes.

– Mas será por uma boa causa, Henrique. Trata-se do teu filho.

– Sim, Helena. Eu sei. Por isso vou suportar tudo isso com bom grado.

Mais uns passos e ele parou, voltou-se para ela, encarando seus olhos lindos e lhe passou a mão pela cabeça, externando seu carinho. Admitiu a seguir, com os lábios trêmulos de emoção:

– Nunca fui tão feliz em toda a minha vida, Helena. Muito me lisonjeia saber que ainda posso fazer alguém tão feliz. Uma mulher feliz...

Um sorriso tímido salpicou-lhe novamente a face, enquanto ele, ternamente tomou-lhe as mãos e lhe beijou o dorso. O encontro terminou minutos depois.

Helena voltou tão alegre para a casa que Beatriz se surpreendeu com seu ânimo.

– Pelo visto o passeio foi bom. Há tempos que não te vejo com alegria tão transbordante.

– Mulheres têm lá seus humores, mamãe, a senhora sabe.

– Isso lá é verdade.

– E a senhora, melhorou?

– Mais ou menos. Fui à igreja esta tarde, pedir para o padre me benzer. Devo melhorar de agora em diante.

– Deus queira que sim.

Sem mais, a jovem pediu licença à mãe e foi tomar seu banho.

Nos dias que se seguiram, Beatriz continuou se percebendo nervosa e inquieta, reprimindo súbitas e inesperadas vontades de chorar. Fora sempre tão controlada antes, tão segura de si, tão serena... Exauria-se com os afazeres da casa, algo que sempre fez com muita disposição e prazer. Logo começou a pensar que estivesse perdendo o juízo. Quando deu vazão ao choro, teve a impressão de que derramara mais lágrimas do que em toda a vida.

Diante do seu estado, Bernardo preocupou-se com a mãe:

– Mamãe, o que está havendo?

Ela tentou evitar falar no assunto com o filho, mas já não tinha mais forças para se fingir de forte e tranquila.

– Não sei o que está acontecendo comigo, Bernardo. De um tempo pra cá ando assim, preocupada, temerosa de algo que não sei bem definir o que é.

– Se é sobre a situação financeira do papai... A nossa, enfim... Nós vamos superar mais essa.

– Estou, sim, deveras preocupada com isso também, mas... Sinto que é algo além disso.

– A senhora deve estar cansada... Essa casa dá muito trabalho.

– Pode ser...

Por mais que tentasse, Beatriz não conseguia compreender o que estava acontecendo de errado com ela. Podia se dizer que se tratava de um presságio velado.

Entre Bernardo e Lídia naquela tarde...

– O que te preocupas, Bernardo?

– Minha mãe. Há algo de errado com ela.

– O que seria?

– Aí é que está. Nem ela sabe ao certo o que é. É tal como um pressentimento, um sonho mau do qual se quer acordar e não consegue.

– Como os teus com icebergs?

– Sim, exatamente isso.

– Desde quando tu sonhas com icebergs?

– Desde garotinho e o que é pior, Helena também tem pesadelos com eles.

– Porque são gêmeos. Dizem que quando um sente uma coisa, o outro também.

– É, isso lá é verdade, mas não em tudo.

Ao voltar para casa, naquela noite, Bernardo reencontrou a mãe num estado lastimável. Imediatamente tentou confortá-la, mas foi preciso ela tomar um chá de camomila para acalmar-lhe os nervos e poder dormir um pouco mais tranquila.

No dia seguinte, Helena acordou com Beatriz chamando-a, ligeiramente eufórica:

– Filha, recebeste um ramalhete.

Helena, imediatamente sentou-se à cama, parecendo muito assustada.

– Vê! – a mãe lhe estendeu o buquê de flores para que ela pudesse admirá-lo. Um sorriso despontou em sua face, de ponta a ponta, ao inspirar tão deliciosa fragrância das rosas. Só então notou o cartão e teve receio de abri-lo na frente da mãe.

– Abra! – incentivou Beatriz, parecendo ansiosa para saber o que ele continha.

Helena, sem ver outra saída, acabou abrindo e lendo o que havia sido escrito ali ainda que se sentisse insegura de fazer.

"Flores para uma flor! Com carinho, Rodrigo. P.S. Cheguei."

– É do Rodrigo – explicou ela um tanto decepcionada.

– Até parece que tu esperavas flores de outra pessoa – comentou Beatriz, tomando a liberdade de pegar o cartão de cima da cama para lê-lo.

– Eu?! Que nada. É que acordei agora, um tanto mal-humorada.

Só isso.

– Ah, sim. Agora me dê essas flores para eu pôr no vaso. E não importa o que seu pai pense a respeito de convidar este rapaz para um jantar ou almoço nesta casa, quero conhecê-lo de uma vez por todas.

– Conhecê-lo?

– Sim, Helena. Sou sua mãe e devo conhecer o rapaz que vem te fazendo a corte.

– Sim, sim...

O desânimo na voz da jovem era notável, mas dessa vez Beatriz não se deu conta. Pegou as flores e deixou o quarto em busca de um vaso.

– Henrique... – murmurou Helena, baixinho. Ela pensou que as flores haviam sido enviadas por ele. Por ele! Só então ela se dava conta do quanto teria se sentido realmente feliz se o ramalhete tivesse sido presente dele. Henrique... Henrique Assunção, por mais que tentasse não conseguia mais deixar de pensar nele. Ela realmente havia se apaixonado por ele. Totalmente.

Naquela tarde, por volta das 13 horas, Helena deixou sua casa para ir se encontrar com Rodrigo no local combinado. Não queria ir, o que ela mais queria naquele momento, era jamais tê-lo conhecido. Ao vê-la, o rapaz se abriu num sorriso lindo, galante, como sempre, e foi até ela cumprimentá-la.

– Estava morto de saudades – admitiu, olhando para ela com uma lágrima nos olhos, enquanto tomava-lhe a mão e a beijava carinhosamente, como sempre.

Ela, muito timidamente procurou sorrir para ele, demonstrando alegria pelo reencontro, mas não conseguiu.

– O que há? – estranhou ele, de imediato. – Algum problema? Tu me pareces tão...

– Em casa... – respondeu ela, apressada. – Problemas familiares...

– Eu sinto muito. Se eu puder ajudar em alguma coisa?

– Sim, não...

O ar, de repente, começava a ficar carregado enquanto Rodrigo lutava contra um pressentimento mau.

Ao tocá-la, Helena estremeceu, de maneira explícita. Tentou dominar-se, mas sem êxito. Rodrigo notou suas mudanças de imediato e um pensamento o atormentou desde então.

– O que foi, meu amor?

– Nada – mentiu ela, mas sem grande sucesso.

– Não. Houve alguma coisa. – Ele pegou sua mão e olhou gravemente para ela. – Diz-me o que é.

Ela tentou dizer algo, para se enganar com as próprias palavras.

– Helena... – repetiu o rapaz, novamente, despertando-a para a realidade. – O que foi? Eu disse algo que não devia? Fui-te inoportuno? Diz.

Foi preciso respirar fundo, encher bem os pulmões de ar, como se o ar fosse feito de coragem, a que tanto precisava para a moça dizer ao jovem a sua frente, o que realmente importava:

– Tens razão, Rodrigo, algo realmente me aflige nos últimos dias.

Ele se alarmou expressivamente.

– Estás doente, precisando de um médico, é isso? Estás necessitada de dinheiro? Posso te conseguir o quanto precisar. É algo com a tua família? Tua mãe, teu pai?

– Não – respondeu ela, apressada. – O problema é comigo, com os meus sentimentos... Não me sinto bem no momento para assumir nenhum compromisso com um rapaz do teu gabarito. Tu me queres para casar e eu, bem, não penso em me casar, não, por enquanto...

Rodrigo foi rápido em formular sua resposta:

– Eu espero o que for, Helena. Por ti, espero o tempo que for.

– Tu não mereces.

– Não compreendeste ainda que eu te amo?

– Mas eu...

– Diz.

– Mas eu...

Ela tentou falar, por diversas vezes, mas o medo de feri-lo era mais forte do que tudo. Ainda que o conhecesse por tão pouco tempo, o elo que os unia parecia ter sido formado em longos anos.

– Diz, Helena... Quero te ajudar.

Ela novamente tomou ar e falou o que, na sua opinião, carecia de urgência:

– Rodrigo, meu querido, tu tens absoluta certeza de que me queres como tua esposa, mas eu...

O rosto dele nublou.

– Eu não queria te magoar.

– Eu sei... – reagiu ele rapidamente. – Mas sou capaz de esperar por tua decisão, Helena. Não te apresses. Quando estiveres certa do que quer, eu ainda estarei aguardando por ti.

– Ainda...

– Ainda que leve anos.

– Isto não seria justo. Tu...

– Eu te amo, Helena, e não vou desistir do nosso amor assim tão fácil. Podes estar certa disso.

– Muito me lisonjeiam tuas palavras, mas...

Ah, como ela gostaria de lhe dizer abertamente, naquele instante, que havia se apaixonado por outro homem, um com o dobro da idade dele.

– Amas outro, por acaso? – atalhou ele, repentinamente. – Se me disseres que ama outro homem, tu me matarias, Helena. Por isso não me digas.

– Não direi por que esse outro homem não existe, Rodrigo.

– Não renegues o meu amor por ti, Helena.

– Não faças disso um drama, Rodrigo.

– Como não, se tu rejeitas o meu amor?

– Quem pode controlar nossos sentimentos mais profundos por outra pessoa? Acontece!

– Sinto-me derrotado. Devastado.

– Tu hás de encontrar uma jovem que te ame como mereces ser amado.

– É a ti que eu quero, Helena. Ninguém além de ti, compreendes?

– Preciso ir.

– Não vás.

– Preciso. Adeus, Rodrigo.

– Não me digas adeus, Helena, por favor.

– Doravante seremos amigos, bons amigos.

– Não quero tua amizade, quero o teu amor.

Sem mais ela seguiu seu caminho, deixando o rapaz a olhos vistos, chorando a perda do seu grande amor.

– Volta, Helena... Volta...

As últimas três palavras se perderam num choro convulsivo e desesperador. Há quem nunca pudesse imaginar que um rapaz feito Rodrigo Assunção viesse a chorar daquela forma, atingindo o ápice do desespero em frente aos muitos transeuntes que passavam por ele. Para muitos, seria vergonhoso ser visto em tal condição e, por isso, sufocariam no peito todo o seu amargor, deixando que mais tarde, explodisse em seu interior, na forma de uma doença voraz, capaz de levar à morte.

– Qual é o fim disso, meu Deus? Qual é o fim disso? – indagou o jovem, mais uma vez aos prantos.

O cocheiro que de longe assistira tudo em silêncio, foi até o patrãozinho e o incentivou a voltar para casa. Com delicadeza o conduziu de volta ao tílburi do outro lado da rua e o ajudou a subir.

– Acalma-te, patrãozinho. Com o tempo tudo se resolve.

– Deus te ouça, meu caro. Deus te ouça.

E sem demora, o senhorzinho soltou as rédeas e fez o veículo andar.

Noutro extremo da cidade, Beatriz seguia para uma costureira, acompanhada de uma amiga.

– Sua Helena é mesmo uma jovem de muita sorte, Beatriz – comentou a amiga com certa inveja. – Casando-se com o tal rapaz que a vem cortejando nas últimas semanas, ela certamente se tornará uma jovem abastada.

Beatriz estava com a mente tão distante, que não prestou muita atenção ao que a amiga dizia.

– Dizem que o pai dele é riquíssimo – continuou sua amiga. – Fez fortuna com herança e agiotagem quando residiu em Santos cerca de vinte anos atrás.

Só então Beatriz realmente ficou atenta ao que a mulher ao seu lado dizia:

– Tu disseste, agiotagem?

– Sim. Henrique Assunção, já deve ter ouvido falar nele, não? Na juventude fora um sujeito falso e pedante. Esnobava as pessoas e se aproveitava de suas ruínas financeiras para tirar deles o pouco que ainda lhes restava.

Beatriz perdeu o ar.

– Beatriz, querida... Estás passando mal?

– Sim, um pouco. Preciso voltar para casa, desculpe-me por não acompanhá-la.

– Quer minha companhia?

– Não, não, obrigada.

Beatriz atravessou a rua e pegou o ônibus da época que seguia na direção de sua casa. Estivera tão certa nos últimos quase 20 anos de ter contornado o passado e, agora, ele reaparecia escancaradamente a sua frente, como um demônio sem o poder de exorcizá-lo.

Capítulo 8

Assim que chegou a sua morada, atirou-se contra a porta que se abriu de supetão, assustando Miguel que se encontrava na sala, entretido com a leitura de um periódico.

– Beatriz?! O que houve?

– Uma desgraça, Miguel. Uma desgraça!

Ela se jogou em seus braços e chorou, agarrando-se a ele, como uma criança desesperada de medo se agarra a um pai ou uma mãe. Ele volveu seu rosto, assombrado, em cujos olhos as lágrimas cintilavam sem parar.

– Acalma-te, meu amor. Estou aqui.

A mão dele acariciou-lhe suavemente os cabelos, como se procurasse distribuir-lhe a paz. Beijou-lhe a fronte ardente de medo e a fez sentar-se:

– Agora, desabafa. O que houve de tão grave para teres ficado neste estado?

Foi preciso grande esforço por parte dela para se controlar e responder:

– O rapaz, Miguel, o rapaz que vem cortejando Helena. Ele é filho daquele demônio. Daquele demônio, entende?

– Que demônio, Beatriz? De quem tu falas?

– De Henrique Assunção.

– Hen...

– Henrique Quaresma Assunção, Miguel. O sujeito que por

pouco não destruiu nossas vidas no passado.

– Não me recordo dele.

– Pois eu, sim! Foi há vinte anos atrás.

Ela o ajudou a recobrar a memória, contando detalhadamente o que se passou.

– Beatriz isso já faz tanto tempo...

– Mas eu não me esqueci.

– Por que tanta raiva desse sujeito se ele perdoou a minha dívida? Segundo me recordo, mudou-se para a Europa. Recebera uma herança ou algo assim.

– Se não tivesse recebido, teria feito da nossa vida um inferno. Tirado tudo de nós.

– Mas não tirou. Isso é o que importa.

– Mesmo assim, eu não aceito o filho dele como nosso genro. Ele foi um homem cruel, ainda deve ser um homem cruel.

– Pode ser, mas é rico. O dinheiro dele será de seu herdeiro que se casando com a nossa filha... Não preciso terminar a frase, preciso?

– Dinheiro não é tudo, Miguel.

– Neste mundo em que vivemos, é, sim!

– Não é justo, nós dois, outra vez, ligados a esse escroque.

– Tudo agora poderá ser diferente, Beatriz.

– Não, Miguel, duvido muito que possa vir a ser.

Assim que Helena voltou para casa, Beatriz foi ter com ela uma conversa muito séria.

– Helena, precisamos conversar.

– Mamãe! Que rosto é esse?

– Senta-te aqui, por favor, e me ouve.

– Olhando-me assim, a senhora me deixa nervosa.

Beatriz foi direto ao assunto, relatou à filha, tudo o que Henrique Assunção foi capaz de fazer contra seu pai no passado. Helena não soube o que dizer, de tão impressionada que estava com o estado da mãe e, com o elo que unia seus pais a Henrique.

– Afasta-te desse Rodrigo, Helena. É tudo o que te peço. Não é justo que te cases com o filho do homem que...

Helena se rebelou:

– Mas já faz tanto tempo, mamãe.

– Para mim não importa o tempo que passou. Não aceito esse sujeito, nem nada do que vem dele.

– Acalma-te, mamãe.

Helena se mantinha aparentemente equilibrada, por dentro, no entanto, estava em desespero crescente. Se sua mãe querida não aceitava o seu possível casamento com Rodrigo, jamais aceitaria sua união com Henrique, o homem por quem se apaixonara recentemente e estava disposta a se casar.

– Mamãe... – Helena tentou falar mais foi rapidamente interrompida por Beatriz.

– O mal deve ser cortado pela raiz o quanto antes, Helena! Esse é o certo!

Beatriz se agarrou à filha e chorou; deixando a jovem ainda mais apavorada com a situação. Temeu que se Henrique soubesse da reação de sua mãe, afastar-se-ia dela para evitar confronto com seus pais. Se bem que pelo pouco que conhecera dele, pelo brilho da paixão que reluzia em seus olhos por ela, nada o faria desistir de sua pessoa. Em todo caso, seria melhor, por ora, não lhe dizer nada a respeito, não até que estreitassem os laços.

O mesmo faria em relação a sua família: nada lhes contaria a respeito do seu envolvimento com Henrique Assunção até que achasse oportuno e seguro. Nem mesmo para seu pai que, certamente ficaria do seu lado, ela diria, ainda que ele considerasse tudo o que ocorreu entre ele e Henrique no passado, coisa do passado, sem motivos para continuar alimentando ódio e rancor.

Por fim, Helena conseguiu contar a mãe sobre o seu rompimento com Rodrigo, o que serviria para abrandar seus temores e prepará-la para o que ainda estava por vir.

– Quer dizer que tu... – balbuciou Beatriz, trêmula da cabeça aos pés.

– Sim, mamãe. Terminei tudo com o Rodrigo ainda há pouco. Achei melhor, não me sinto preparada no momento para assumir um relacionamento sério e...

– Não estás me dizendo isso só para eu me acalmar, está?

– Não, mamãe. Terminei realmente tudo com ele. Estou até surpresa com a coincidência dos fatos.

– Oh, filha! – exclamou a mulher, voltando a abraçá-la, chorando dessa vez de felicidade e alívio. – É assim que se fala, meu anjo. É assim que se fala.

Helena procurou retribuir o abraço enquanto em sua mente revia os bons momentos que passara nos últimos dias ao lado do homem que parecia ter o dom de surpreendê-la e transportá-la para um mundo muito além daquele ao qual pertencia. Um jamais sonhado.

Quando Bernardo reviu a mãe naquele dia, percebeu de imediato que ela havia chorado muito e quis saber o motivo. Beatriz, muito pacientemente contou-lhe tudo que descobrira naquela tarde, motivo pelo qual vinha se sentindo mal recentemente.

– Quer dizer então... – murmurou Bernardo boquiaberto. – Mas o tal Rodrigo me parece boa gente.

– Pode ser, filho. Mas o pai dele é mesmo um demônio, acredite-me. Sei que Helena iria se casar com o filho dele e não com ele, propriamente, mesmo assim o sangue dele entraria para a nossa família e isso eu não admito.

Bernardo chocou-se mais com as palavras da mãe do que com a situação em si.

– A senhora disse "ia se casar"?

– Disse, sim. Por sorte, Helena desistiu de Rodrigo, pouco antes de eu implorar a ela que fizesse.

– Desistiu dele? Ora, por quê?

– Disse-me que ainda não se sente preparada para assumir um relacionamento sério.

– Ah, foi por isso então. Sei...

Soltando novamente um suspiro de alívio, Beatriz exclamou, feliz:

– Só sei que agora me sinto muito mais aliviada. Muito mais!

E o filho gostou de ver a mãe em plena calmaria como sempre fora até então.

Nesse ínterim, Rodrigo chegara a sua casa, deprimido e desanimado com tudo mais a sua volta. Ao vê-lo chegando naquele estado, Henrique saltou da poltrona e foi ao seu encontro.

– O que houve, filho?

– Helena...

– O que houve com ela?

– Ela não me quer, papai. Não me quer. Estou arrasado.

– Acalma-te, filho. No amor nem sempre poder é querer.

– Mas eu a amo, papai. Eu a amo.

O rapaz explodiu em lágrimas, enquanto se deixava sentar no sofá. Parecia uma criança carente, desesperada por afeto e compaixão. O pai tentou reanimá-lo, mas foi em vão. Rodrigo logo quis se recolher a seus aposentos para chorar sozinho o rompimento afetivo.

Somente quando Henrique ficou só na sala, é que ele voltou a pensar nos últimos acontecimentos envolvendo o filho, Helena e ele próprio. Estava surpreso com a coragem e determinação da jovem para terminar tudo com Rodrigo só para ficar com ele, de forma correta, como admitiu que faria. Sua coragem, audácia e seu brio, davam-lhe a certeza de que ela realmente nascera para ser sua, sempre admirara mulheres de caráter. Isso o deixou ainda mais apaixonado por ela, interessado e orgulhoso por ser dela, somente dela.

Mais tarde, naquele mesmo dia, ao jantar, Henrique incentivou o filho a provar da canja, fumegante e cheirosa, que havia sobre a mesa.

– Prova – disse ele, ofertando-lhe um prato. – Está uma delícia, te fará bem. Aquecerá teu estômago, alimentará teu corpo, até mesmo tua alma.

Depois de muito insistir, o rapaz acabou aceitando a sugestão do pai. Assim, ambos compartilharam do delicioso caldo com torradas, em profundo silêncio.

Naquele fim da noite, quando só, em seu quarto, Helena rememorou as palavras da mãe. Seu choque com a verdade ainda repercutia estranhamente em seu interior.

Na manhã do dia seguinte, já por volta da hora do almoço, Henrique foi até o quarto ver o filho que até então não havia deixado o aposento.

– Não apareceste para tomar café da manhã na minha companhia, Rodrigo. O que houve?

– Não tive vontade, papai. Não tenho sequer vontade de me levantar desta cama.

– Tu não podes ficar assim, filho. Tens de reagir. És jovem e bonito, muitas moças hão de se interessar por ti.

– Nenhuma outra moça me interessa senão Helena.

– Com o tempo...

– Não haverá tempo.

– Não sejas dramático. Já te disse que também sofri no passado, por causa de uma mulher que não me quis. Contudo, superei o fato, casando-me com tua mãe, tendo você...

– Superaste mesmo papai? Acreditas mesmo nisso?

Henrique, um tanto sem graça, voltou-se para o espelho, ajeitou-se em frente a ele e falou:

– Vou dar uma volta pela cidade depois do almoço, o dia está tão bonito...

– Vai, sim, papai... Quem sabe não encontras por aí a tal rapariga por quem te interessaste tanto.

– Quem sabe...

E com um sorriso empolgado, Henrique deixou o aposento.

No local e hora combinados, Henrique se encontrava mais uma vez com a mulher dos seus sonhos e de seus mais profundos desejos.

– Helena, querida, tu me pareces aflita, o que há?

– São meus pais, precisamente minha mãe. Ela nunca vai

aceitar o meu relacionamento contigo.

– Dê-lhe um tempo para se acostumar à ideia.

– Já pensei nisso. Mas que vai ser um baque para ela saber que estou sendo cortejada por um homem com o dobro da minha idade, ah, isso vai.

– Helena, isso pode chocar a muitos, é um desafio que teremos de enfrentar.

– Eu sei... Por isso te peço, mais uma vez, que mantenhamos nossa relação em sigilo absoluto até que Rodrigo se interesse por outra jovem e eu perceba que minha mãe está mais apta a nos aceitar, juntos.

– Eu te darei o tempo que for necessário para que tudo aconteça da melhor forma possível para nós.

– Que bom que me compreendes.

– Sim, meu amor. Vou te compreender sempre que precisar.

E assim foi decidido.

Ao voltar para casa, naquela tarde, Henrique procurou pelo filho e quando soube que ele ainda não havia deixado o quarto, foi até lá vê-lo.

– Estás melhor? – perguntou lhe, assim que o viu.

– Como posso estar, depois de ter recebido um fora? Eu amo Helena, papai. Não saberei viver sem ela.

– Com o tempo esta paixão pela moça se abrandará, especialmente quando te interessares por outra rapariga. Não percas tua juventude por uma alma feminina que não te quer, Rodrigo. Não seria justo para contigo.

O conselho, como para todo jovem apaixonado, soou estranho e foi rechaçado no mesmo instante.

Não muito longe dali, o cocheiro encarregado de levar Henrique para cima e para baixo, comentava sigilosamente com o cocheiro que ficava à disposição de Henrique.

– Isto ainda vai acabar em sangue. Eu sinto.

– Do que está falando, homem?

– Nada, não.

– Agora que você começou, termine.

– Estou falando do nosso patrãozinho, dessa sua paixão doentia pela jovem que não lhe quer mais e...

– Pobre coitado. Está de dar pena. Espero que se recupere logo. É um rapaz e tanto.

– Sim, sem dúvida. Todavia, duvido muito que consiga se recuperar tão facilmente. Ainda há muito por vir à tona e quando vier... pobre coitado.

E mais uma vez ele se arrepiou, ao ver em pensamento uma enorme mancha de sangue vazando pelas paredes daquela casa. Decidiu orar pelo bem dos patrões por acreditar que só mesmo amparados por uma força do além, uma tragédia em família poderia ser evitada.

Capítulo 9

Dias depois, ao voltar de mais um de seus encontros velados com Henrique, Helena foi novamente surpreendida pela mãe. Assim que viu a filha chegando, Beatriz quis saber aonde ela havia ido.

– À igreja com umas amigas, mamãe. Já havia dito à senhora.

Diante do olhar desconfiado da mãe, Helena se constrangeu:

– Parece até que não confias mais em mim.

– Não é isso, filha...

– Pois parece.

– Preocupo-me contigo. Não quero que meta os pés pelas mãos.

– Tranquiliza-te, nada de mal há de me acontecer. O tal iceberg que tanto me assustava nos meus pesadelos jamais haverá de existir.

– Queira Deus que sim.

Houve uma pausa até Beatriz perguntar:

– Anda por acaso interessada noutro rapaz? Parece-me que sim.

– Eu?! Oh, não, mamãe. Desde que me afastei do Rodrigo, eu não mais sequer olhei para outro homem.

– Mesmo?

– Juro!

Beatriz queria muito acreditar na filha, mas por mais que tentasse não conseguia. Tomada cada vez mais de suspeita a respeito das saídas da jovem, observando-a sempre em desconfiado silêncio, acabou entregando os pontos. Declarou:

– Preciso tirar isso a limpo, antes que eu enlouqueça.

Seguiu Helena numa tarde e para seu alívio, a mocinha havia mesmo ido se encontrar com amigas. Com isso, Beatriz voltou para casa, sentindo-se mais tranquila, repreendendo-se por ter pensado mal da filha.

Enquanto isso, Rodrigo se entristecia cada dia mais por ver Helena, o anseio de seus mais voluptuosos desejos, mantendo-se longe dele sem ter nem porquê. Em muitas noites, sem poder conciliar o sono, lembrava-se dos momentos que compartilhara com ela, momentos que o fizeram tão feliz. Temia, cada vez mais, que os ideais que construiu em torno da jovem se aproximassem de vez do fim. Para impedir que isso acontecesse, ele tinha de tomar uma atitude e, assim, fez. Arrumou-se da melhor forma possível e partiu atrás dela.

Helena caminhava como de hábito, ao lado de sua melhor amiga, quando o rapaz a surpreendeu com sua aparição repentina.

– Helena, boas tardes. Desculpa-me por me achegar assim... É que preciso muito te falar.

– Olá, Rodrigo, como vais?

– Mal, Helena. Me sentindo muito mal. Depois que tu me deixaste...

Ele levou a mão à fronte, procurando ocultar o rosto, enquanto lágrimas brilhavam entre seus cílios longos e viçosos.

– Tu realmente não sentes o mesmo por mim, Helena?

Imediatamente ela procurou fugir do olhar angustiado que a devorava, enquanto a voz amargurada de Rodrigo voltava a ressoar em seus ouvidos.

– Diz também que me quer, por favor. Que me concederás a graça de te fazer feliz. Que...

Ele cortou a frase ao meio diante de seus olhos aflitos e assustados, expressando horror diante da situação.

Naquele instante foi como se seu coração sangrasse.

– Não há voltas, Rodrigo, eu sinto muito. Mas estou certa, como sempre estive, desde o começo, que logo tu estarás interessado noutra moça digna do teu amor.

Ele a interrompeu, falando agressivamente:

– Quem é ele, Helena? Diz-me, por favor. Tenho certeza de que te interessaste por outro, por isso renegas o meu amor.

– Rodrigo, por favor.

– Preciso saber, Helena. Para mim é muito importante.

– Não há outro, eu juro.

– O que ele tem que eu não tenho?

– Ouça-me Rodrigo.

– Não quero ouvir. Não, não e não!

O rapaz estava verdadeiramente desacorçoado.

Ao voltar para casa, Rodrigo deixou-se cair numa poltrona em frente à que o pai ocupava e chorou feito uma criança desesperada.

– Ela realmente não me quer, papai. Fui atrás dela hoje e...

– Tu foste atrás dela novamente?

– Sim! Era preciso. Não suportava mais ficar preso aqui, pensando nela, morrendo aos poucos por ela.

– Rodrigo, meu filho...

– Papai, eu amo essa moça.

– Acalma-te! Vais encontrar outra que te queira reciprocamente.

– Não vou.

– Não sejas teimoso.

– Como assim, teimoso, papai? O senhor já amou como estou amando e...

– E quando a mulher que eu tanto amei não me quis, eu desisti dela.

– Pois agiste errado. Deverias ter lutado por esse amor.

– Filho, no amor não se vence por meio da luta. Quando um não quer, não adianta. Dois jamais serão dois.

E o rapaz deixou a sala, chorando e odiando mais uma vez tudo aquilo.

No próximo encontro entre Helena e Henrique, o casal seguiu novamente até um local retirado nas proximidades da cidade, onde poderiam caminhar ao longo de uma bela praia sem serem interrompidos por ninguém. Na volta, quando a carruagem parou para deixar Helena e Henrique fez questão de se despedir da jovem, Bernardo que vinha caminhando pela calçada oposta, não muito longe dali assistiu a tudo. Simplesmente voltou para casa ansioso para contar o que viu a sua mãe. Beatriz por pouco não desmaiou, a vista escureceu e foi preciso o filho ampará-la nos braços antes que fosse ao chão.

Assim que Helena adentrou a morada, Bernardo relatou a ela o que presenciou e a recriminou pelo que vinha fazendo.

– Tu queres destruir nossa mãe, Helena. É isso? Só pode, caso contrário não se envolverias com aquele estafermo.

Helena, procurando se manter calma diante da situação, tentou se defender, mentindo, mais uma vez:

– Tu não sabes o que dizes, meu irmão. Encontrei-me com tal cavalheiro, por acaso.

Ele riu, desacreditando dela totalmente.

– Digo a verdade, Bernardo.

– Pois eu não acredito em ti.

– Problema teu. Agora diz-me. Onde está a mamãe?

– No quarto dela. Depois do que lhe contei sobre você e aquele pulha...

– Tu não deverias ter dito nada, Bernardo. Nada, ouviu?

Imediatamente a jovem seguiu para os aposentos da mãe.

– Filha! – exclamou Beatriz assim que viu entrando.

– Calma, mamãe, aquele senhor estava apenas me cumprimentando. Cruzou comigo pela rua, sem querer, e aproveitei para saber como o Rodrigo estava passando. Foi só isso, nada mais.

Beatriz respirou um pouco mais aliviada.

– Eu sabia que não podia ser verdade. Tu e aquele demônio,

juntos... Não! Tu não me darias esse desgosto.

– Sentes-te mais calma, agora?

– Sim, filha – Beatriz suspirou. – Obrigada.

Sem mais, Helena deixou o quarto, foi então que Bernardo voltou-se para mãe e usou de sua franqueza mais uma vez:

– Ela nega, mamãe. Negou-me tudo também, mas... O modo como ela e aquele escroque estavam parados, frente a frente, trocando olhares, bem...

– Prefiro acreditar que foi apenas impressão da tua parte, filho. Além do mais, Helena acabou de me garantir que nada tem com aquele sujeito desavergonhado. Ela não mentiria para mim, não para mim que sou sua mãe.

O rapaz fez novamente ar de quem diz: será mesmo?

Ao saber do acontecido, Miguel deu total apoio a Helena e repreendeu o comportamento da esposa, quando ficou a sós com ela no quarto do casal.

– Se Helena está realmente interessada neste sujeito e ele nela, Beatriz, eu não vou me opor à união dos dois. Eu sinto muito. O que aconteceu entre nós faz parte do passado, um passado bem distante, digamos de passagem. Não tenho motivos para sentir ódio de Henrique Assunção, pelo contrário, sou muito grato a ele por ter perdoado a minha dívida naquela ocasião. Se não tivesse, teríamos perdido esta casa e...

A esposa o interrompeu:

– Tu não podes estar falando sério, Miguel. Não podes!

– Só porque ele é mais velho do que Helena, que tu te incomodas tanto com a possível união dos dois? Se eles se amarem, eu não vou me opor de jeito nenhum.

– Tu só consentes com a união dos dois porque ele é rico, se não fosse...

– É por isso, mesmo! Não vou negar. Veja a nossa casa, Beatriz, as condições precárias em que se encontra, em que nós nos encontramos. É isso que tu queres para a nossa filha? Não, não é mesmo? Então, por favor...

Beatriz, juntando as mãos em louvor, voltou os olhos para o teto e disse, suplicante:

– Estou certa de que tudo isso não passou mesmo de um mal-entendido por parte do Bernardo. Além do mais, Helena me garantiu que não tem nada com aquele... E ela não mentiria para mim, não para mim, sua mãe que tanto a ama.

E o assunto se encerrou por ora.

No dia seguinte, assim que teve oportunidade, Miguel foi tirar aquela história a limpo com a filha. Não levou mais do que cinco minutos para perceber que Helena mentira até então sobre ela e Henrique, para evitar a ira de Beatriz.

– Helena, para mim, tu não precisas mentir. Se estiveres mesmo sendo cortejada por esse sujeito, terás o meu consentimento. Não vejo por que proibir a união de vocês.

– Oh, papai... – a jovem soltou um suspiro de alivio enquanto o pai a confortou em seus braços. – Eu sabia que o senhor me compreenderia.

– Tu amas esse sujeito? – era tudo o que Miguel queria saber.

– Sim, papai.

– Então casa-te com ele. Casa-te e sê feliz como tanto desejas.

O abraço entre os dois se intensificou.

– Que bom ouvir isso, papai. Que bom!

Levou quase dois minutos até que ambos notassem a presença de Beatriz, junto à entrada do corredor que levava aos quartos. Seu olhar entristecido agora parecia de vidro, ambos ali nunca haviam visto um olhar tão assustador como aquele.

– Beatriz – exclamou Miguel, desvencilhando-se do abraço carinhoso com a filha.

Beatriz rapidamente se escorou contra a parede, chorando copiosamente. Para ela, não poderia haver punição maior para o pecado que cometera no passado para salvar o marido e ela própria da miséria, do que o destino ter unido a filha ao homem que mais odiava na vida, aquele que lhe roubara a dignidade e o respeito.

– Então é verdade, Helena... – disse ela com amargura. – Tu e aquele monstro. E tu juraste pra mim, ainda ontem, que não havia nada entre vocês. Como podes ter mentido para mim, tua mãe? Tua mãe que tanto te quer bem, que tanto te ama?

E novamente o pranto a impediu de falar.

– Mamãe... – tentou falar Helena, mas a forte emoção também lhe prejudicou a voz.

Miguel então deu seu parecer:

– Helena ama esse sujeito, Beatriz. E segundo ela, ele também a ama.

– Ama? – desenhou ela, com raiva evidente. – Em tão pouco tempo? Ora, por favor.

Miguel retrucou no mesmo instante:

– Não sejas injusta, Beatriz. Tu bem sabes que nos apaixonamos no mesmo instante em que pousamos os olhos um no outro, lembras-te? Por que isso não haveria de acontecer com nossa filha e Henrique Assunção? Só porque tu não gostas dele é que não aceitas que isso seja possível?

Ele tomou ar e completou:

– De qualquer modo, Helena tem meu total apoio em relação a esse relacionamento. Quero vê-la feliz, não insatisfeita pelo resto da vida.

– Pois este homem vai desgraçar a vida dela. Se foi capaz de roubá-la do próprio filho, que espécie de caráter tem um sujeito desses? Diz-me.

Sem mais, ela voltou para o seu quarto, onde se jogou na cama e chorou sua desgraça. Ao perceber que nada mudaria se ela não tomasse uma atitude, Beatriz se levantou do leito, arrumou-se com o ânimo que ainda lhe restava e partiu para a casa daquele que jurou nunca mais olhar nos olhos, sequer passar ao seu lado, ouvir sua voz. Mas era preciso, em nome da dignidade e da moral, era extremamente preciso intervir naquela relação.

Capítulo 10

Beatriz contemplou a casa por alguns minutos, enquanto suas mãos crispavam de aflição, temerosa do que estava por vir. Foi recebida pela criada que lhe pediu um minuto para ver se o patrão poderia recebê-la. A mulher logo reapareceu para conduzi-la para dentro, até uma sala espaçosa, cheia de quadros pintados a óleo, até o teto, e uma linda estante tomada de livros mais para decoração do que propriamente para leitura. As janelas estavam abertas e podia-se ouvir ao longe o murmúrio do mar o que era de certo modo reconfortante para os que ali estivessem.

Todavia, Beatriz não se deu conta do fato, estava nervosa demais para se ater àquele detalhe.

A lareira que havia ali foi o que mais lhe chamou a atenção, não havia necessidade de haver uma na casa, num numa cidade razoavelmente quente até mesmo no inverno, o que significava que fora construída ali mais para dar a sensação de aconchego do que por necessidade.

Quando Henrique apareceu, chegou, desculpando-se pela demora. Beatriz se encontrava de costas para ele, levou quase um minuto até que tivesse coragem de encará-lo. Ao se verem frente a frente, ambos estremeceram.

– Tu... – murmurou ele, transpassado. – Jamais pensei que pudesses ser tu.

A princípio, Beatriz não podia falar, explicar, agir como uma pessoa pensante. Atordoada e vazia, permaneceu por mais alguns segundos, enquanto os olhos retinham lágrimas prontas a rolar pela face.

Henrique, ainda olhando abobado para ela, foi quem rompeu o silêncio constrangedor entre os dois.

– Deus meu, quanto eu esperei por isso.

Ao dar um passo à frente, ela recuou dois, temerosa, como sempre, diante de sua pessoa.

Finalmente o silêncio foi rompido, a voz dela ressoou ainda que trôpega, pela grande sala:

– Venho aqui te pedir encarecidamente...

Ele a interrompeu, sem fazer alarde:

– Por que vieste, se juraste nunca mais olhar para mim enquanto viva?

– Jurei, e cumpriria meu juramento se o destino, em total desatino, não tivesse nos unido novamente.

– Destino, desatino?

– Venho até aqui falar de Helena.

– Helena?...

A menção à jovem não o deixou espantado, perguntando-se como ela poderia saber de sua existência em sua vida. Foi como se já soubesse do fato, o que de fato era verdade.

– Olhas-me com espanto – cotinuou ela, resoluta. – Certamente porque indagas como eu posso saber dessa jovem na tua vida, não é mesmo?

– Não.

– Não?!

Ele riu, de leve.

– Por que ris?

– Porque sei que Helena é tua filha.

Beatriz perdeu o chão diante da revelação.

– Sabes?

– Demorei certamente um bocado para ligar os fatos, mas depois...

– Então estás com ela para me afrontar, é isso? Para me humilhar ainda mais do que fizeste no passado? Seu demônio.

– Abaixa o tom.

– Não abaixo. Vais me calar, por acaso? Vais me bater?

– Não exageres.

– Como podes estar usando minha menina para me afrontar? Uma jovem linda e inocente? Como?

– Não estou usando Helena – bramiu ele, impacientemente. – Eu de fato a amo. Amo-a desde a primeira vez em que a vi no topo do Monte Serrat. Foi o destino que nos uniu. Apaixonei-me por ela, muito antes de saber que era tua filha. – Ele suspirou e repetiu, com enfase: – Muito antes!

– Não pode ser... Tu mentes.

– Nunca falei tão sério em toda a minha vida. Além do mais, eu jamais menti para ti. Nem no agora nem no passado que nos uniu.

Ele tomou ar e completou:

– Amo tua, filha, e este é um fato incontestável. Amo-a como amei a ti no passado, só que tu não me quiseste. Helena, ao contrário de ti, quer a mim e muito. Está apaixonada por mim tanto quanto eu estou por ela.

– Isso é insano.

– Isso é amor, paixão...

– Isso é loucura! Loucura!

Ela foi para cima dele, com o propósito de estapeá-lo, e se ele não tivesse sido rápido em segurá-la, ela teria conseguido. Mirando profundamente seus olhos lacrimejantes e vermelhos de raiva, ele, muito seriamente, perguntou:

– Tens ciúmes dela por estar comigo, não é? Admita!

– Tenho é asco.

– Agora sou eu quem não te quer mais. Sou eu! Porque estás velha e amarga com o tempo.

– Afasta-te dela, é tudo o que te peço. Afasta-te dela!

– Porque ela é jovem demais para mim? Porque sou velho demais para ela? Por quê? Por quê?

– Porque tu és aquele que me encheu de vergonha no passado. Que violou minha integridade moral e física. Quer motivo maior do que este? Por isso te peço, afasta-te da minha Helena.

Ela se livrou das mãos dele com um safanão e concluiu:

– Sinal de que continuas tão imoral quanto no passado. Se foste capaz de roubar Helena do teu próprio filho, é sinal de que não respeitas mesmo ninguém. Não prezas ninguém. Não tens consideração por ninguém.

Sem mais, ela deixou o aposento e caminhou aturdida para fora da casa. Quando na rua, pensou por muitas vezes que ia pisar em falso, tropeçar, cair... Mal sabe como chegou a duas quadras dali onde conseguiu novamente um carro de praça que a levasse de volta para sua casa. Pelo caminho, Beatriz se acalmou por acreditar que Henrique acabaria atendendo ao seu pedido tão desesperado. Restava agora somente esperar para ver.

Assim que Beatriz partiu, Henrique caminhou até a janela onde ficou, distraído, brincando com o pêndulo da cortina. O que ele mais queria na vida, acontecera. A mulher que aprisionou seu coração fora levada até ele, finalmente, pelas mãos do destino e da forma mais surpreendente possível.

– Beatriz e Helena... – murmurou ele, maravilhado. – Mãe e filha... Que coincidência!

Houve uma pausa até ele admitir, com profunda convicção, para si e para a vida:

– Helena há de ser minha, Beatriz. Isso, tu não tens como evitar. Dessa vez tu perdeste. Judiaste de mim, aprisionando-me a uma vida infeliz por quase vinte anos, agora é a minha vez de te dar o troco e ser feliz, finalmente, ao lado de uma mulher que me ama reciprocamente. Sim, Helena me ama, disso não tenho dúvidas. Nunca terei.

E novamente ele sorriu, triunfante e feliz por finalmente estar prestes a se realizar no amor como tanto sonhou um dia.

Só então ele se perguntou se Beatriz havia contado ao marido a respeito do que fizera para que sua dívida com ele fosse perdoada.

107

Não, não teria dito nada, ela mesma lhe dissera que aquele seria um segredo somente entre os dois. Todavia, conhecendo Miguel Mietto razoavelmente bem como conhecia, um sujeito inescrupuloso e tão impiedoso quanto ele, acabaria aceitando o fato, porque lhe poupara de pagar uma dívida que o levaria à sarjeta, à perda total de sua dignidade.

De qualquer modo, era melhor se precaver contra uma possível retaliação por parte dos pais de Helena quanto a união dos dois. Assim, Henrique tomou sua carruagem e pediu ao cocheiro que o levasse até um advogado, antigo conhecido seu. Não demorou muito para saber que Miguel Mietto estava novamente à beira de perder sua casa, por tê-la penhorado para obter empréstimos para se manter até que a sorte voltasse a sorrir para ele, mais uma vez, o que não acontecia há quase dois, três anos.

– Se a sorte não sorriu para ele – zombou Henrique, com certo prazer –, é porque certamente estava de mau humor.

O sujeito à sua frente riu, exibindo sua dentadura reluzente e um tanto protuberante.

– Quer dizer então que Miguel continua em maus lençóis...

– Miguel Mietto não tem jeito – explicou o sujeito, prontamente. – Quando ganha no jogo, esbanja tudo de uma forma absurda, vive como um rei, um inveterado esbanjador. Só se dá conta de seus exageros quando a sorte lhe falta e suas dívidas batem à porta. Então, recorre a empréstimos e mais empréstimos nos bancos e com os agiotas, desgraçando, como sempre, a vida de sua esposa e de seus filhos, que acabam sempre pagando caro pelas irres-ponsabilidades do pai. Então ele entra numa nova maré de sorte, volta a ganhar nos jogos, e quando poderia se estabilizar, esbanja tudo novamente até ficar mais uma vez sem um tostão e devendo como sempre, para a cidade inteira. Ele nunca vai mudar. Por mais que apanhe com seu modo irresponsável de lidar com o dinheiro, ele vai continuar sempre metendo os pés pelas mãos.

– Já dizia meu pai: pau que nasce torto, morre torto.

– É o que dizem.

Houve uma pausa até o sujeito comentar:

– A casa vai a leilão dentro de duas semanas.

Os olhos de Henrique brilharam, empolgados e radiantes.

– A leilão. Que maravilha!

– Desculpe a minha indiscrição, Henrique, mas... Por que tanto interesse nessa gente?

– Porque...

– A casa está caindo aos pedaços, Miguel nunca foi de fazer reparos nela e...

– Assim ficará bem mais fácil de eu arrematá-la no leilão.

– E barato. Duvido muito que alguém se interesse por aquilo. O que vale mesmo é o terreno onde foi construída. Um ponto central da cidade.

– Sim, certamente.

Pausa.

– Preciso muito de um favor seu, meu amigo, pelo qual será muito bem recompensado. Quero que arremate por mim, a tal casa, no leilão. Não quero que saibam que fui eu quem a adquiriu. Não por ora.

– Estou à sua disposição.

Naquela noite, Henrique recostou a cabeça no travesseiro, sentindo-se tão radiante, que em dois minutos dormia como uma criança feliz e despreocupada. Beatriz, por sua vez, consumia-se de ódio e rancor pelo que o destino permitira acontecer em sua vida mais uma vez.

Capítulo 11

Enquanto Beatriz se mantinha esperançosa de que Henrique acabaria se afastando de Helena, em respeito ao seu pedido, Rodrigo continuava sofrendo pela jovem que tanto adorava, sem suspeitar, por momento algum, que ela se realizava afetivamente nos braços do pai.

Disposto, mais uma vez, a convencer a jovem a voltar para ele, novamente se empolgou em deixar a cama, tomou o banho devido, aparou a barba que havia crescido nos últimos tempos, para melhorar seu aspecto e causar boa impressão na jovem quando a reencontrasse. Foi então que ele encontrou Bernardo, pela rua, ao acaso e trocaram algumas palavras.

– Rodrigo, que bom rever-te.

– Bernardo, como estás?

– Bem e tu? Teu aspecto não é dos melhores.

– Fiquei assim depois de Helena ter terminado tudo comigo. Sinto-me devastado. Não me conformo. Por mais que eu tente, não me conformo.

– Eu sinto muito.

– Eu amo tua irmã, sabes? Ainda que nos conheçamos por tão pouco tempo sou apaixonado por ela. É uma pena que se recuse a me dar mais tempo para que possa me conhecer melhor.

– Tu sabes que ela anda se encontrando com...

– Outro? Ela negou quando perguntei a ela... Então é mesmo

verdade.

– Sim.

– Esse pulha, se eu o pego, sou capaz de...

– Quer dizer que tu não fazes ideia de quem seja esse "outro"?

– Não.

– Tu realmente não sabes?

– Não! Por que eu haveria de saber?

Bernardo mordeu os lábios, incerto se deveria ou não contar a verdade ao rapaz. Ao perceber que a verdade poderia afastar Helena de Henrique, deixando sua mãe menos oprimida com a situação, ele optou por deixar o rapaz a par de toda história.

Uma hora depois, Henrique lia mais um trecho de uma interessante manchete do periódico, ocupando, como sempre, seu lugar favorito na sala mais aconchegante do seu casarão, quando Rodrigo apareceu sob o batente da porta da sala, com aspecto cansado e entristecido.

– Papai – chamou ele, sem esconder a aflição.

Ao encará-lo, Henrique rapidamente soube o porquê de o filho chegar naquelas condições tão deploráveis. Tolice sua seria lhe perguntar o motivo. Ele sabia. Sim, ele sabia.

– Tu e Helena – continuou Rodrigo, com certa dificuldade. – Tu e Helena... – ecoou o rapaz sem forças para completar a frase.

– Acalma-te, Rodrigo.

O pai se levantou e quando fez menção de seguir na sua direção, o rapaz recuou no mesmo instante. Nunca havia sentido tanta raiva de alguém em toda vida. Sentia-se completamente traído e pela pessoa que mais confiara e amara até então.

– Meu pai, meu próprio pai – tornou Rodrigo, mas logo as palavras morreram em seus lábios, envoltos de rancor e amargura dilacerantes.

– Acalma-te filho. Isso não é o fim do mundo!

– Pode não ser o fim do mundo! Porque não és quem está na minha pele. Não...

O choro convulsivo interrompeu suas palavras.

– Aconteceu, Rodrigo. Aconteceu!

– E me dizes isso com a maior naturalidade?

– Foi o destino que nos uniu, filho. Naquele dia em que fui ao Monte Serrat, disse-te que havia conhecido uma rapariga por quem muito me interessei. Eu não fazia ideia, não teria como suspeitar que se tratava da mesma garota por quem tu havias te interessado. Quando a vi aqui, bem em frente a mim, no dia em que a trouxe para jantar, amoleci. Por pouco não desmoronei.

– E tu não me disseste nada?

– Para não te ferir, Rodrigo. Para não te ferir!

Houve uma pausa apreciável até que o rapaz recuperasse as forças e perguntasse:

– Tu a amas realmente ou só estás com ela para te divertires? Passar o tempo?

– É óbvio que estou com ela porque realmente a amo, Rodrigo e desde o primeiro instante em que a vi.

– Amas? – espantou-se Rodrigo, contorcendo a face num todo.

– Sim – confirmou Henrique, categórico. – Sou louco por ela.

O horror deformou novamente o rosto do rapaz, enquanto Henrique tentava mais uma vez se explicar:

– Filho, ouve-me! Tu és ainda jovem e bonito para conquistar qualquer outra rapariga... Há tantas lindas por aí.

– Não quero outra, meu pai! Quero Helena. Helena, se tu não a tivesses roubado de mim.

– Pode ser mesmo difícil para tu me entenderes, mas vi em Helena o grande amor da minha vida, aquele que tive na tua idade e não pude viver porque ela não me quis.

– E o que eu tenho a ver com isso, meu pai?

– Helena pode ser a minha última chance de ser feliz nessa vida, filho. Minha única chance. Entende a minha situação!

– Não, meu pai, eu não entendo. Nem o irmão de Helena consegue entender também. Foi ele quem me disse há pouco, que tu e Helena estão juntos. Eu mal pude acreditar. Ele e também a mãe dele te acham velho demais para Helena, por isso...

No mesmo instante, Henrique pensou em lhe contar a verdade, explicar ao rapaz por que a mãe de Helena instigava o filho e a própria filha a se afastarem dele, mas achou melhor deixar para depois. A revelação só serviria para piorar tudo entre eles.

– De qualquer modo – continuou Henrique – foi melhor tu saberes de tudo. Mais dia, menos dia terias de saber.

– É só isso mesmo o que tens a me dizer? Está bem. Depois do que me fizeste, eu não poderia esperar outra atitude da tua parte.

Recolhendo ao nada, qualquer outra palavra que pensara dizer ao pai, Rodrigo se retirou do local, voltando para o seu quarto, onde se trancafiou e novamente chorou sua infeliz realidade.

Apesar do abalo do filho, Henrique continuou decidido a ficar com Helena, cortejando-a com o propósito de se casar com ela o mais rápido possível. Na idade em que se encontrava, quanto mais cedo se casasse, mais tempo de vida passaria ao seu lado.

Desse dia em diante, crescia dentro de Rodrigo Assunção, a sensação de que a morte começava a tomar conta dele, gradativamente, antecipando o tempo previsto. Ainda que sentisse pena do filho, Henrique se manteve firme quanto aos seus propósitos para com a jovem. Sem ela, sua vida voltaria a ser um tremendo vazio. Sem ela ao seu lado, viveria somente da lembrança dolorida de uma vida feliz, finalmente feliz, que poderia ter tido ao seu lado, ainda que fosse 25 anos mais jovem do que ele.

No próximo encontro entre Henrique e Helena, o garboso senhor imediatamente contou à jovem tudo que se passou entre ele e Rodrigo dias antes.

– Quer dizer então que o Rodrigo já sabe de tudo.

– Foi melhor assim, acredita. Cedo ou tarde ele haveria de saber. E foi seu irmão quem o colocou a par de tudo.

– Bernardo?!

– O próprio. Certamente com o propósito de complicar o nosso relacionamento.

– Provavelmente.

– Tem mais. Tua mãe me procurou em casa.

– Mamãe?

– Sim. Para me deixar bem claro que não aceita a nossa relação. Não só por eu ser bem mais velho do que tu, mas por termos tido no passado um desentendimento.

– Eu já sei de tudo. Há tempos que sei e não te disse nada por receio de que te afastasses de mim.

– O que exatamente tu sabes, Helena?

– Sei que minha mãe não consegue perdoar-te porque no passado tu não deste um tempo maior para meu pai pagar a dívida que tinha contigo. O que a meu ver, é um absurdo, afinal, segundo o papai, tu perdoaste a dívida dele.

– Pois é – Henrique ficou ligeiramente sem graça.

– O que foi? – estranhou ela sua expressão.

– Nada, não. Só quero te dizer que... Bem, desejo me casar contigo o mais breve possível. Em menos de um mês, se não me achar louco.

– Mesmo?

– Sim. Penso que quanto mais cedo nós nos casarmos, mais rápido tua mãe e meu filho nos aceitarão juntos.

– Tens razão, meu amor.

– Aceitas então casar comigo?

– É claro que sim.

Abrindo um sorriso de ponta a ponta, ele se empolgou:

– Então comecemos os preparativos para o grande dia. Quero ver-te linda neste dia. Simplesmente linda. E não te preocupes com as despesas, faço questão de pagar tudo, *tim-tim por tim-tim.*

E ela sorriu, realizada.

– Só quero ver como a mamãe vai reagir diante da notícia. Terei de ser forte para não esmorecer diante dela.

– E tu és, acredita.

Ela sorriu e completou:

– Vou deixar para contar tudo, somente às vésperas. Penso que será melhor, menos conflitos causarei.

– Se assim desejas, faz assim.

Rodrigo ao saber da decisão do pai de se casar com Helena, simplesmente enlouqueceu de ciúmes.

– Tu pretendes mesmo se casar com...

Nem foi preciso terminar a frase, Henrique se adiantou na resposta:

– Sim, Rodrigo. Pretendo, sim.

O rapaz se contorceu ainda mais de dor.

– Só me responda uma pergunta, meu pai. Só uma. Se estivéssemos num barco, prestes a afundar, e o senhor tivesse apenas condição de salvar uma pessoa, qual de nós salvaria, papai: a mim ou Helena?

A questão deixou Henrique transpassado.

– Responde! – berrou Rodrigo, enfurecido. – Ou melhor, não respondas, não. Já sei bem qual seria tua resposta. Sei, sim!

Henrique moveu os lábios, sentindo-se fraco para argumentar qualquer coisa em sua defesa.

– Eu te odeio! Odeio, odeio, odeio!

O desabafo chocou Henrique.

– Só agora entendo por que minha avó materna me disse, certa vez, que tu eras o culpado pela morte da minha mãe. Que ela definhou numa cama por anos por tua culpa. Por tê-la desprezado e humilhado.

– Rodrigo...

– É verdade, não é?

Henrique engoliu em seco. Sua expressão foi o suficiente para confirmar a resposta que o rapaz tanto almejava obter.

– Tu me enojas! – continuou Rodrigo, entre lágrimas. – Roubaste de mim, os anos prazerosos que eu poderia ter passado ao lado de minha mãe, por tê-la levado à morte com o teu desprezo. E agora roubas de mim a mulher que eu tanto adoro. Tu não és pai, nem padrasto. Tu não és humano.

O rapaz apanhou a cartola, ajeitou-a sobre a cabeça e quando estava para partir, Henrique foi até ele:

– Aonde vais a uma hora dessas? – perguntou, verdadeiramente preocupado com o seu estado.

– O que te importa?

– Importo-me contigo, porque és meu filho.

O rapaz nada respondeu, apenas seguiu seu caminho, pisando duro, alheio aos apelos de Henrique para que não saísse de casa naquele estado.

Assim que o cocheiro o viu, subindo num dos veículos de propriedade dos Assunção, correu para lá.

– Patrãozinho. Deixa-me ir dirigindo. Este aí é o meu lugar.

– Não, meu bom amigo. Hoje quero eu dirigir essa geringonça. Quero me sentir livre, leve e solto.

– Patrãozinho, o senhor não está bem.

– Eu sei, o que importa?

– Por favor.

Mas Rodrigo não o ouviu, disparou os cavalos com um urro e o estímulo das rédeas.

Uma hora, uma hora e meia devia ter se passado desde que Rodrigo havia partido da casa, Henrique, por sua vez, continuava aguardando pela sua volta, culpando-se ininterruptamente por não tê-lo impedido de sair naquele estado. Deveria ter sido austero com ele, como nunca fora em toda vida.

Por volta das 23 horas, ele chamou o cocheiro e juntos partiram atrás do rapaz. Era quase meia-noite quando Henrique pensou em voltar para a casa, desistir, finalmente, daquela busca insana. Foi bem nesse momento que ele avistou a carruagem caída ribanceira abaixo e imediatamente pediu ao cocheiro que parasse a sua. Assim que o veículo estacionou, Henrique e seu empregado correram na esperança de encontrar Rodrigo ainda com vida. Ele havia sido cuspido para longe do veículo e, por isso, demoraram certo tempo para localizá-lo.

Diante do corpo do filho, iluminado apenas pela luz intensa do luar, Henrique permaneceu em pé, olhando-o por um longo minuto, esperando que voltasse à vida...

– Senhor – chamou o cocheiro, quando percebeu que o patrão parecia ter caído num transe profundo. – É melhor irmos buscar ajuda médica.

– Não! – objetou Henrique, transparecendo raiva na voz. – É muito tarde para isso... Ele já está morto.

Suas palavras impressionaram a si mesmo. Foi como se somente depois de ouvi-las que ele próprio tivesse dado conta do fato.

– Não! – gritou ele, segundos depois, caindo ao chão de joelhos e tentando desesperadamente reanimar o rapaz. – Tu me desobedeceste! Por quê? Por quê?

Chacoalhou o morto de uma forma tão absurda que foi preciso o criado segurá-lo com toda força de que dispunha.

– A culpa foi tua! – gritou Henrique, quando afastado do corpo do filho. – Tu cometeste essa loucura. Tu conduziste este veículo. Tu te guiaste para a morte, não eu! Eu não, ouviste? Não eu, teu pai!

O cocheiro tentou acalmar o patrão, que se voltou para ele como um raio e disse, aos prantos:

– Eu gostei dela, ela gostou de mim, não foi dele que ela gostou, foi de mim! Comigo é que ela desejou viver como marido e mulher.

– Eu entendo o senhor...

Henrique não o ouviu, continuou falando aos berros, num misto de ódio e tristeza infinita:

– Ela gostou de mim. Não pedi para gostar. Aconteceu! Preferiu a mim a ele. Foi algo natural. Jamais a roubaria dele, jamais! O que nos uniu foi o amor, somente o amor! Rodrigo tinha de compreender isso! Era jovem, bonito e cheio de vigor. Tinha tantas mulheres aos seus pés, uma vida inteira pela frente...

Ele não conseguiu terminar a frase, voltou-se novamente para o corpo do filho e berrou:

– Esta culpa eu não carregarei em minhas costas, não mesmo! Se foi essa a tua intenção, Rodrigo, não deu certo, eu sinto muito!

Henrique buscava apoio no olhar do criado que procurava transmitir algum, sem saber ao certo se devia.

– O senhor agora precisa voltar para casa – disse o pobre homem, querendo imensamente ajudar o patrão. – Voltarei com outro criado para levarmos o corpo daqui.

– Não, o levaremos agora. Eu te ajudo.

E com o ânimo que ainda lhe restava, Henrique ajudou seu funcionário a carregar o corpo de Rodrigo, até a carruagem onde o deitou sobre o assento, conduzindo-o a seguir, de volta para aquela que fora sua morada até então no Brasil. Quando lá, outros empregados foram acordados e medidas necessárias foram tomadas.

Assim que tudo foi encaminhado, o cocheiro voltou à sala onde Henrique se encontrava largado na poltrona, desolado como um vento frio de outono.

– O senhor precisa ir dormir. Amanhã será um dia longo. Deus, no entanto, há de estar com o senhor, dando-lhe forças necessárias para enfrentar o que tiver de ser enfrentado.

– Tens razão.

Com a ajuda do homem, Henrique seguiu para o seu quarto onde se trocou, enquanto o funcionário ajeitou-lhe o leito. Sem mais, o sujeito desejou-lhe boa-noite e apagando a luz, deixou o aposento, silenciosamente.

No dia seguinte, a primeira atitude tomada por Henrique foi pedir a um de seus cocheiros que fosse até a casa de Helena, avisá-la do ocorrido. Assim ele fez, no entanto, a jovem não apareceu para lhe dar o apoio de que ele tanto necessitava diante de um momento tão difícil como aquele. O triste sepultamente do filho.

Os dias seguintes para Henrique Assunção se transformaram nos mais longos e dolorosos de sua vida. Tinha a impressão de que todo o peso do mundo havia sido depositado sobre as suas costas. Boa parte do seu tempo passava recostado à poltrona de sua sala de estar sob a sombra do passado que pairava pesadamente sobre sua alma amargurada e infeliz. Olhava para tudo com olhos cerrados como se tudo mais ao seu redor fosse feri-lo de alguma forma, de uma hora para outra. Até então, Helena não fora vê-lo, tampouco lhe enviara notícias. Reação muito estranha da sua parte, considerou ele, arrasado.

Quando a jovem apareceu, já havia se passado praticamente uma semana desde a fatalidade. Ao vê-lo naquele estado, correu até ele e o abraçou, apertado, querendo muito lhe transmitir algum conforto.

– Eu não sabia, Henrique – admitiu ela, entre lágrimas. – Se tivesses mandado me avisar, eu certamente teria vindo antes.

Ele nada conseguiu responder, derramando-se em pranto, não tinha forças. Ficaram assim, por quase vinte minutos, só então se sentaram no sofá, lado a lado, com as mãos graciosamente entrelaçadas. Assim, ela procurou encorajá-lo a voltar à vida, lembrando-o de algo precioso sobre a realidade que nos cerca:

– A vida continua, Henrique, quer haja felicidades, saudades ou desilusões, a vida continua. – Ela voltou a fitá-lo com seus olhos lindos e tão entristecidos quanto os dele e completou: – Não te esqueças disso.

Ele assentiu, enquanto novas lágrimas cobriam-lhe os olhos castanhos:

– Tu tens razão, Helena. Hei de me esforçar.

Ela apertou delicadamente seus ombros e afirmou:

– Foi uma fatalidade... Não te culpes mais por isto.

Ele segurou as mãos dela, sentindo profundamente o calor do seu corpo chegando até ele e desabafou:

– Quando não apareceste, pensei que havia perdido a ti também. Fiquei ainda mais desolado.

– Estou aqui, meu amor. Não há motivos mais para te sentires desolado ou solitário.

E novamente ele chorou.

Ao voltar para casa, Helena contou detalhadamente para a mãe, o que havia acontecido a Rodrigo Medeiros Assunção.

– Tu não deverias ter ido vê-lo, Helena. Não, mesmo.

– Como não ir, mamãe, ainda mais depois de uma tragédia

dessas? Ele precisa de apoio agora mais do que nunca. Não sejas insensível. Nunca foste.

– Ele teve o que merecia, Helena.

– Não digas isso, mamãe. Que pecado!

Beatriz voltou a suspirar pesado e seu desespero maior foi quando a filha, afirmou:

– Henrique está de dar pena... Não é para menos.

Beatriz sentiu novamente sua garganta arder de vontade de contar à filha a respeito da proposta indecente que Henrique havia lhe feito no passado, a qual ela somente aceitou para preservar um teto sobre suas cabeças. Seus pensamentos foram interrompidos pela voz de Helena, comentando:

– Henrique jurou-me que mandou um criado vir aqui me avisar a respeito da morte de Rodrigo, mas... A senhora ou alguém mais desta casa recebeu algum recado e, por acaso, esqueceu-se de me dar? Se bem que um recado assim ninguém se esqueceria de...

Desta vez, foi Beatriz quem interrompeu seu raciocínio:

– Fui eu que o recebi, Helena.

– A senhora?! E por que não me passou o recado?

– Por que, por que, por quê?! Tu ainda não entendeste que eu não quero nada, absolutamente nada que te ligues àquele sujeito?

– Nem mesmo numa hora tão dolorosa quanto essa que ele está passando?

– Nem mesmo assim. – Ela suspirou. – A perda de Rodrigo foi realmente lastimável. Um jovem bonito e de caráter, certamente com a vida toda pela frente, morrer tão cedo... Pois te digo sem medo de pecar ainda mais, Helena, Henrique Quaresma Assunção é quem deveria ter morrido no lugar do rapaz. Sim, isso mesmo que tu ouviste: Henrique Quaresma Assunção.

Ela fez uma pausa de impacto e completou:

– Essa morte do rapaz aconteceu como punição para o que tu e aquele monstro fizeram, Helena. Ou melhor, ainda fazem. Foi uma punição, sim! Qualquer um que tomar conhecimento desta história dará o mesmo parecer. Por isso te digo, Helena, com todas as letras: afasta-te desse homem, antes que desgraças piores aconteçam por pecado cometido em nome da carne.

Helena não disse mais nada, deixou a sala, chorando, e se trancafiou em seu quarto, sofrendo, penosamente. Beatriz, no entanto, respirou mais aliviada diante da situação. Para ela, suas palavras, tão reticentes, ditas há pouco, afastariam a filha de uma vez por todas de Henrique Quaresma Assunção. Helena sempre tivera bom senso e religiosidade, não levaria um pecado adiante. E aquele, a seu ver, era um pecado infinito.

Capítulo 12

Percebendo que Helena se mostrava cada dia mais determinada a ficar com Henrique, mesmo depois da tragédia ocorrida com Rodrigo e dos conselhos que ela lhe dera, Beatriz atingiu novamente o limite da paciência. Diante do estado da mãe, Bernardo tentou acalmá-la com seus afagos e beijinhos.

– O papai vai sair dessa, mamãe, não te preocupes. Já passamos por isso antes. Não uma, mas muitas vezes e sempre ele teve sorte no final.

– Não é isso o que me aborrece, filho.

– Não?

O filho voltou-se para a mãe, encarando-a com grande interesse.

– Henrique Quaresma Assunção.

– Aquele pulha, outra vez!

– O próprio! Como sabes, esse homem, no passado, teve seu pai nas mãos por causa de uma dívida. Foi pouco antes de vocês nascerem. Teríamos ficado na miséria, na rua da amargura, por causa de sua soberba.

– Ele não passa mesmo de um barbatanas. Desde o primeiro instante em que o vi, percebi isso.

– Henrique Quaresma Assunção judiou de seu pai e de mim de uma forma cruel, por isso não aceito sua aproximação de Helena. De nenhum de nós.

– A senhora está certa. Helena, cega de paixão como anda, será incapaz de se afastar do sujeito para defender a honra de nossa família. Pensei que contando tudo a Rodrigo, o romance entre os dois teria fim, no entanto, quem teve fim foi o coitado do Rodrigo. Pobre alma. Mas não te preocupes mais com isso, mamãe. Tomarei uma medida para afastar Helena desse demônio.

– Bernardo, cuidado. Henrique Quaresma Assunção é um homem perigoso, aparentemente não, mas perigoso. Sempre foi. É capaz de tudo para defender seus próprios interesses.

– Eu já havia percebido. Mesmo assim, não te preocupes. Tomarei cuidado.

Numa hora conveniente, Bernardo se apossou da arma do pai em surdina, e seguiu para a casa de Henrique Assunção. Chegando lá, anunciou seu nome e foi recebido pelo dono do casarão no mesmo instante. Ao vê-lo na sua sala, Henrique se surpreendeu com a expressão canina nos lábios e o revólver na mão.

– Pois, não?

Sem afastar os olhos daquele por quem sempre teve ódio de graça, Bernardo deu uma coronhada no vaso de cristal, cheio de crisântemos que havia sobre uma mesa de canto, perto de onde ele se encontrava parado. O objeto se espatifou, molhando toda a superfície do móvel.

Contra a sua vontade, Henrique estremeceu. Não queria, para não transparecer o medo que misteriosamente fervilhava por baixo de sua pele clara.

– Diz o que queres, meu rapaz, vamos! – pediu ele, modulando a voz.

Bernardo, olhos fervilhando de ódio, aproximou-se dele com a arma em punho e exigiu que ele se sentasse na poltrona, como se ordenasse um cão a fazer o mesmo.

– Senta-te! – ordenou, severo. – Senta-te e ouve bem o que vou te dizer. Não repetirei, porque se o tiver de fazer, prefiro matar-te.

Henrique assentiu, em pânico.

– Afasta-te de minha irmã. Tu, por pouco, não desgraçaste a vida do meu pai e de minha mãe no passado. Por um triz não os deixou na rua da amargura. Desgraçaste também a vida do teu filho ao tirar Helena dele. Não permitirei que desgraces a nossa vida num todo, como vem fazendo com a tua e de todos que te cercam.

Tudo o que Henrique conseguia absorver era a pressão gelada do cano do revólver afundado na sua têmpora direita.

– Estás me ouvindo? Diz, responda!

Bernardo pressionou ainda mais o cano da arma contra a têmpora de Henrique, que sequer se atrevia a piscar os olhos.

– Responde!

As pupilas acastanhadas do dono da casa se contraíram no compasso em que Bernardo pressionava o gatilho com o polegar.

– Se tu não me responderes...

Henrique, sem voz, tomado pelo pavor, conseguiu finalmente dar uma resposta positiva à pergunta feita com tanta lascívia.

– Está bem... Farei o que me pede.

– Isso, seu borra-botas. Seu barbatanas!

Bernardo permaneceu por quase meio minuto, deslizando a ponta do revólver pela face de Henrique até tocar seus lábios, causando-lhe grande repulsa e ânsia. O homem acuado estava prestes a vomitar, quando finalmente o rapaz afrouxou o gatilho e guardou a arma.

Estendeu-se a seguir, um longo e desconfortável silêncio. Tanto um quanto o outro, presentes naquela sala, respiravam pesado, tal como um vento descontrolado. Ao se sentir mais calmo, Henrique tentou se defender, não conseguiria se manter calado por muito tempo.

– Eu entendo tua revolta, meu rapaz. Entendo plenamente, pois posso ir fundo dentro de ti, tão fundo que sou capaz de compreender por que reages como estás reagindo. Mas verdade seja dita, ainda que dolorida de se ouvir. O único culpado da vossa ruína é teu pai, não eu!

As palavras de Henrique dispararam novamente a fúria de Bernardo.

– Não fales assim do meu pai.

Henrique novamente teve medo e, por isso, baixou a cabeça, submisso.

– Se tu pensas que pode conseguir tudo porque tens dinheiro, te enganas – completou Bernardo, em meio a uma risadinha abjeta e raivosa. – Tolo. Tu não passas de um tolo, um medíocre, um barbatanas, um nada.

Bernardo tomou a seguir o rumo da porta e desapareceu dali com seus passos, ecoando pela casa, deixando um rastro de medo e terror por onde passava.

Assim que Henrique se viu só na grande sala, sacudiu a cabeça negativamente, num gesto descontrolado.

– Helena! Ninguém há de me tirar Helena!

De repente ele gemia, chorando convulsivamente.

– Não posso perder novamente o amor da minha vida. Já me basta o que aquela ordinária me fez no passado. Não é justo que eu sofra ainda mais por amor. Não, não e não! Eu hei de ser finalmente feliz afetivamente, e será ao lado de Helena. De minha doce e adorada Helena.

Um instante depois, Henrique já parecia ter recuperado a coragem que há pouco lhe fugira pelos poros. Somente a figura de Bernardo, com sua audácia e arrogância, ocupava sua mente naquele instante.

– Ele vai me pagar pelo que me fez – jurou Henrique, furioso. – Vai sim! Não sossegarei enquanto não lhe der o troco merecido.

Sem delongas, o sujeito escalou homens que por qualquer ninharia dariam uma surra em quem quer que fosse, até mesmo numa mulher se fosse preciso. O trabalho deveria ser feito na noite do dia seguinte.

Bernardo voltava da casa da namorada, seguindo pela rua, descontraído, brincando com as folhas caídas ao vento, ainda sentindo vibrar no peito o orgulho por ter feito o que fez a Henrique Quaresma Assunção, no dia anterior, algo que inflara seu ego, quando foi surpreendido pelos brutamontes contratados por Henrique.

Jamais, por momento algum, ele acreditou que haveria revanche por parte do sujeito. Se fizesse, Helena saberia do que ele foi capaz e por adorar o irmão, voltar-se-ia contra ele. Mas Bernardo subestimara Henrique. O ataque aconteceu quando ele estava apenas a uma quadra de sua casa. Com grande esforço, ele tentou se safar dos homens ágeis e fortes. Veio o primeiro soco no estômago, depois outro, e um inesperado na face que o fez cuspir sangue. Um instante depois perdera o fôlego e a capacidade de mexer um dedo sequer para se proteger das agressões.

Os grandalhões partiram enquanto o eco dos socos, caindo sobre Bernardo, continuavam a martelar seus ouvidos, provocando-lhe pânico e adensando sua dor.

Na sua casa, a poucos metros de distância de onde ele se encontrava caído na sarjeta, contorcendo-se de dor, Helena, diante de um súbito mal-estar, foi até a varanda na esperança de relaxar à brisa da noite. Por ser gêmea de Bernardo pressentiu que havia lhe acontecido algo mau.

Ela procurava acalmar os nervos quando avistou ao longe o corpo do irmão caído no meio fio, esvaindo-se em sangue. De longe não dava para reconhecê-lo, a penumbra não lhe permitia, mesmo assim ela pressentiu ser ele devido ao súbito mal-estar que tivera minutos antes. Helena imediatamente desceu o pequeno lance de escadas que levava à calçada, destravou a portinhola que segurava o pequeno e bem trabalhado portão de madeira e correu pela rua de paralelepípedos até lá.

– Bernardo! – exclamou, aflita. – O que fizeram contigo, meu irmão?

Ela agachou-se ao lado dele e o acolheu nos braços, afagando seus cabelos volumosos, suados e ensanguentados. Chorou enquanto perdeu qualquer reação necessária para salvar o rapaz. Foi um vizinho que ao ouvir seu choro sentido, despertou de seu sono, abriu a janela e se deparou com tão inesperada visão. Imediatamente acordou a esposa e saíram para acudir a jovem.

Minutos depois, sentindo a falta da filha, Beatriz saiu para a varanda à sua procura e foi quando se surpreendeu com o aglomerado de pessoas não muito longe dali, em meio a um crescente burburinho.

– Miguel! – chamou ela, exasperada. Só então se lembrou que ele ainda não havia voltado para casa. Então ela mesma foi até lá e ao ver os gêmeos, gritou, histérica, sendo imediatamente amparada por suas vizinhas que já se encontravam no local.

– Meu filho! – tornou a gritar Beatriz à beira de um colapso nervoso. – O que foi que fizeram contigo, meu filho. O quê?

O jovem foi levado para o hospital e devido à hemorragia, que consequentemente o fez perder muito sangue, foi preciso uma transfusão. Helena foi quem se prontificou, de primeira, a ser sua doadora. Sendo assim ela salvou o irmão da morte que não tardaria a acontecer, diante do seu estado crítico.

Dias depois, diante do rapaz, acamado, Beatriz, derramando-se em lágrimas, falou:

– Bernardo, meu filho... Fui uma tola ao pedir para ti que fosses atrás daquele desalmado. Perdoa a tua mãe, por favor. Perdoa.

Ela pegou carinhosamente na mão direita do filho, entrelaçou seus dedos aos dele e falou com voz de mãe, vinda diretamente do coração:

– Sabe, porém, que assim que Helena tiver a certeza de que foi ele, o tal, quem mandou fazer isso contra ti, Bernardo, ela nunca mais vai querer vê-lo.

– Será mesmo, mamãe? Apaixonada como está.

– Helena tem bom senso. Sempre foi uma garota de bom senso.

– Não sei não, mamãe.

– Tu verás meu filho. Finalmente estamos prestes a nos livrar daquele demônio.

O filho procurou sorrir para a mãe que retribuiu seu sorriso e lhe beijou carinhosamente a face.

Beatriz realmente acreditava que Helena não mais se aproximaria de Henrique por ter sido capaz de fazer tamanha barbaridade contra o irmão querido.

Ao revelar ao marido que o mandante da surra fora Henrique Assunção, Miguel não acreditou.

– Foi ele, Miguel! Foi ele, sim, quem fez aquilo ao nosso filho.

– Henrique Assunção? – espantou-se Miguel.

– O próprio.

– Não pode ser, Beatriz. Por que haveria ele de mandar fazer isso com o nosso Bernardo?

Helena entrou na sala a seguir.

– O que a senhora está dizendo, mamãe? – quis saber ela, endereçando um olhar desconfiado para a mãe.

Beatriz, pega de surpresa, levou algum tempo para repetir o que havia contado ao marido.

– Compreendes agora do que esse homem é capaz, Helena? Por pouco não nos destruiu no passado e agora, por pouco não nos destrói de vez, tirando a vida do teu irmão. Teu irmão, Helena. Teu irmão!

– Não, mamãe, Henrique não teria feito isso.

– Não com as próprias mãos, pagou para alguém fazer.

– Não, mamãe, não acredito nisso.

– Pois deveria, assim se afastaria dele de uma vez por todas.

Houve uma pausa até que Helena perguntasse:

– Por que a senhora odeia tanto esse homem, mamãe? Eu não entendo.

Beatriz, trêmula de fúria, respondeu, severa:

– Porque ele foi impiedoso com teu pai no passado.

– Ainda assim, por que haveria ele de fazer algo contra Bernardo, sabendo que ele é meu irmão?

O rosto de Beatriz murchou feito uma flor.

– O que foi que fizeste, mamãe? Tu e o Bernardo certamente fizeram algo de muito grave para atiçar a fúria do Henrique; caso tenha sido realmente ele quem mandou fazer aquilo com o Bernardo.

– Não te devo satisfações, Helena. Já estou cansada de te pedir que te afastes deste sujeito para o bem de todos...

– Ou somente da senhora?

– Não, Helena, pelo teu próprio bem! Aquele sujeito não te merece. Acredita-me!

– Do jeito que a senhora fala, até parece que há um motivo maior para odiá-lo como odeias. Além, obviamente, de ele ter sido impiedoso para com o papai e a senhora no passado.

Beatriz fechou o cenho.

– Se não pretendes me revelar a verdade, eu mesma colherei informações do Henrique.

A jovem pegou suas luvas, chapéu e sombrinha e partiu.

– Helena! – chamou Beatriz enfurecida. – Helena! – gritou ela ainda mais forte.

Miguel então acudiu a esposa.

– Acalma-te.

– Oh, Miguel, isso é um pesadelo.

– Calma e agora diz-me o que fizeste para atiçar a fúria do demônio, como tu mesmo o chamas.

Beatriz se encolheu entre os braços do marido.

– Beatriz – ele a chamou em tom reprovador.

Ela se desvencilhou de seus braços, afastou-se, procurando evitar olhar diretamente para ele e, com muita dificuldade, explicou:

– Pedi, ou melhor, implorei ao Bernardo que desse um jeito de afastar o biltre da nossa Helena e, bem, ele foi até ele e...

– E?

– Eu não sei exatamente o que ele fez, Miguel, mas me garantiu que depois da sua visita, o sujeito haveria de se afastar de Helena de uma vez por todas.

Ela suspirou, e entre novas lágrimas, concluiu:

– Sendo Henrique Assunção um demônio como é, o próprio satanás, ele descontou sua raiva pelo que Bernardo fez a ele, no próprio Bernardo, sem medir consequências. Bernardo poderia estar morto agora... – ela chorou. – Não quero nem pensar.

Miguel novamente abraçou a esposa e a confortou em seu peito.

– Não te amofines mais com isso, meu amor. Perdoa, de uma vez por todas, o que Henrique nos fez no passado, eu mesmo nunca dei importância ao fato. Vai ser melhor assim para todos nós. Ele ama Helena e Helena o ama, aceite a união dos dois.

Ela recuou o corpo de forma abrupta.

– Não, isso nunca! – berrou, furiosa. – Nem sobre o meu cadáver eles hão de ficar juntos. Não permitirei. Se ele insistir, sou capaz de matá-lo. Eu mesma!

– Beatriz! – o marido estava surpreso e estarrecido com a sua transformação.

129

– É isso mesmo que tu ouviste, Miguel. Se Helena continuar insistindo nessa união, haverá sangue no final. Mais, muito mais do que aquele demônio tirou do nosso filho.

– Beatriz eu nunca te vi assim... – Miguel estava perplexo. – Acalma-te!

Ela suspirou.

– Sim, devo me acalmar. Sinto meu coração disparado, uma ondulação estranha no peito.

Ele rapidamente a fez se sentar e afagou seus cabelos.

– Vou buscar-te um copo de água com açúcar. Ou queres que eu te prepare um bom chá de camomila?

Noutro extremo da cidade, Helena conversava com Henrique a respeito do que acontecera a Bernardo. Queria apurar toda história, ouvindo os dois lados envolvidos na situação para não fazer mau julgamento de ninguém. Henrique lhe contou toda verdade, ainda que tivesse medo de feri-la.

Minutos depois, Bernardo voltava para casa de ambulância, após ter recebido alta do hospital. O assunto então foi novamente abordado por Beatriz diante do filho e do marido.

– A mamãe tem razão, papai. Aquele homem... – ele teve dificuldades até para pronunciar o nome de Henrique. – Aquele sujeito não vale nada. É mesmo o demônio como a mamãe o chama.

– Filho...

– Helena não pode continuar ao lado desse sujeito. Não é justo.

– Não te exaltes, Bernardo. Não é bom para ti que ainda estás em recuperação.

O rapaz, de tão furioso que se encontrava, sequer ouviu o conselho da mãe. Continuou a toda voz:

– Helena está cega de amores pelo pulha, por isso não consegue ver nada de errado nele. Não é à toa que dizem que o amor cega as pessoas.

– Bernardo, meu filho, acalma teu coração – suplicou Beatriz, receosa de que seus nervos à flor da pele lhe fizessem mal.

130

– Como posso me acalmar vendo-te neste estado, mamãe?

– Ele tem razão, Beatriz – concordou Miguel prontamente. – Filhos seguem os exemplos dos pais.

Beatriz anuiu e mudou de assunto, indo fazer um chá para acalmar seus nervos e também os do rapaz.

Miguel, por sua vez, ficou a refletir sobre tudo o que ouviu. Continuava discordando completamente do intento da esposa de separar Helena de Henrique Quaresma Assunção. Não via motivos para tanto. As rusgas e miasmas do passado pertenciam ao passado, essa era a sua opinião. Sendo assim, ele estava disposto e decidido a fazer com que Helena se mantivesse ao lado de Henrique e, quanto mais cedo se casassem, melhor seria para todos.

Miguel aguardou pela chegada da filha do lado de fora da casa, meio que escondido atrás de um tronco de árvore, para ter uma conversa em particular com ela, sem que Beatriz os interrompesse. Assim que ela chegou, pegou-a pelo braço e disse, baixinho:

– Shhh! Precisamos conversar, em particular. Diz respeito a tua felicidade, Helena.

Ela, sem esconder a surpresa, deixou-se levar pelo pai até um ponto da rua onde não pudessem ser ouvidos por ninguém nas proximidades, especialmente por Beatriz.

Depois de apresentar seu ponto de vista sobre o caso, Helena foi sincera ao dizer:

– Nem que o Henrique fosse mau-caráter, papai, eu conseguiria tirá-lo da minha cabeça. Estou realmente apaixonada e decidida a me casar com ele, mesmo depois do que aconteceu entre ele e Bernardo. Ainda que mamãe e o Bernardo me odeiem pelo resto da vida, casar-me-ei com Henrique muito em breve.

– Eles vão acabar aceitando tua decisão, filha.

– A decisão do meu coração, papai.

– Tua mãe tem de aceitar. Bobagem dela querer se prender a rusgas passadas.

– Ainda bem que me compreendes. Ainda bem que posso contar contigo. Assim não me sinto tão só.

O pai abraçou a filha, beijou-lhe a testa, externando todo o seu carinho.

– Já te disse o quanto eu te amo, Helena?

– Já, mas não custa nada repetir – ela riu, descontraída.

– Repito, para que saiba o tamanho do meu amor por ti.

– Eu também te amo, papai.

– Tu e teu irmão foram um grande presente de Deus. Talvez o maior de todos. Não me canso de agradecê-Lo.

– O senhor é o melhor pai do mundo.

Ao voltarem para casa, Beatriz acabava de pôr a mesa para o jantar. Uma sopa simples, sem condições de servir a todos nada além daquilo naquele momento.

– É o que temos pra hoje – disse ela, desanimadoramente.

Helena então se pôs a falar, encarando ora a mãe, ora o irmão, ora o pai, a respeito do que descobriu com Henrique no encontro que tivera com ele aquela tarde.

– Tu foste até lá, meu irmão, ameaçaste-o com um revólver. Humilhou-o. Precisavas disso?

– Precisava sim, maninha. Para afastá-lo de vez de ti. Ele não te merece, tu és linda e agradável, mereces um marido tão jovem quanto tu. De bom caráter e bom coração.

– Está bem, tu e mamãe decididamente não simpatizam com o Henrique. Acham mesmo que não posso vê-lo como ele realmente é, por eu estar cega de paixão por ele. Pois bem, eu hei de provar que todos estão errados em relação a ele.

– Helena! – alarmou-se Beatriz novamente, mas a filha não lhe deu atenção.

Para tranquilizar a mãe, Bernardo sugeriu:

– Ela ainda vai cair em si, mamãe. A senhora verá.

– Deus te ouça, Bernardo. Deus te ouça!

Junto às palavras, ela juntou as mãos em sinal de louvor.

Capítulo 13

Para esfriar os ânimos, Helena mais uma vez decidiu fingir que ela e Henrique haviam se afastado um do outro. Só mesmo Miguel sabia de suas verdadeiras intenções por trás da mentira. Com isso, Beatriz voltou a se sentir mais tranquila, cobrindo a filha de beijos, elogiando seu bom senso.

Em meio a tudo isso, Bernardo se sentia cada dia mais incomodado com o fato de Lídia não ter aparecido no hospital:

– Estou achando muito estranho Lídia ainda não ter vindo me visitar, tampouco me enviado qualquer tipo de manifestação em prol do meu restabelecimento – comentou com a mãe. – Certamente que ela ficou sabendo do que me aconteceu. Notícias como essa correm.

– Certamente – concordou Beatriz, atendo-se ao fato somente naquele instante. – Talvez ela mesma tenha ficado doente e, por isso, não foi visitá-lo.

– Verdade. É uma boa possibilidade.

Infelizmente para Bernardo, não foi isso o que aconteceu. Lídia não fora vê-lo, apesar de querer muito, porque fora proibida por seus pais. Eles não mais queriam o namoro da filha com o jovem, por o considerarem um arruaceiro.

– Não sou um arruaceiro – tentou se defender Bernardo, diante do pai da moça, no dia em que foi lá saber dela. – Acontece...

Mas o pai da jovem não quis ouvi-lo.

– O senhor precisa me escutar! – enervou-se Bernardo ainda mais.

Ao fechar a porta na face do rapaz, Bernardo, enfureceu-se a tal ponto que forçou a porta até abri-la, causando pânico nos moradores.

– É por essa razão que não permitirei que se case com minha filha – bramiu o dono da casa. – Além de arruaceiro é um vândalo!

– Não sou! Estava apenas defendendo a honra de minha irmã.

– Fora daqui!

– Meu senhor, ouve-me, por favor!

– Queiras retirar-te, imediatamente!

Lídia tentou falar em defesa do rapaz que tanto amava, mas o pai não lhe permitiu; foi até seu quarto e voltou, empunhando a espingarda que mantinha ali para se defender de algum intruso indesejado.

– Fora, senão eu atiro!

– Pelo amor de Deus, eu amo tua filha.

– Fora daqui ou eu atiro!

Sem escolha, Bernardo partiu desesperado. Lídia Piovesan, ele se apaixonara por ela à velocidade da luz, tal e qual acontecera com Henrique em relação a Beatriz e depois, com relação a Helena, mas diante das circunstâncias, ele não via o que podia fazer pelos dois no momento.

Com um grunhido de desânimo, Bernardo caminhou penosamente pela areia da praia, até o limite das ondas, onde o solo ficava duro e compacto. Inspirou o ar, tentando evitar mais uma vez que lágrimas irrompessem de seus olhos. Ao voltar os olhos para o mar, sob a forte luz do luar, teve a impressão de que um século, um milhão de anos havia se passado, desde que chegara ali.

Ao chegar em casa, Bernardo desabou de vez:

– Aquele demônio, mamãe! Foi tudo culpa dele!

– Acalma-te, Bernardo e conta pra tua mãe o que houve.

Ele, ainda que chorando convulsivamente relatou sua desgraça.

– Meu filho, meu filho... – lamentou Beatriz, afagando-lhe a face. – Esse homem não tem o direito de destruir a vida de mais ninguém.

– Eu vou matá-lo!

– Não faça isso, meu querido. Se o fizer, aí sim estará destruindo todos nós de uma vez por todas.

Ele novamente se derramou em lágrimas enquanto ela afagava-lhe os cabelos.

– Por sorte, meu querido – desabafou Beatriz, minutos depois –, Helena não mais o procurou. Rompeu definitivamente qualquer ligação com ele. O que me alivia muito.

– Será mesmo, mamãe? Será mesmo que ela rompeu com ele definitivamente ou finge ter se afastado só para abrandar teu desespero?

– Helena não mentiria...

– Ela já mentiu antes, mamãe, esqueceste?

– Mas...

– Ela já andava cega de paixão por aquele sujeito há muito tempo, lembras?

– Mesmo assim...

– Se eu fosse a senhora não confiaria tanto.

Beatriz não soube mais o que dizer.

Tomada de suspeitas quanto à filha, Beatriz decidiu segui-la e foi quando comprovou que Bernardo estava realmente certo. Helena continuava se encontrando com Henrique às escondidas. Seu coração, por pouco não parou diante de tão sinistra descoberta. Voltou para casa tão perdida em pensamentos que nem percebeu como chegou ali. Ao vê-la naquele estado, Miguel soube de prontidão o que havia acontecido.

– Então tu os viste juntos.

Os olhos alarmados dela se voltaram para ele:

– E tu sabias e não me disseste nada?

– Para o teu próprio bem e o de Helena.

– Como assim?

– Não queria te ver sofrendo antecipadamente por causa dos dois, tampouco ver nossa filha, destruindo a oportunidade de ser feliz ao lado de um homem que pode lhe garantir um futuro próspero e digno.

– É só nisso que tu pensas, Miguel? Tu te importas tanto com essa união, por ver nela a solução para os teus problemas financeiros, e a garantia de uma velhice abastada, não é isso?

Ele a encarou desafiadoramente.

– Não, é obvio que não!

– Mentira! Tu sabes bem que é por isso que almeja tanto a união de Helena com esse sujeito torpe. Tu estás, de certo modo, vendendo tua própria filha a esse mau-caráter!

– Tu não sabes o que dizes. Perdeste o juízo!

– Não, Miguel, quem perdeu foste tu!

Sem mais, ele apanhou sua bengala e cartola e saiu pisando duro, fazendo trepidar o chão de madeira da sala do devastado casarão. Beatriz ficou momentaneamente em transe, sentindo-se sem rumo e sem coração.

Assim que Helena voltou para casa, mãe e filha se afrontaram novamente.

– É mais forte do que eu, minha mãe – explodiu a jovem, agoniada. Tentando expressar seus sentimentos, fazer-se compre-endida pela mulher que mais amava e respeitava na vida. – Está além do meu controle, mamãe. Entende isso de uma vez por todas, por favor. Aceita Henrique como meu futuro marido e não mais soframos por isso.

– Marido? Tu disseste, marido?

– Marido, sim, mamãe! Estamos decididos a nos casar em breve. Não há por que esperar se nos amamos. Sabe que o papai aprova totalmente a minha união com Henrique.

Beatriz deixou a jovem falando sozinha, dirigiu-se para o seu quarto onde se fechou, batendo a porta violentamente. O mundo para ela parecia ter definitivamente desabado sobre a sua cabeça. Ela tinha de tomar uma atitude, extrema, não podia mais retardar, tinha de ser naquele dia. Por isso, aguardou ansiosa pela volta do marido e, assim que ele chegou e a procurou no quarto do casal, ela, sentada na pontinha da cama, crispando as mãos de ansie-dade, disse:

– Miguel.

– Olá, Beatriz.

– Preciso te falar, seriamente.

E o tom da voz dela fê-lo olhar para ela com mais atenção.

Capítulo 14

Miguel, rompendo o transe temporário, disse a toda voz:
– Se diz respeito à união da nossa filha com Henrique Assunção, esquece. Não briguemos mais por isso, por favor. Nunca nos desentendemos antes, não é justo que façamos agora, vinte anos depois de casados, por um...
Ela o interrompeu, seriamente:
– Eu menti para ti.
Só então ele a olhou mais atentamente.
– Mentiu?
– Na verdade omiti parte da história que nos liga àquele homem pavoroso.
– História, que história?
Ela tomou ar antes de prosseguir. Era preciso, necessitava de forças para revelar:
– Eu sei porque ele, naquela época, perdoou sua dívida, Miguel. Sempre soube e...
Dessa vez ele a interrompeu, recuperando o bom humor, enquanto desabotoava a camisa. Disse:
– Pouco me importa saber os motivos que o levaram a perdoar minha divida, Beatriz, o que importa é que ele a perdoou e nos deixou em paz.
– Em paz, nunca, Miguel! Nunca!
Ele novamente voltou a encará-la, seriamente:
– Onde estás querendo chegar?
Ela suspirou, sentindo o peito trepidar, e respirou fundo a seguir

para ter coragem o suficiente para lhe contar o que achava ser a única solução para remediar a desgraça que se tornara sua vida depois que Helena se apaixonara por Henrique Assunção.

– Tu estavas desesperado, lembra? Fingia não estar, mas estava. Então eu fui atrás do agiota, em seu escritório, pedir-lhe que prorrogasse a data do pagamento da dívida, para que não perdêssemos a nossa casa, o nosso único e mais importante bem material.

Ela tomou ar antes de prosseguir:

– Não fazia ideia de que ele já havia me visto antes, numa passagem de ano no Monte Serrat. Fora um encontro tão insignificante para mim que nem registrei sua fisionomia em minha memória. Mas para Henrique, segundo ele, fora um encontro inesquecível. Apaixonara-se por mim no mesmo instante e odiou saber que eu já era casada e muito bem casada contigo. Então...

Ela enxugou o canto dos olhos e com certa dificuldade, prosseguiu:

– Após ele me revelar tudo isso, disse-me que estava disposto a ficar comigo de qualquer jeito. Que nos mudaríamos para o exterior e começaríamos uma vida nova por lá, a dois. Quando recusei e me mostrei indignada com suas palavras, pela total falta de respeito da parte dele em me propor tal coisa, ele, enfurecido, veio com uma proposta indecente. Se eu me deitasse com ele, por uma hora apenas, ele perdoaria a dívida. É óbvio que me indignei ainda mais diante da oferta, mas, depois, diante do teu desespero... Do meu próprio desespero...

Miguel a interrompeu:

– Estás querendo me dizer que...

– Sim. Eu acabei aceitando a proposta dele para salvar-te da ruína...

– Tu te deitaste com ele?

– Sim. Por ti, Miguel. Pelo amor que sentia por ti.

– Não pode ser. Tu não podes ter sido tão *baixa*.

– Eu...

– Tu não podes ter-te vendido como uma prostituta vulgar e imoral.

– Não me firas mais do que já me sinto ferida com tudo isso.

– Alguém mais sabe disso?

– Não! Ele me prometeu sigilo absoluto.

– E tu acreditaste tua tonta? Burra! É obvio que ele fez disso o tópico mais interessante de suas conversas com os amigos. Durante todos esses anos, quantos e quantos não devem ter galhofado às minhas costas? Rido de mim, me ridicularizado?

– Não, Miguel, ninguém sabe.

– Isso é o que tu pensas.

– Ele poderia ter dito, mas não fez. Porque foi para a Europa logo em seguida e, também porque...

Os olhos dele se abriram um pouco mais, receoso pelo que estava por vir:

– Desembucha.

– Porque ele me amava.

Ela chorou e deixou seu corpo se curvar na cama, como se sentisse profunda dor no estômago.

O clima pesou ainda mais.

– Isso foi a pior coisa que tu podias ter feito para nos ajudar – opinou ele a seguir.

– Eu estava desesperada por ver-te desesperado. Parecia que não, mas eu sabia que por trás da tua aparência de calma, tu desmoronavas por dentro.

Ele, olhando horrorizado, exclamou:

– E agora esse sujeito volta e se apaixona pela nossa filha. Que ironia do destino, Beatriz.

– Entende agora o porquê do meu desespero? Tenho nojo dele, asco! Desejei vê-lo morto por muitos anos, para ficar livre do peso que ele me deixou nas costas.

Houve uma breve pausa até que ela, agoniada, dissesse:

– Diz que me perdoa, Miguel. Por tudo que há de mais sagrado eu te imploro.

– Estou decepcionado contigo... Eu me sinto...

Ele não completou a frase, deixou o cômodo sob os brados da esposa.

Desse momento em diante, Miguel Mietto nunca mais foi o mesmo. Andava pelas ruas como se todos estivessem olhando para ele, galhofando, veladamente, de sua pessoa. "Lá vai aquele cuja mulher o traiu com um agiota, com a ridícula desculpa de que se deitara com ele, só para salvá-lo da ruína", para ele era isso o que todos diziam às suas costas.

Nesse ínterim, Bernardo tentou mais uma vez se aproximar de Lídia com quem se encontrou, por acaso, no centro da cidade, caminhando ao lado da mãe. Após cumprimentá-las com uma reverência com o chapéu, tentou trocar algumas palavras com a jovem, mas foi rapidamente interrompido pela mãe da moça, que a puxou pelo braço e seguiu, estugando os passos.

Bernardo, novamente arrasado com a situação, tomou o rumo da praia e quando lá, sentou-se num monte de areia e deixou-se ficar contemplando as ondas, na esperança de acalmar seu coração.

Recordou-se então, do dia em que conheceu Lídia e se encantou por ela. Uma adorável jovem, usando um vestido tradicional da época, o qual lhe caía extremamente bem, realçando seus cabelos castanho-escuros, longos e brilhantes.

O mais estranho senso de confusão se apoderou dele, ao vê-la tão linda. Um momento tão marcante e ao mesmo tempo aterrorizante, por não saber como haveria de achegar-se a ela para poder conhecê-la melhor. Algo nele, no entanto, foi mais forte do que tudo, até mais do que a si mesmo, capaz de fazê-lo perder a timidez e apresentar-se, expondo verdadeiramente suas intenções para com sua pessoa. Só mais tarde é que ele compreendeu que tal força brotara do amor e da paixão, forças capazes de fazer o ser humano mover céus e terras por algo.

Desperto de suas memórias, Bernardo levantou-se de onde estivera sentado por um tempo e caminhou durante três horas pela praia na esperança de esquecer o que tanto afligia o seu coração.

Não muito longe dali, Miguel, ao voltar para casa, encontrou Beatriz, esperando por ele no quarto do casal, com o mesmo ar de derrota e ânsia estampadas na face.

– Tomei uma decisão, Beatriz – disse ele sem rodeios. – Continuarei consentindo com a união de Helena com Henrique

Assunção.

– Enlouqueceste?!

– Ter de encarar Helena ao lado do homem que tu tanto odeias, pelo menos, diz odiar, será tua punição pelo que me fez.

– Fiz o que fiz por amor, Miguel! Quantas vezes eu terei de repetir isso?

– Acabou. Não falemos mais a respeito.

– Como não falar a respeito se o assunto carece de urgência?

– Eu não mais falarei sobre isso. Eu sinto muito.

Sem mais, ele se deitou na cama, virou para o lado e procurou dormir. Beatriz novamente se viu em pânico, por tentar remediar uma situação e não conseguir.

O casamento de Henrique e Helena foi finalmente marcado e os convites distribuídos. Não eram muitos, especialmente da parte de Henrique que tinha poucos conhecidos na cidade. A maioria dos convidados seria mesmo da parte de Helena. E como ela estava feliz com a data, feliz e radiante.

A notícia chegou a privar Beatriz temporariamente dos sentidos. Sua vista pretejou e, por alguns segundos, tudo que ela viu foi um pretume sobre todas as coisas.

– Minha filha, por favor, ouve tua mãe. Para com essa loucura – suplicou Beatriz, mais uma vez, diante da jovem.

– A senhora não me deseja mesmo a felicidade, não é?

– Tua felicidade só existirá se tu te casares com outro homem, Helena. Com outro homem!

– Eu sinto muito, mamãe. Mas é com Henrique que vou me casar e não falemos mais a respeito.

Bernardo tentou intervir a favor da mãe:

– Como tu podes se casar com um sujeito como...

– Chega, Bernardo. Para mim, chega! – defendeu-se Helena a toda voz; decidida mesmo a não ouvir nada do que ele tinha a lhe dizer.

De tão desolada com a situação ficou Beatriz, que ela não mais se alimentava direito, tampouco deixava seu quarto. Diante da situação, Miguel, apesar de ainda amá-la profundamente, insistia em feri-la com palavras.

– Tu mereces estar nessas condições, Beatriz. Por ter ousado... – ele não conseguiu terminar a frase, súbita emoção calou-lhe a voz.

Beatriz, chorando convulsivamente, conseguiu finalmente romper-lhe a raiva pelo que ela havia feito, a ponto de ele querer, subitamente, acolhê-la em seus braços para apaziguar seu desespero. Estava prestes a fazer o que ditava seu coração, quando uma hipótese absurda mobilizou suas ações.

– Beatriz – foi o tom que ele usou que a fez voltar os olhos ainda mais horrorizados para ele.

Ela tremeu, ao vê-lo, olhando daquele modo para ela. Seu rosto, ainda mais pálido do que antes, e seus lábios e queixo trêmulos de assustar lhe deram a certeza de que sua hipótese não era loucura, um devaneio, uma quimera.

– T-tu... – gaguejou ele, tentando firmar a voz.

Ela abaixou a cabeça, voltando-se a desmoronar por inteira.

– Não! – gritou ele, repentinamente histérico. – Não, não e não! – grunhiu, caindo de joelhos ao chão e esmurrando o soalho de madeira, fazendo tudo tremer.

Levou quase três minutos até que ele conseguisse novamente encará-la e conseguisse expressar suas emoções:

– Por isso tu andas tão apavorada... Desde o início, abominaste a relação de Helena com Rodrigo e, depois, com... Achei estranho, sim, exagerado da tua parte toda a histeria em torno do relacionamento dos dois, até que me disseste o que fizeste para nos salvar da ruína. Doeu-me na alma, feriu-me o coração, matou-me de vergonha, mas... só agora percebo que os danos são muito maiores do que supus.

Ela, com grande esforço, levantou-se e arrojou-se aos pés dele.

– Não tive culpa, Miguel! O desgraçado é o responsável por toda a nossa desgraça. Aquele maldito!

– Não pode ser! –berrou ele, agarrando firme os braços dela. – Diz que não é verdade. Diz!

Empurrou-a tão abruptamente que ela foi ao chão. O clima

pesou ainda mais entre os dois.

– Eu amei aqueles dois... – chorou ele. – Amei...

– Tu ainda os ama, Miguel.

– Meus filhos... Os filhos que sonhamos ter um com o outro. Meus filhos adorados.

– E são!

Ele continuou ignorando-a:

– Agora tu vens me dizer que eles não nasceram de mim? Que são filhos de um homem nojento que se deitou contigo para...

– Manter um teto sobre as nossas cabeças, Miguel!

– Isso é muito cruel. É cruel demais!

– Entende por que essa paixão entre os dois é imoral e indecente? Nós temos de separá-los, antes que uma desgraça maior aconteça.

– Separá-los?

– Sim, Miguel, urgentemente!

– Como tu sabes? Como podes ter certeza de que os dois não são mesmo meus filhos?

– Pelo simples fato de eu nunca ter conseguido engravidar de ti até me deitar com aquele pulha. E depois, ao tentar engravidar pela segunda vez. Lembras, quando tentamos, tentamos e nunca conseguimos? Pois bem... Ao conversar com o médico a respeito, ele me disse que muitas mulheres têm dificuldades para engravidar pela segunda vez, mas eu sabia, sim, eu sempre soube qual era o verdadeiro motivo e nada poderia revelar a ele.

Ela endireitou o corpo e cravou suas mãos nos braços dele.

– Helena te ama, Miguel. Para ela tu serás sempre o pai. Com Bernardo não é diferente. Ele o adora. Tem a ti como um herói.

Diante daqueles olhos cheios de desprezo, voltados para ela, capazes de gelar até sua alma, Beatriz não teve mais forças para se defender:

– Miguel...

– Não diz mais nada! Tu me destruíste! Acabaste com a minha paz.

– Não te voltes contra mim, meu amor. Tudo o que fiz foi por ti. Por ti!

Ela se arrojou aos seus pés, segurando novamente firme em

143

seus tornozelos até ele chacoalhar as pernas o quanto podia para se ver livre dela. Quanto mais se movimentava, mais dolorido se tornava para ela, mais lhe pesavam os braços, as mãos, tudo, enfim.

Com a aproximação do casamento de Helena e Henrique, Beatriz, no ápice do desespero, implorou novamente ao marido por sua ajuda.

– Eu te imploro, Miguel, por tudo que há de mais sagrado: impede esse casamento.

Ele se manteve calado, fulminando-a com seus olhos vivos, pretos, infelizes.

– Por tudo que há de mais sagrado, impede essa loucura – repetiu ela, curvando-se de náusea e súbito mal-estar.

– Tu não tens o direito de me exigir nada – protestou ele, assombrado com o retrato dantesco da esposa à sua frente, momento em que ela lhe endereçou seu último olhar desesperado e sucumbiu a um penoso AVC.

Ao vê-la, trepidante, Miguel recuou um passo, depois dois, enquanto sentia seu estômago se embrulhando, parecendo prestes a explodir.

– Beatriz – chamou ele, despertando finalmente de sua severa revolta contra ela. – Beatriz! – gritou, desesperado e a acolheu em seus braços.

Não havia mais o que pudesse ser feito para reverter tão triste situação, o diagnóstico médico fora preciso: ela nunca mais voltaria a falar ou andar. Poderia compreender tudo o que se passasse a sua volta. Interagir, no entanto, só com olhares, caretas e resmungos.

Diante do acontecido, Bernardo jogou a culpa em Helena por insistir em se casar com Henrique Assunção à revelia da mãe. Miguel defendeu a jovem, no mesmo instante:

– Tua irmã não tem culpa de nada, Bernardo. O que aconteceu a sua mãe, aconteceu porque tinha de acontecer. Uma fatalidade que, cedo ou tarde, ela teria de enfrentar. Foi hereditário.

– Será mesmo, papai?

A palavra "papai", dita com tanto amor soou para Miguel, pela primeira vez, inapropriada.

– Estou convencido disso, Bernardo.

O rapaz o olhou de esguelha, com certa desconfiança, achando o pai muito estranho.

– Pois para mim, toda essa desgraça com minha mãe aconteceu por culpa daquele torpe. Nossas vidas entraram em colapso depois da chegada dele ao Brasil.

Voltando-se para Helena, o jovem lhe foi severo mais uma vez:

– Pois tu, Helena, hás de te arrepender amargamente por insistir em te casares com esse homem.

– Bernardo, meu adorado irmão, imploro por tua compreensão. É uma questão de amor. Eu amo Henrique e ele também me ama. Entende isso, pelo amor de Deus.

– Não, Helena, eu não entendo. Só entendo que depois que esse homem entrou nas nossas vidas, nossas vidas não são mais felizes como antes. A tua pode ser. Pode parecer que seja, mas no fundo...

– Não te voltes contra mim, Bernardo. Tu és meu irmão, minha família...

Voltando-se para o pai, largado no sofá da sala, cabisbaixo, parecendo alheio a tudo, Helena pediu sua colaboração:

– Papai!

E novamente Miguel se chocou com a palavra "pai", com o fato de não mais surtir o efeito de antes, o qual tanto apreciava.

– Tua irmã tem razão, Bernardo – afirmou Miguel, soando novamente estranho aos ouvidos do rapaz. – Aceita este homem como marido da tua irmã e menos sofrimento haverá para ambos.

– Isso nunca! Eu odeio aquele sujeito. Simplesmente odeio!

Sem mais, o rapaz deixou a sala e foi ficar com a mãe no quarto, sentada na cadeira de rodas, com os olhos parados na janela, aberta, escancarada para o céu.

– Mamãe... – murmurou Bernardo ao se ajoelhar ao seu lado. – Como está passando?

Ah, como ela gostaria de responder àquela pergunta, implorar-lhe que impedisse Helena de cometer aquela loucura. Todavia, diante das circunstâncias atuais, só lhe restava chorar sua desgra-

145

ça; lágrimas que foram interpretadas pelo filho como lágrimas de emoção por estar ao seu lado. Ele não poderia saber, sequer fazer ideia do que se escondia por trás de toda aquela tragédia.

Semanas depois, no dia do casamento, antes de Helena partir para a costureira que lhe fizera o vestido, onde também se arrumaria e de lá partir diretamente para a igreja, a jovem foi até a mãe lhe dizer algumas palavras. Foi então que Bernardo lhe disse:

– Helena, lembra-te dos teus pesadelos com icebergs? Em que te vias, muitas vezes, colidindo com um, em meio a pessoas e mais pessoas, gritando por socorro? Não são eles que vão nos separar, minha irmã. É a tua insistência em querer te casares com Henrique Assunção, indo contra a vontade de nossa mãe. Totalmente contra.

– Não digas isso, meu irmão.

– Digo, porque sinto aqui no peito, o quanto isso é verdade.

Helena, não se deixando abater por aquilo, enxugou as lágrimas e partiu para o seu destino. Certa de que haveria de ser feliz ao lado de Henrique, porque merecia a felicidade e ele também.

Assim que ela partiu, Beatriz, desesperada, tentou encontrar uma forma de dizer ao filho o que tanto carecia de urgência. Bernardo, percebendo sua aflição, vendo seus olhos a ir e vir do periódico, compreendeu finalmente o que ela desejava. Arranjou-lhe um pedaço de papel e uma caneta tinteiro e colocou em suas mãos, que com grande dificuldade seguraram e conseguiram escrever as palavras: "Helena e Henrique, pai e...".

A caneta escorregou e ela não mais conseguiu firmá-la sobre a folha. Bernardo leu e releu as três palavras, cada vez mais intrigado com o seu significado. Ao procurar Miguel para lhe mostrar aquilo, ele se faz de sonso, declarando abertamente que aquilo não fazia sentido algum. Bernardo, no entanto, manteve-se intrigado, acreditando piamente que aquelas três simples palavras continham um significado muito maior do que aparentavam.

Ao ver o pai, conduzindo a cadeira de rodas com a mãe, o rapaz se surpreendeu.

– Vais levá-la ao casamento contigo, papai?

146

Miguel, muito ironicamente respondeu:

– É claro que sim, meu filho. Nem eu nem tua mãe podemos perder um momento tão importante como esse na vida de Helena e Henrique Assunção.

– Mas a mamãe não aprova esse casamento.

– Mas ela tem de aceitá-lo. Afinal, Helena não voltará atrás na sua decisão. Tu não vais?

– Não, papai. Detesto Henrique Assunção. E muito antes do que ele me fez.

– Está bem. Depois te conto como foi.

Sem mais, Miguel partiu, empurrando a cadeira de rodas com a esposa sobre ela, com Beatriz crente de que o marido estava indo à igreja para impedir aquela loucura. Somente ele poderia fazer aquilo, ninguém mais.

Miguel chegou à matriz do Valongo, acompanhado da esposa que intimamente acreditava, esperançosa, de que haveria tempo suficiente para impedir o que considerava ser mais um desatino do destino. Com cuidado, ele a colocou na cadeira de rodas e a empurrou para dentro da igreja, no exato momento em que Helena, linda, dentro de um vestido branco de cetim dava os primeiros passos rumo à passarela que levava ao altar.

Lágrimas e mais lágrimas escorriam ao vento, tanto dos olhos da filha quanto dos da mãe, que se remexia na cadeira até onde podia, querendo gritar e espernear para impedir aquela loucura o quanto antes.

Miguel continuou empurrando a cadeira, sem muita pressa.

Helena continuava sua caminhada sob os olhos atentos dos convidados.

Beatriz chorava por dentro e por fora, desesperada.

Henrique aguardava feliz, no altar, pela moça que despertara, depois de 20 anos de tristeza, um amor verdadeiro em seu coração.

As pupilas dos olhos de Miguel brilhavam estranhamente. Havia certo prazer, transparecendo em sua face com um riso enviesado e demoníaco.

Beatriz não podia ver o rosto do marido, não se importava mais com ele agora, senão com o que ele poderia fazer para impedir aquele enlace matrimonial.

Helena continuava caminhando suavemente, como uma pluma levada pela brisa.

Henrique procurava evitar que lágrimas transbordassem de seus olhos castanhos, bonitos, mas era quase impossível.

Os convidados assistiam a tudo, comovidos pela ocasião.

E a cadeira de rodas movia-se gradativamente...

Bernardo, por sua vez, tentava desvendar os últimos acontecimentos. O que a mãe tanto se esforçou para lhe dizer e não conseguira? Voltou a olhar para o papel onde ela havia escrito, com grande dificuldade, o nome de sua irmã, de Henrique e "pai".

O que ela estaria querendo dizer com aquilo?, perguntou-se ele novamente, concentrado-se nas palavras.

A mãe odiava Henrique Assunção por ele quase tê-los levado à ruína financeira no passado. Mas ele, segundo soube, havia lhes perdoado a dívida pouco antes de partir para a Europa. Por que ela haveria então de continuar odiando-o e o que realmente havia acontecido para que Henrique lhes perdoasse a dívida? O que a mãe (Beatriz) havia revelado a seu pai (Miguel) nos últimos dias, que o deixara tão transtornado, a ponto de beber além do normal, voltando agressivo para casa e tratando a esposa que tanto amava, de uma forma nunca antes vista?

Não demorou muito para que Bernardo chegasse a uma conclusão:

– Papai descobriu alguma coisa, algo sobre a mamãe, algo sobre o seu passado, algo que o fez odiá-la.

E voltando novamente os olhos para o papel, onde Beatriz havia rabiscado três palavras, ele releu atentamente cada uma delas:

– Helena... Henrique... pai e...

Se ela ao menos tivesse conseguido completar a frase depois da letra "e".

"E"...

Algo então iluminou suas ideias. O ódio do pai pela mãe, o desespero dela para afastar Helena de Henrique e antes, de Rodrigo Assunção.

148

– Meus Deus... – balbuciou Bernardo em choque. – Ela quis dizer Helena e Henrique, pai e filha...

Ele saltou de onde estava sentado, feito um raio fulminante.

– É isso! – gritou ele, com os olhos arregalados ao extremo. – Helena é filha daquele demônio. Eu sou filho dele!

Ele gritou e apertou a cabeça, puxando seus cabelos num ato desesperador.

– Helena vai se casar com o próprio pai. Por isso mamãe...

Ele correu para o aparador onde iria apanhar a casaca, a bengala e a cartola, mas desistiu de ir à igreja impedir aquela loucura, ao perceber que Miguel, certamente, o faria, mesmo se sentindo traído pelo que Beatriz havia lhe feito no passado. Sendo assim, Bernardo voltou até o sofá onde deixou seu corpo cair, abruptamente, quase um desmaio. Com os olhos presos ao teto e lágrimas insopitáveis a se derramarem pelo canto dos olhos, ele ficou a pensar na loucura que se transformaria sua vida a partir daquela descoberta.

Enquanto isso, na igreja, o casamento seguia seu curso.

Os convidados estavam maravilhados com a beleza da jovem no altar que, ao lado de Henrique, ouvia emocionada o que o padre tinha a lhes dizer.

Miguel então se curvou sobre a esposa e cochichou ao seu ouvido:

– Sei que podes me entender, Beatriz. Só não podes responder ao que digo.

Ela estremeceu.

– Pois o demônio do Henrique, como tu mesma se refere a ele, vai ter o que merece. Ele vai se casar com ela, sim!

Ela novamente estremeceu e o horror tomou conta de sua face. Miguel, com toda lascívia do mundo, completou:

– Pensaste que eu viria até aqui impedi-los? Não. Não faria isso. Henrique Assunção foi cruel comigo e eu serei pior com ele. Quero que pague por toda a vergonha que me fez passar ao longo desses vinte anos. A vergonha e a mentira que vivi. Quanto a Helena, ela é forte e jovem, vai superar o que aconteceu, quando eu esfregar na fuça dele que ambos são pai e filha.

Por mais que Beatriz tentasse comandar seus braços, pernas

149

e cordas vocais, nada se movia. De todos os momentos piores da vida, aquele superara todos.

A voz do padre se elevou a seguir:

– Se um dos presentes tiver algo que possa impedir esse matrimônio, que diga agora ou se cale para sempre.

Miguel riu, diabolicamente, ao ouvido da esposa que, desesperada, queria gritar naquele momento. O verdadeiro demônio se revelava agora em Miguel Mietto.

Discretamente ele conduzia a cadeira de rodas, para fora da igreja, enquanto ela chorava e tremia desesperada por se ver impossibilitada de qualquer ação. E as rodas da cadeira foram girando, girando, girando até ganharem a rua onde tomaram o carro de praça e voltaram para casa.

Ao chegarem lá, Bernardo aguardou por um momento oportuno para falar com o pai o que achava ser necessário.

– Papai... – chamou com certa dificuldade.

Miguel olhou-o novamente com um olhar estranho.

– Papai, tu...

– Eu, o quê, Bernardo? – irritou-se Miguel como raramente acontecia.

Ao voltar os olhos para o corredor que dava para os quartos, Bernardo se viu perdido, sem saber ao certo o que dizer. Sem mais, apanhou suas coisas e já ia partindo, quando Miguel o chamou:

– Aonde vais?

Mas o rapaz não lhe respondeu. Ao chegar à morada de Henrique, perguntou logo pelo dono da casa e quando soube que ele não voltaria para lá, que seguira direto da igreja para o porto, onde apanharia com a esposa um navio para Argentina, Bernardo desmoronou de aflição e tristeza.

– Deus meu... – murmurou, atônito. – E se eles forem mesmo pai e filha?...

E a pergunta ficou no ar.

Capítulo 15

Após a cerimônia, Henrique e Helena partiram para a lua de mel, felizes por saberem que agora eram finalmente marido e mulher. Embarcaram num navio que seguia para Buenos Aires, onde planejavam passar dias inesquecíveis.

Ela respirou, feliz, quando ele a levantou nos braços e a carregou para a cabine. Era leve, levíssima. Ela o fitava em silêncio, excitada com o que estava por vir. Ele então a deitou na cama e curvando-se sobre ela, começou a lhe beijar os lábios, os olhos, o nariz e o pescoço. Depois, os ombros imaculados e mornos, expostos, os quais beijou interminavelmente. Ela continuava sem dizer nada, deixando apenas escapar diminutos murmúrios de prazer, enquanto suas mãos se moviam, incansáveis, ao longo de suas costas, parecendo lhe perfurar a carne com as unhas. A dor suave que produziam era tão prazerosa que, de repente, ele desejou que ela nunca mais parasse.

Depois do clímax, ambos ficaram abraçados por um momento antes que ele recuasse a cabeça e a fitasse com olhos cintilantes. Então, ela novamente o surpreendeu com um beijo que mais lhe pareceu não ter fim.

– Tu foste a maior surpresa de minha vida – admitiu ele, quando teve seus lábios libertos dos dela. – Por isto e por muito mais, sou te eternamente grato, Helena. Eternamente grato.

Ela correu a ponta de um dedo pelos lábios dele, seguindo o contorno com um toque delicado, até que ele, pegando-a de surpresa, interrompeu seu gracejo, beijando-lhe a ponta do dedo. Ela, sorrindo, revidou, desmanchando-lhe os cabelos com um rapido movimento das mãos.

– Ei! – protestou ele, comprimindo-se novamente seu corpo contra o dela e mirando fundo seus olhos castanhos tão semelhantes aos seus.

– Eu te amo, Helena.

– Eu também te amo, Henrique.

Deitando-se de costas, ela elevou os olhos até a cabeceira da cama e comentou, sorrindo:

– Por que será que esta cama parece tão diferente das nossas?

Virou-se de frente para ele e sorriu cheia de felicidade.

– Os hotéis sempre me fascinaram, sabia? Desde menina, admiro todos.

– De agora em diante vais poder conhecer muitos deles, minha querida. Pois iremos viajar muito e nos hospedar nos melhores.

E novamente ela o beijou de leve, saboreando com doçura os lábios do homem amado.

Quando o casal voltou ao Brasil, estava preparado e disposto a uma vida feliz na cidade que tanto apreciava.

Foi logo no dia seguinte ao retorno dos dois que Henrique foi surpreendido pela chegada repentina de Miguel Mietto a sua casa.

– Olá, meu caro Henrique Assunção.

– Miguel Mietto, que bom recebê-lo em minha morada. Seja muito bem-vindo. Suponho que estejas ansioso para rever tua filha, não? Vou mandar chamá-la.

– Espere. O que me traz aqui és tu, não necessariamente Helena.

– Pois fala. Estou à tua disposição.

Henrique nunca fora tão simpático com alguém como estava sendo com Miguel naquele instante.

– Aceitas uma bebida? – ofereceu ele, dirigindo-se para o barzinho. – Eu...

Voltando a focar o rosto esquisitamente sério de Miguel, Henrique comentou:

– Tu agora és meu sogro. Quem diria, não?

Miguel, soltando uma risadinha de troça, respondeu:

– Não, meu caro, não sou teu sogro.

Henrique levou alguns segundos para se dar conta do que

realmente ouviu. Voltando a encará-lo com estranheza, rindo de leve, perguntou:

– O que foi que disseste?

– Que não sou teu sogro.

Henrique riu, bem humorado:

– Que brincadeira é essa, Miguel? Não estou entendendo.

Miguel, com seu semblante de ironia profunda, respondeu:

– Parece incrível, não? Que eu não seja teu sogro mesmo depois de tu teres se casado com Helena.

– Tu bebeste, Miguel? Foi isso?

– Não, Henrique nunca estive tão lúcido em toda a minha vida.

O rosto de Henrique empalideceu diante dos olhos negros e expressivos do visitante, algo nele agora o amedrontava.

– Diz ao que vens, Miguel. Queres ver tua filha? Vou chamá-la.

– Ela não é minha filha...

– Pare de brincar com uma coisa dessas, Miguel.

– Antes fosse brincadeira.

Uma risada curta e sinistra interrompeu a fala do visitante. Quando voltou a falar, sua voz parecia mais forte e precisa do que nunca:

– Tu se deitaste com a minha mulher há vinte anos atrás. Usaste do corpo dela, sem o menor pudor, sem o menor respeito, sem a menor consideração.

O rosto de Henrique empalideceu ainda mais e no seu olhar já não havia expressão alguma.

– Sim, Henrique, eu já sei de tudo. Há um bom tempo que sei de tudo. Do que foste capaz de fazer para levar a minha mulher para a cama. Tu realmente não prestas. Nunca prestaste. Todos diziam, na época, que tu não prestavas, mas achei exagero da parte de todos. Para mim, diziam o que diziam porque tinham raiva de ti, por cobrares altos juros dos empréstimos que lhes fazias. Mas eu estava enganado, tu realmente não prestavas. Abusavas do poder e não satisfeito, obrigaste minha esposa adorada a se deitar contigo.

– Não obriguei ninguém. Ela fez porque quis.

– Porque não teve escolha.

– Não, seu idiota, por tua culpa! Por tua irresponsabilidade com o dinheiro, pela tua vida de bon-vivant, de jogatina, de cafajeste.

Henrique, tomado de súbita fúria foi em frente:

– Eu amei Beatriz desde a primeira vez em que a vi na festa de réveillon no Monte Serrat. Eu fiquei completamente apaixonado por ela, enlouquecido, em puro devaneio desde então. Mas ela já era tua, o que me foi decepcionante. Uma punhalada do destino. Mesmo assim eu a quis mais do que tudo. Quis Beatriz como minha esposa. Minha, só minha. Ah, como eu a quis, Miguel, mas ela não sentiu o mesmo por mim, porque o adorava, o amava, era louca por ti. Eu tinha de me conformar. Que escolha tinha eu senão me conformar diante dos fatos? Ainda que sentindo meu orgulho ferido, ainda que meu ego tivesse virado pó, eu tentei, a todo custo tirá-la dos meus pensamentos. Não foi fácil, por mais que eu tentasse, não tinha forças para tal. Então, o destino me fez uma surpresa, tu estavas na pior financeiramente, precisando de mais um dentre os muitos empréstimos que vivias a fazer. Eu te emprestei o dinheiro como tu deves te recordar. Tu precisaste de mim, tu vieste atrás de mim. Não fui eu quem foi atrás de ti, foram tuas ações ou más ações que o levaram até mim. Disso tu jamais podes me culpar.

Henrique tomou ar e prosseguiu:

– Então. Quando tu não tinhas como me pagar, Beatriz veio atrás de mim implorar para que eu prorrogasse a data do pagamento e foi, então, que vi uma oportunidade de me aproximar dela. De fazê-la gostar de mim. Mas ela não me queria, de forma alguma. Então, de raiva, propus que se ela se deitasse comigo eu perdoaria sua dívida. Minha esperança era a de que nessa hora eu a fizesse se apaixonar por mim, a afastasse de ti e fugisse com ela para a Europa. Ela me estapeou, revoltada pela minha proposta. Meu mundo caiu e foi então que diante da sua dificuldade para me pagar o que devia, ela voltou até mim e acabou aceitando o que propus.

Henrique fez uma pausa, deu um passo à frente, encarando o visitante, sem ter mais medo dos seus olhos avermelhados e endemoniados. Concluiu:

– Foi o momento mais marcante de toda a minha vida.

Miguel, sem pensar duas vezes, acertou-lhe um soco na face, fazendo-o cuspir sangue e cair contra a poltrona. Massageando a boca, ensanguentada, Henrique voltou-se para o seu algoz e perguntou:

– Por que me esmurra, idiota, se nada consegui com ela? Ela continuou preferindo-te e não a mim. Tu a enfeitiçaste. Não sei como, mas tu fizeste dela tua escrava.

– Terminou? – exaltou-se Miguel, enfurecido. – Não sei por que me relatas tudo isso se já sei de tudo.

– Não com todos os detalhes, aposto!

– Não importa. O que importa é o que resultou dessa hora em que vocês pecaram, apunhalando-me pelas costas.

– Apaixonado como eu estava por Beatriz, tu terias feito o mesmo por ela. Submetido a qualquer loucura para viver ao seu lado. Para tentares convencê-la a ficar do teu lado.

– Chega! O que importa, torno a dizer, é o que resultou da indecência que tu e ela fizeram naquele dia.

Ele tomou ar...

– Do momento indecente entre tu e ela nasceram Bernardo e... Helena.

O rosto de Henrique se manteve o mesmo. Sem nenhuma reação.

– Ouviste o que eu disse ou quer que eu repita?

– Tu bebeste? Só pode ter bebido.

– Não, meu caro Assunção, antes tivesse!

O silêncio invadiu o ambiente de forma assustadora e desconfortável. Miguel deu um passo à frente e se fez incisivo mais uma vez:

– É isso mesmo o que tu ouviste, Henrique Assunção: Bernardo e Helena são teus filhos.

– Isso, não! – respondeu Henrique com os lábios e queixo a tremer.

Miguel riu e sarcástico completou:

– Acabou, Henrique. Tu me fizeste de idiota por todos estes anos. Agora, tu me pagaste devidamente pelo que me fizeste.

– Tu só podes estar louco.

Miguel limpou a garganta e se fez ainda mais claro:

155

– Beatriz descobriu tudo, ao tentar ter um terceiro filho comigo. Foi então que ligou os fatos e procurou ocultar de mim, a todo custo, o fato de eu não poder ter filhos. Antes de ela se deitar contigo, ela também havia tentado engravidar e não conseguiu.

– Tu queres me atemorizar, mas não vais conseguir.

– É tarde demais para tentares encontrar uma explicação. Tua derrota é iminente. Acabou, Henrique Assunção, acabou!

Ao lhe dar as costas, Henrique gritou:

– Espera!

Quando Miguel olhou novamente para ele, já não havia mais a empáfia tão característica de sua pessoa. Henrique lembrava um rei destronado, estirado aos pés de seu rival.

– Se tudo isso é mesmo verdade, foste capaz de usar uma jovem, que tiveste como filha, durante todos esses anos, para te vingares de mim?

– Não só de ti, Henrique. De Beatriz, também, e dessa maldita vida que nunca me sorriu como deveria, que nunca me deu o que eu realmente merecia ter.

Num salto, Henrique agarrou-lhe o braço, descontrolando-se mais uma vez:

– Para de inventar histórias, Miguel. Desmente tudo isso, pelo amor de Deus!

– Quem dera eu pudesse. Caso fossem, os dois, a menina e o menino que tanto amei, ainda seriam meus filhos.

– Não! – gritou Henrique, tampando os ouvidos num gesto exasperado. – Não, não e não!!!

Um instante depois, perdeu o fôlego e a capacidade de mexer sequer um dedo. As lágrimas lhe afluíam pela face, numa torrente interminável, enquanto os lábios tremiam e seu corpo estremecia sem cessar. Não podia falar nem pensar. Seu coração batia tão forte, que mal conseguia respirar.

Foi com essa visão que Miguel Mietto partiu daquela casa, naquele dia, àquela hora e para todo o sempre. Henrique permaneceu ali, chorando sem parar, estirado ao chão, curvado na posição fetal. Demorou para perceber que Helena havia entrado na sala e se encontrava junto a ele, olhando horrorizada na sua direção. Ao ver-se diante dos seus pés, ele voltou-se para ela ainda que tivesse receio de encará-la. Quando o fez, ela imediatamente fechou os olhos, espremendo-os até doer.

– Teu pai está louco, Helena – argumentou Henrique, com voz trepidante. – Completamente louco! Onde já se viu... Vamos falar com tua mãe. Ela pode...

– Esqueceste que ela não fala nem anda mais? Que resposta poderá nos dar, Henrique?

– Mas...

– Só me diz se tudo aquilo que meu pai falou sobre você e minha mãe, no passado, é verdade? Só me responde isso.

Ele não conseguiu, abaixou os olhos para o chão, vertendo-se em novas lágrimas que mais pareciam labaredas a lhe arderem os olhos e a face.

Helena suspirou e murmurou, sem se dar conta ao certo do que dizia:

– Por isso que a mamãe te odiava tanto. Por isso que me queria ver longe de ti. A mim e a meu irmão. Ela sabia, sempre soube... Por isso ela temia sua volta para o Brasil. Lembro-me bem do que ouvi ela dizer certa vez: "O que eu tanto temia, aconteceu! Ele está de volta!". Deus meu...

Um gemido angustiado ecoou de seu peito, enquanto Henrique tentou mover-se, chegar até ela, mas estava entorpecido; um peso negro e monstruoso o prendia ao chão. O destino não podia ter reservado um final tão triste para os dois. Não seria justo, não mereciam. Não, em nome do amor! Do mais puro amor que possa existir no planeta.

– Assim quis o destino, Henrique... – tornou Helena com a voz por um fio. – Ou melhor, assim quiseste tu, ao propor à minha mãe...

Ela não conseguiu terminar a frase.

– Eu não posso acreditar nisso! – bradou Henrique, socando o chão. – Tem de haver uma forma de eu me comunicar com tua mãe. Tenho de tentar, não posso desistir antes de tentar.

Sem mais, ele se levantou, ajeitou a roupa e correu porta afora em busca de seu cocheiro.

Nesse ínterim, Miguel seguia num carro de aluguel, com os olhos perdidos no horizonte, ansiando por uma bebida, muitas delas, na verdade, na esperança de mais uma vez afogar suas mágoas.

Capítulo 16

Ao chegar a casa de Beatriz, Henrique entrou sem bater. A porta da frente da casa não estava trancada, descobriu ele assim que tocou a maçaneta. Assim, ele invadiu o interior da morada com o máximo de cuidado, para não causar alarde nos que porventura estivessem ali. Ao avistar Beatriz sentada na cadeira de rodas, cabisbaixa, com o olhar perdido no nada, entrou sem fechar a porta pela qual passou.

– Beatriz – chamou ele, receoso de sua reação. – Beatriz, por favor, ouça-me.

Suas palavras a despertaram e logo, o horror se estampou em seus olhos tão avermelhados quanto os dele.

– Sei que podes me ouvir, sei que podes me compreender também. Por isso vim até aqui, para que me digas, de alguma forma, que não sou o pai dos teus filhos. Faz um gesto, pisca os olhos, move apenas um dedo para confirmar que não sou o pai dos dois, pelo amor de Deus.

Um movimento à esquerda foi notado pelo canto dos olhos do recém-chegado. Imediatamente ele se virou naquela direção e com o coração repentinamente em disparada, deparou-se com Bernardo, que parou diante dele com espalhafato.

Sua expressão era terrível. Era nítido em seus olhos o desejo de agredi-lo, descontar nele toda sua fúria, até mesmo matá-lo com a arma de Miguel que outrora usara para ameaçá-lo.

– Venho em paz – adiantou-se Henrique. – Não te desejo mal,

a nenhum de vocês. Só preciso tirar uma história a limpo.

– Fora daqui! – grunhiu Bernardo, arreganhando os dentes. – Tu já fizeste estragos por demais na minha familia.

– Respeito teu pedido, compreendo o teu ódio. Fui injusto contigo. Só te peço um minuto para que tua mãe me responda...

– Ela não pode te confirmar nada. Está muda e sem os movimentos dos pés e das mãos. Move-se muito pouco.

– Deixe-me então, apenas pedir...

Ele chorou, um choro de dar pena e resumiu, como pôde, o que Miguel havia acabado de lhe contar e os motivos que o levaram a se calar diante dos fatos.

– Foi por vingança – repetiu Henrique, cada vez mais rouco. – Por vingança ele permitiu que tua irmã se...

E mais uma vez ele não conseguiu terminar a frase.

Bernardo ainda custava a acreditar que Miguel tivesse feito aquilo. O latejar de uma veia dilatada, próximo ao olho direito de Bernardo, causou pânico em Henrique. Um medo repentino de o rapaz ter um mal súbito, perder a vida por causa de tanto nervosismo, fez com que ele compreendesse de vez que tal preocupação era sinal de amor, um amor que vinha muito além do que seus sentidos podiam alcançar. Era um amor de almas.

– Tu és mesmo meu filho – argumentou Henrique, procurando firmar a voz. – Tua mãe não precisa me confirmar. Não mais. Já sei que é mesmo verdade porque sinto aqui na alma que és mesmo meu filho!

Os lábios de Bernardo se repuxaram, mostrando os dentes cerrados como faz um cão raivoso, querendo muito atacar:

– Eu nunca serei teu filho.

A respiração acelerada e sibilante de Henrique se perdeu.

– Sei que tens motivos de sobra para me odiar, mas...

– Tu me enojas – respondeu o moço de forma rápida e distinta. – Tu és amaldiçoado. Tens pacto com o demônio.

– Mesmo assim tu ainda és meu filho.

O fato atingiu Bernardo em cheio. Ao voltar-se para a mãe, com seu espírito agonizando dentro do corpo físico que não mais podia controlar devidamente, seus olhos romperam-se em lágrimas e, com toda a força que dispunha, ele gritou:

– Vai embora daqui! Vê o mal que está causando a ela. Ela já sofreu demais por ti. Some, por tudo que há de mais sagrado. Se tens mesmo um coração nesse teu peito imundo, vai-te embora.

– Eu amei tua mãe – defendeu-se Henrique, elevando novamente sua voz partida. – Amei loucamente por vinte anos. Não foi uma paixão tola de um adolescente bobo, tampouco uma aventura, foi amor, amor de verdade e ela sabe disso. Nunca fiz segredo. Nunca omiti o que sentia, ainda que me expusesse ao ridículo e ela fizesse troça dos meus sentimentos por ela.

Ele respirou fundo, enxugando os olhos no dorso das mãos e completou:

– Por tua mãe eu daria o mundo, a vida, tudo mais de precioso que eu tivesse. Ela não me quis, eu compreendi, fui embora, casei-me com outra mulher, mesmo não tendo sentimentos verdadeiros por ela. Quando voltei ao Brasil, não a procurei. Desejei revê-la, certamente, mas não fiz, contive-me. O destino, no entanto, não nos poupou. Uniu-nos novamente e da forma mais ordinária. Foi o destino, o maldito destino, o culpado por tudo. Essa coisa que brinca conosco, faz e desfaz dos nossos sentimentos, diverte-se às nossas custas e, no final, nos mata. Sim, mata todos, um por um, quando não lhe servimos mais. O destino...

Pela primeira vez, Beatriz compreendeu Henrique e seus sentimentos por ela. Não podia negar que de fato, fora o destino quem fizera pirraça de todos ali. Usara do amor, um amor simples e verdadeiro, para levá-los à loucura.

Bernardo agachou-se junto à mãe e segurando suas mãos, massageando-as carinhosamente, deu vazão novamente a forte emoção que retesava em seu peito.

Henrique, mirando fundo os olhos de Beatriz, naquele instante, fitos aos dele, pediu:

– Perdoa-me... Só quero o teu perdão. Perdoa-me.

Sem mais, ele se afastou em direção à porta onde teve de se apoiar até que pudesse se sentir menos zonzo, forte o bastante para continuar seu caminho. Como um embriagado, precipitou-se de volta à rua, onde correu para a carruagem que o aguardava com seu cocheiro.

Bernardo, retesado de paixão pela mãe, beijava-lhe as mãos, desesperado, enquanto murmurava palavras de amor e compreensão ao seu ouvido:

– Não te amofines, mamãe... Não te amofines. A senhora não teve culpa. Nunca deixei de amá-la por causa do que aconteceu. Nunca deixarei, nem na eternidade.

E Beatriz ouvia aquilo, chorando por dentro e derramando-se em lágrimas por fora.

Nesse ínterim, no casarão dos Assunção, Helena, em pensamento, ligava novamente os pontos daquela macabra situação. Os esforços incansáveis de sua mãe para afastá-la de Henrique e seu ódio infinito por ele... Sim, tudo agora fazia sentido. Não havia mais dúvidas: ela (Helena) e Bernardo eram realmente filhos de Henrique e Beatriz. Helena fechou os olhos, como se ao fechá-los pudesse amortecer o impacto que a descoberta lhe causou.

Recordou-se então do que Henrique lhe dissera na noite de núpcias:

"Esta noite conheci exatamente o que é o amor. Ele é a chave para todos os dramas vividos. Para mim, este mundo começa e termina em ti, Helena..."

Ela ainda se recordava também do sorriso que despontou em sua face diante de tão encantadora declaração. A colisão dela com um iceberg, algo que ela sempre vira em seus sonhos assustadores, desde menina, e que sugeria a ideia de que algo inesperado poderia mudar o rumo de sua vida, acontecera finalmente. Que pena!

Enquanto isso, Miguel, cada vez mais alcoolizado, contava a todos, por onde passava, o que descobrira a respeito da esposa e dos filhos.

– Fui corneado pela mulher que mais amei e confiei na vida. Pela mulher que tanto me dizia amar. Fui um joguete em suas mãos. Ela não merecia o meu amor e a minha fidelidade. Não, nunca mereceu.

E novamente entornou um copo de bebida amarga, embria-

161

gando-se ainda mais.

Não demorou muito para a notícia ir pingando de boca em boca pela cidade, transformando-se no escândalo sensação do momento. Logo não se falava noutra coisa.

De volta a sua morada, Henrique subiu com grande dificuldade a elevação e a escada que levava até o interior da casa. Suas pernas pareciam duas colunas de chumbo. Precisou parar e descansar, apertando a palma esquerda contra a nuca, como se pudesse, com isso, livrar-se do peso que o destino insano lhe derrubara sobre as costas. Destino... Quem dera a ele o direito de ser tão traiçoeiro com as pessoas? Quem, no universo, permitira que ele destruísse vidas de forma tão lamentável? Quem?

Helena teria de compreender que ambos foram usados pelo destino, foram joguetes em suas mãos, como se fossem marionetes para representar uma tragédia grega.

— Helena... — murmurou ele, ressurgindo para a realidade. — Estou aqui, minha querida. Estou aqui...

Seus olhos novamente embaçaram-se de lágrimas, ao pronunciar o nome da jovem.

— Helena! — chamou ele, impostando mais voz. — Helena! — repetiu.

Um dos empregados então apareceu e confirmou o que ele já temia:

— Ela partiu, meu senhor. Insistiu para que um de nós a levasse daqui e, bem... Atendemos ao seu pedido, porque ela disse que era urgente, caso de vida ou morte.

Ele se arrepiou bem no instante em que uma onda de vertigem o envolveu. Desequilibrou-se e foi preciso se escorar contra o encosto de uma poltrona, para não ir ao chão.

— Meu senhor...

— Para onde ela foi? — perguntou Henrique, espremendo os olhos como se com isso pudesse fazê-los deixar de arder e queimar como fogo.

— Não sabemos. Só mesmo o criado que a levou daqui pode responder a essa pergunta, e ele ainda não regressou.

Voltando-se para um canto da sala, o prestativo empregado informou:

– Ela deixou aquele bilhete para o senhor.

Havia mesmo um sobre a mesa de centro, uma folha dobrada, com o nome de Henrique escrito no verso dela. Tomado pela ansiedade, ele rapidamente desdobrou o papel e começou a ler. Desde a primeira frase, escrita por ela, com sua graciosa caligrafia, tornava-se evidente que Helena havia partido, por achar que aquela seria a melhor e mais sensata solução para os dois. Não só para ambos, mas para todos, até mesmo para a sociedade em si.

Assim que o funcionário chegou, Henrique mandou chamá-lo. Seu estado era tão deplorável, que o sujeito se arrepiou ao vê-lo.

– Meu senhor...

– Para onde tu a levaste?

– Para um hotel, meu senhor. No centro da cidade.

– Um hotel?

– Positivo.

Henrique respirou mais aliviado.

Um hotel, sim, certamente, um lugar onde ela pudesse ficar mais à vontade com seus pensamentos, longe da vergonha que deveria estar sentindo dele, depois do amor infinito que haviam desfrutado lado a lado.

– Obrigado pela informação.

– Posso ajudá-lo em mais alguma coisa, meu senhor?

– Por enquanto não, obrigado.

Assim que o criado se retirou, Henrique releu o bilhete que Helena havia lhe deixado.

– Ela precisa de tempo... – explicou a si mesmo. – Vou dar-lhe o tempo que for preciso. Nada forçarei. Não, nada.

Voltou a correr os olhos pela delicada caligrafia, apreciando cada contorno suave de suas letras. Quando a gota de uma lágrima caiu sobre o papel, borrando um pedacinho, misteriosamente ele se lembrou do sonho que ela sempre tivera desde menina, e temia tanto acontecer.

– O iceberg... – murmurou, meneando a cabeça. – O iceberg

que ela sempre vira em seus pesadelos, surgindo do nada, interrompendo suas alegrias, gelando tudo, deixando-a roxa de frio, acontecera finalmente em sua vida. Ele era o seu iceberg. O amante que por desatino do destino era seu próprio pai.

Henrique sentiu se arrepiar, tomado por um súbito e inesperado frio interno. Como se seu interior estivesse também congelando.

A lua já ia alta no céu, quando Miguel voltou para casa, aos tropeções, ziguezagueando pelas ruas. Havia exagerado na bebida, destruído sua moral e sua integridade como ser humano e filho de Deus. Ao adentrar sua morada, recordou-se no mesmo instante de quando os gêmeos, ainda crianças, aguardavam por sua chegada, sorrindo e com desenhos que haviam feito para presenteá-lo.

A lembrança fez com que ele perdesse a força suficiente para introduzir ar nos pulmões, agravando seu senso de desorientação. Os filhos... Os filhos que tanto amou. Bernardo e Helena... Helena e Bernardo.

Ao ver Bernardo junto à janela, com os olhos voltados para o céu, Miguel estremeceu.

– Filho...

O rapaz voltou-se para ele e lhe perguntou o que tanto ansiava saber:

– Por que, pai? Por que fizeste uma maldade desta com Helena?

Miguel engoliu em seco, sentindo seu corpo travar.

– Por que tanta maldade, meu pai? Por quê?

– Porque fui corneado e os filhos que pensei serem meus, não eram.

– Pois eu ainda o amo como um pai.

– Pois eu, não! Nunca mais!

– Diz isso porque estás nervoso e alcoolizado. É melhor ires deitar-te.

– Sim, é melhor.

E com a ajuda do rapaz, Miguel chegou ao quarto que outrora fora de Helena, o qual passou a ocupar desde seu desentendimento com Beatriz.

Já era alta madrugada, quando ele despertou de seu sono atribulado e percebeu finalmente a besteira que havia cometido.

– Helena, minha filha... – murmurou atônito. – Eu desgracei tua vida. Justo eu que te amava tanto. Justo com tua pessoa que sempre me fora tão fiel e amorosa. Perdão filha... Perdão...

Ele também destruíra a vida de Beatriz por não ter sido compreensivo com ela, e, com isso, também machucara Bernardo que sempre o amou imensamente.

– Deus meu, o que foi que eu fiz?

Sentiu-se cada vez mais oprimido no peito, como se o ar se tornasse cada vez mais escasso. Apertando as mãos contra a garganta, como se tentasse se libertar do sufoco que passava, Miguel se deparava com as verdades assustadoras a respeito de tudo que cercara sua vida até então.

Não fora o destino que prejudicara todos, foram suas atitudes: jogando e abusando da sorte e do poder, não trabalhando corretamente como todos trabalhavam, pisando naqueles que perdiam para ele. O vício pela jogatina destruíra sua vida e de todos ao seu redor.

Henrique Assunção também não podia culpar o destino, fora ele próprio quem atraiu para sua vida, uma vida ingrata, ao emprestar dinheiro para os que tanto necessitavam a juros abusivos, pouco se importando se teriam ou não condições de lhe pagar.

Os que emprestavam por terem perdido no jogo, também haviam abusado da sorte, feito do que era para ser um entretenimento, um jogo perigoso e destrutivo, atraindo para si, a desgraça financeira em que viviam.

Todos, enfim, eram os verdadeiros senhores do destino traiçoeiro que tiveram.

Fora também por Miguel ter perdido no jogo, a sorte e tudo mais que Beatriz se submeteu à proposta de Henrique para garantir pelo menos o teto sobre suas cabeças e, com isso, causara toda tragédia.

Não havia mais dúvidas: o destino fora efeito do que eles próprios fizeram de suas vidas; de suas escolhas.

Ao lembrar que expusera toda sua vergonha aos amigos e inimigos, Miguel, sentindo-se ainda mais envergonhado do que fizera, decidiu tomar a saída dos covardes. Porque só os covardes são capazes de fugir de suas responsabilidades, incapazes de enfrentar os efeitos de suas vidas desajustadas por eles próprios. O eco do tiro varou a madrugada silenciosa, despertando e assustando Bernardo que correu pela casa para ver o que havia acontecido.

– Pai... Pai! – gritou, ao avistá-lo caído ao chão, esvaindo-se em sangue. Ajoelhando-se ao seu lado e curvando-se sobre o cadáver, Bernardo passou a mão pela sua cabeça, externando-lhe o mesmo amor que ele lhe dedicou desde que era um garotinho.

Então, seus lábios se aproximaram da sua face, trêmulos de emoção e o beijaram como se aquele beijo pudesse despertá-lo, trazê-lo de volta à vida, a vida que fora destruída, movida pelos piores sentimentos que assolam a alma humana.

No velório de Miguel, poucos compareceram. Podia se contar nos dedos das mãos o número de pessoas que haviam ido lhe dar um último adeus. Por ter sido ele sempre tão esnobe e impiedoso quanto vitorioso no jogo e amaldiçoado quando na pior, poucos amigos verdadeiros conquistara na vida.

Com a ajuda de Bernardo, Beatriz se ergueu e beijou o cadáver do marido, desejando intimamente que o beijo pudesse fazê-los recuar no tempo, voltando ao período em que foram mais felizes ao lado dos filhos adorados. Com os olhos turvos pelas lágrimas, ela mais uma vez pensou no quanto ele fora a melhor coisa que aconteceu em toda a sua vida.

Enquanto isso, no hotel que passara a ocupar desde que abandonara o casarão dos Assunção, Helena chorava, solitária, a morte de Miguel. Não tivera coragem de ir ao velório, tampouco ao enterro, por vergonha de todos que estariam ali e medo da reação de Bernardo, ao vê-la. Depois de toda desgraça, ele certamente a culparia por tudo. O melhor mesmo a se fazer era permanecer longe de todos, pelo menos, por ora.

Novamente, em meio aos seus tempestuosos pensamentos, ela

percebeu, nitidamente, que como mulher, nunca mais seria bem-vista pela sociedade da qual fazia parte. Nunca mais conquistaria um homem para amar e fazê-la feliz. Ela, como mulher, estava definitivamente destruída e para todo o sempre. Só mesmo longe dali, noutro país, provavelmente, ela teria a chance novamente de encontrar alguma alegria em sua vida afetiva.

A ideia vibrou forte em seu interior, era mesmo o melhor que podia fazer por si mesma. Só num lugar bem distante ela poderia voltar a ser a mulher de respeito que sempre fora até o triste episódio do seu casamento.

Henrique, por sua vez, continuava ansiando por voltar ao passado, simplesmente pela força do desejo. Queria mudar os rumos que dera a sua vida para evitar tanto sofrimento.

No dia seguinte, ao despertar, chegou a pensar, por um momento, que a realidade nua e crua havia lhe dado uma trégua. Mas não, ela continuava tão triste e desalentadora quanto antes. Simplesmente cruel, fazendo-o se sentir como um suntuoso castelo de areia sendo derrubado por uma onda do mar, um rei destronado, um ser sem ter nem porquê.

Continuava querendo ir atrás de Helena para lhe pedir perdão, para lhe dizer que tudo o que possuía era seu e de seu irmão, que não mais se desesperasse por dinheiro, como se isso pudesse recompensá-la pelos danos morais causados pela inocência e ingenuidade dos fatos. Mas ele tinha de se controlar, ainda era muito cedo para procurá-la, era preciso dar-lhe um tempo maior, para poder pôr a cabeça no lugar, recuperar-se do baque vivido. Mesmo assim, ele tinha de mandar alguém até o hotel, para saber se ela estava precisando de algo. Era o mínimo que podia fazer por ela naquele período tão desesperador. Era seu dever.

Naquele dia, no decorrer das horas, Henrique começou a se sentir incomodado por uma estranha inquietação, como se algo de grave fosse acontecer em relação a Helena. Só então se deu conta do peso que deveria estar sendo para ela, suportar tudo aquilo, sozinha. Sem o apoio de ninguém, especialmente da mãe e do irmão que tanto amava. De tão aflito, mandou preparar a carruagem, com a qual seguiu diretamente para o hotel, na esperança de fazer algo pela recuperação da jovem.

Quando a carruagem chegou à alameda onde ficava o hotel em que ela havia se hospedado, ele teve vontade de saltar do veículo, mesmo em movimento. Sua necessidade de chegar até ela era tanta, que chegou a acreditar que correndo, chegaria mais rápido. A sensação crescente de que se não corresse, perderia Helena, por algum motivo obscuro, agravou sua ansiedade.

– Helena... Helena... – murmurou, aflito.

Nem bem o carro parou, Henrique saltou de dentro dele, correndo desesperado para dentro do hotel, cujos funcionários se assustaram com sua chegada tão abrupta. O som de suas botas golpeando o chão, causou grande alarde no interior do estabelecimento.

– O que desejas, meu senhor? – perguntou uma funcionária.

Arfando violentamente Henrique respondeu:

– Procuro por Helena Mietto Assunção. É urgente. Diga-lhe que...

A moça prontamente o interrompeu:

– Ela não se encontra mais hospedada aqui, meu senhor. Partiu há poucas horas.

– Não?!

– Eu sinto muito.

– Para onde ela foi?

– Não tenho como informá-lo.

Henrique mal soube como se retirou do hotel, chegou à calçada e foi desperto pelo porteiro do local que gentilmente lhe perguntou:

– O senhor procura uma moça bonita, de cabelos castanho-escuros, longos e ondulados, olhos expressivos, envoltos de lindos cílios cintilantes?

– Sim, ela... Sabes para onde ela foi?

– Para o porto, meu senhor. Creio que partirá no navio que sai hoje para a Europa.

Henrique gelou. Partiu sem sequer agradecer o sujeito.

– Para o porto – ordenou ao cocheiro, assim que se ajeitou na carruagem. – Rápido, urgente!

Jogou as costas contra o encosto do assento, agonizando novamente de desespero e ansiedade.

Ela ainda estará no porto quando tu lá chegares. Continua em frente, repetia para si mesmo em intervalos cada vez mais curtos. Corre e terás tempo de encontrá-la ainda em solo brasileiro. E como ele queria acreditar naquilo.

Antes que sua mente o convencesse de que ela já havia partido, que já era tarde demais para impedi-la dessa loucura, Henrique, com os dentes comprimidos e olhos fixos à frente, repetiu, com ênfase:

– Ela ainda está lá. Não foi embora.

No cais, no entanto, o navio já havia partido. A descoberta fez com que Henrique saltasse da carruagem e corresse naquela direção, embora não se lembrasse de ter feito. Sua respiração queimava e o apunhalava. Não é verdade, pensou. Seus olhos, no entanto, podiam ver distintamente o navio singrando ao longe, iluminado pelo luar.

– Não vás Helena... – suplicou lacrimejante. – Não partas o meu coração, ainda mais do que já foi partido. Posso ter feito muito mal a muita gente, mas quanto a ti, só quis te fazer o bem, apesar de teres sido tu quem mais feri em toda essa história. Perdão, Helena, Perdão.

Helena jamais ficou sabendo que Henrique tentara impedi-la de tomar aquele navio que a levaria para um novo continente, na esperança de ela se libertar de tão trágica experiência com a vida ocorrida nos últimos tempos. Coube a Henrique Q. Assunção voltar para sua morada, vazia e solitária, perguntando-se, ininterruptamente, o que deveria fazer doravante em relação à jovem.

Capítulo 17

Foi com dor no coração que Bernardo contou a Beatriz que Helena havia ido embora num navio para a Europa. De próprio punho, Helena havia lhe escrito para pô-lo a par de sua decisão. A carta/bilhete havia lhe sido entregue por um mensageiro.

– Foi melhor assim, mamãe. Acredite – opinou Bernardo, junto a Beatriz, que olhava tristemente para ele, de sua cadeira de rodas. – Vou fazer um chá para ti.

Assim que o filho deixou a sala, o coração de Beatriz não mais resistiu diante de tão triste realidade que se tornou sua vida nos últimas semanas.

– Mamãe – chamou Bernardo ao voltar à sala, trazendo uma bandeja com as duas xícaras cheias do líquido fumegante. – O chá está uma delícia.

Só então ele notou a cabeça dela pendida para frente, os olhos sem vida, a pele sem cor. Largando sobre a mesa o que trouxera, ele foi até ela:

– Mamãe... Mamãe.

Não havia mais o que fazer. Ela estava morta. Ele perdera o pai tão recentemente, a irmã, de certo modo, ao partir para a Europa sem deixar paradeiro e, naquele instante, a mãe que tanto amava. Por momento algum, em seus poucos mais de vinte anos de existência, Bernardo pensou que sofreria tanto. Que teria de ser forte o bastante para lidar com tantas perdas e reviravoltas ao mesmo tempo.

Poucos compareceram ao velório de Beatriz Mietto, e quando Henrique apareceu, Bernardo virou um *bicho*. Não permitiu que a visse, tampouco permanecesse no local.

– Não me trates assim, só quero te dar apoio – retrucou ele, sendo sincero.

Bernardo lhe foi severo mais uma vez:

– Some daqui! Não és bem-vindo, nunca serás! Apodrece no inferno que é teu lugar merecido.

A fim de evitar maiores complicações, Henrique foi embora, podendo prestar uma última homenagem a Beatriz, somente depois que todos que compareceram ao seu sepultamento, já haviam partido. Sobre o túmulo dela, ele colocou um ramalhete de rosas e orou por sua alma.

– Perdão, minha querida... Perdão por ter me apaixonado por ti e ter-te causado tantos tormentos em nome dessa paixão. Perdão por ter insistido em querer fazer-te gostar de mim, da mesma forma que eu gostava de ti.

Ele suspirou, enquanto lágrimas inundavam sua face.

– Se eu não tivesse me apaixonado por ti, te amado tanto quanto te amei, talvez... – ele suspirou. – Maldita paixão! Quantos e quantos já não foram levados à loucura por ela? Quantos e quantos já não padeceram por ela?

E novamente ele chorou, como se derramasse um oceano de dentro de si.

Horas depois, Bernardo se encontrava largado no sofá da sala de sua casa, recordando os bons momentos que vivera ali com seus pais e sua irmã; pensando, mais uma vez, no quanto sentira falta de Helena e de Lídia naquele dia tão triste, mais um dentre muitos, em tão pouco tempo. O jovem despertou de seus pungentes pensamentos, somente quando Henrique apareceu de surpresa, invadindo sua casa por saber que se batesse à porta, ele não o receberia, tampouco ouviria o que ele tanto precisava lhe dizer.

– Tu não és bem-vindo a esta casa. Some! – enervou-se Bernardo, em estado de alerta.

Henrique tentou se manter o mais calmo que podia diante da situação.

– Venho aqui...

– Não quero ouvir. Tua presença me enoja. Fora desta casa!

Vamos!

– Esta casa, Bernardo... Esta casa é minha, arrematei-a num leilão semanas atrás.

O jovem perdeu o chão, não esperava por aquilo.

– Arremataste?

– Sim, quando foi a leilão. Teu pai não conseguiu pagar a penhora e...

– E vieste aqui me humilhar, é isso?

– Não! Em absoluto. Venho aqui dizer-te que a casa é tua, que não precisas mais se preocupar com a penhora. E que estou disposto a fazer uma reforma nela para que possas viver aqui, com mais conforto.

– Não quero nada do que é teu.

– Mas tudo que é meu é teu por direito, Bernardo. Teu e de tua irmã. Esteja ela onde estiver.

Houve uma pausa até que Henrique dissesse o que muito desejava:

– Filho...

– Não me chames de filho. Nunca!

– Pois tu és meu filho. Queiras ou não!

O jovem cuspiu ao longe e limpou a boca no dorso das mãos.

– Teu filho, teu verdadeiro filho, Senhor Assunção, tu mataste ao tirar Helena dele. E tu sabes que é culpado pela morte dele. Por mais que não admitas, tal verdade jamais poderá ser encoberta.

– De que adiantaria eu ter deixado Helena com ele, se ambos eram irmãos? Ainda que somente por parte de pai, irmãos.

Breve pausa e ele completou, em tom de súplica:

– Aceita esta casa como tua, Bernardo. Deixa de ser orgulho-so. Nada quero dela. Admito que a arrematei no leilão, para ter um trunfo nas mãos caso teus pais se opusessem à minha união com Helena, mas agora, depois de tudo... A casa é tua, aceita.

– Não quero. Vou pegar minhas coisas e amanhã mesmo es-tarei longe daqui.

– Vais para onde?

– Para a rua, para a sarjeta, qualquer lugar mais digno do que algo que te pertença.

– Não faças isso.

– Faço, faço, sim! E não me procures mais, é só o que te peço.

O assunto morreu ali. No dia seguinte, logo pela manhã, Bernardo cumpriu o prometido. Fez de um canto do lugar que os mendigos da cidade ocupavam, a sua morada. Um lugar que cheirava a urina e mofo. Exalava mais cheiro de coisa morta do que viva.

Diante de sua decisão, Henrique foi atrás dele, disposto a tirá-lo da sarjeta, o quanto antes. Quando alcançou o rapaz, respirava com tanta dificuldade, que precisou de uma pausa para encher novamente os pulmões de ar. Só então disse:

– Bernardo.

O jovem sequer precisou olhar para trás para saber quem se dirigia a ele. Reconheceu de imediato o dono daquela voz.

– Deixa-me em paz – foi tudo que ele respondeu.

– Preciso te falar.

– Não temos mais nada a conversar. Já deixei isso bem claro no nosso último encontro.

– Temos muito que conversar, Bernardo.

– Tu és mesmo um cara de pau, depois de tudo que me fizeste, ainda me procuras...

– Filho...

– Não sou teu filho. Nunca serei! Meu pai chamava-se Miguel Mietto. E morreu da pior forma por tua causa. Tu desgraçaste as nossas vidas. A minha, de minha irmã, de minha mãe e de meu pai. Do meu verdadeiro pai!

– Compreendo tua revolta diante dos fatos, mas se tu me conheceres um pouco mais, quem sabe, podes vir a ter uma outra impressão a meu respeito.

– Não percebeste ainda que te odeio? Que te desprezo? Que me enojo de ti?

– De qualquer modo tu és meu filho, serás sempre e...

– Se me disseres uma só palavra a mais, não hesitarei em esmurrar-te a face.

– A face de quem te pôs mundo?

– Antes não tivesse posto, assim eu e os meus não teríamos sofrido os horrores e as humilhações que parecem não ter mais fim. Terias poupado, especialmente minha irmã, minha adorada irmã, da vergonha, humilhação e horrores que passou por tua causa.

– Se tu queres me bater, me esmurrar, descontar teu ódio, faz então. Quem sabe assim possas me fazer sentir vivo novamente, Porque estou morto por dentro, Bernardo. Morto, entende?

– Tu és quem devias ter morrido daquela forma tão estúpida, não meu pai. Por tua culpa, por tua ganância, por tua imoralidade, ele penará no quinto dos infernos...

– Tu precisas saber que o homem que te criou não era nenhum santo, Bernardo. Ninguém é. A maioria dos homens vive à mercê de sua ganância e de sua imoralidade. Teu pai também judiou de muita gente. Foi impiedoso com muitos e muitos destes tiraram a própria vida por terem perdido tudo no jogo para ele. Ele também cavou a própria desgraça.

O rapaz não se conteve mais, sob forte emoção, chorou, escondendo o rosto por entre as mãos. Henrique então se sentou ao seu lado, na sarjeta, mantendo-se temporariamente calado, chorando silenciosamente muito mais por dentro do que por fora. Minutos depois, dizia:

– Só quero que saibas que ainda podes contar comigo. Ainda que não queiras, tudo o que possuo será teu e de tua irmã, esteja ela onde estiver na Europa.

– Não quero nada do que é teu, entende isso de uma vez por todas.

– De qualquer modo, pelas leis, tu haverás de herdar tudo o que é meu. Reconhecer-te-ei como filho, e tua irmã, como filha, obviamente.

– Só me resta ela nessa vida, só desejo encontrá-la.

– Nós podemos encontrá-la, juntos...

– Juntos, não! Quero distância de ti, da tua sombra amaldiçoada, dos teus pecados infinitos.

– Está bem. Respeitarei tua decisão. Mas daqui não saio e tu não podes me obrigar, porque a rua é pública. Tal como tu, não tenho motivos para voltar para minha casa. Tu perdeste os teus da mesma forma que eu perdi os meus.

Desde então, Henrique Quaresma Assunção nunca mais voltou para sua morada; fez da rua seu único lar, tal qual Bernardo, de tão desiludido que ficara com a vida.

Capítulo 18

Ao pisar em solo Europeu, Helena se perguntou intimamente para onde ir quando não se tem mais para onde ir? O que pensar quando não se tem mais o que pensar, e seus sonhos viraram pó, e seu nome foi jogado na lama, juntamente com sua dignidade, respeito e honra. O que seria dela de agora em diante?

Escolhera Lisboa, Portugal, como seu destino europeu, por saber que ali falavam a sua língua.

Carregando com dificuldade sua mala, ela chegou até um carro de praça, e quando ficou sem saber o que dizer para o homem, o sujeito se enfezou:

– Vai subir ou não, moça?

– E-eu...

Ela simplesmente não sabia o que dizer. O homem, impaciente, largou-a ali e partiu em busca de um passageiro mais decidido. Foi então que o belo Emanuel, ao vê-la, mudou de rumo com sua carroça de locação e foi na sua direção.

– Moça? – chamou ele, procurando lhe ser gentil.

A atraente jovem devolveu-lhe o olhar.

– Posso ajudar-te a carregar a mala?

– Mala?! – surpreendeu-se Helena como desperta de um sonho.

– Sim. É muito pesada para uma rapariga do seu porte, não achas?

– Rapariga... – repetiu ela, pensativa, recordando seu primeiro encontro com Rodrigo Assunção.

Emanuel Garrido aguardou ela responder, dando a impressão de que aguardaria o tempo que fosse preciso, sem se cansar.

– Preciso de um lugar para... me hospedar – disse Helena, finalmente. – Podes me indicar um?

– Posso sim, moça. Quanto podes pagar?

– Não muito. Que seja um lugar modesto, mas limpo.

– Está bem, te levarei até lá.

Ele rapidamente ajeitou as malas dela sobre uma carroça, cujo cavalo mais parecia um pangaré, e ajudou-a a subir.

– Meu cavalo é modesto, mas chega a todo lugar que preciso – explicou o moço, esbanjando simpatia e simplicidade.

Ele lhe fora mais prestativo do que ela esperava e, sem dúvida, mais gentil do que ela merecia. Seria assim com todos?, questionou-se ela assim que tomou assento.

– Tua graça? – perguntou ele, assim que o veículo tomou rumo.

– Helena. Helena Mietto.

– Emanuel, Emanuel Garrido.

Era um moço bonito, que se tornava ainda mais bonito devido ao seu entusiasmo com a vida e sua simpatia para com todos. Os cabelos, pretos e cacheados, combinavam lindamente com as costeletas bem aparadas, que num todo, destacavam seus olhos negros e servis, sob duas sobrancelhas uniformes.

– Vieste de mudança ou a passeio?

– A passeio... – respondeu ela muito timidamente: – A passeio.

– É tua primeira vez em Lisboa? – voltou ele a puxar assunto. – Pois tenho a certeza de que vais gostar muito daqui. Há belos lugares para visitar e comida típica da melhor para se provar. A culinária portuguesa é uma delícia. Da bacalhoada às queijadinhas, do pastel de Belém aos fios de ovos. Uma gostosura.

Helena novamente gostou do entusiasmo e da simpatia com que o moço falava sobre tudo. Mais umas quadras, e lá estavam os dois, em frente à pousada que ele havia indicado para ela.

– Chegamos. Eu te ajudo.

Logo depois de ele ajudá-la a acertar tudo por ali, Helena voltou a lhe agradecer pelos préstimos e pela camaradagem.

– Que nada. Gentileza gera gentileza. Simpatia gera simpatia.

Ela novamente lhe agradeceu e seguiu para o seu quarto onde se trancou e não mais saiu pelo resto do dia.

Emanuel voltou para o porto, pensando na jovem que conhecera há pouco e, no significado daquele encontro para ele. O rosto dela, na sua opinião, era o mais gloriosamente belo que já vira em toda vida. Apaixonar-se-ia por ela, certamente, se ela permitisse; mas odiaria amá-la sem reciprocidade, sofrer por amor, jamais. Decisão tomada quando ainda era um jovem adolescente e vira muitos sofrendo deste mal.

O próximo encontro dos dois se deu na igreja, pouco antes de começar a missa, quando foram tomar a hóstia. Ao final, ambos novamente se encontraram.

– Vais bem? – perguntou ele com receio de que ela não lhe fosse cortês.

– Tu?! Oh, sim, como estás?

– Bem, obrigado. O que estás achando da pousada? É do teu gosto? Serviu aos teus própositos?

– Oh, sim...

– Tens saído a passeio? O que achaste da cidade?

Só então ele percebeu que precisava dar-lhe tempo para responder, falava ininterruptamente, com tantas perguntas se sobrepondo umas as outras, faltava-lhe chance para responder.

– Se tu quiseres, posso levar-te para conhecer os melhores pontos da cidade. O que achas?

– Bem, eu...

– Se fores, com certeza hás de voltar a sorrir com mais facilidade.

– Não me sinto disposta para fazer passeios. Sequer para deixar meu quarto na pousada.

– Mas tu tens de te esforçar. És tão jovem para te fechares para a vida. Pensa naqueles que gostariam de estar no teu lugar, gozando da saúde e juventude que dispões, para aproveitar a vida.

– Neste ponto, tu tens razão. Vou me esforçar. Quando me sentir encorajada, chamarei a ti para me apresentar a cidade.

Sem mais os dois se despediram, e quando ela pensou que não mais o veria, pelo menos tão cedo, ele reapareceu ao seu lado, como que por mágica, trazendo-lhe um botão de rosa, roubado de um canteiro nas proximidades.

– Para ti – ofertou-lhe, olhando lindamente para ela.

Naquele instante, Helena sentiu vontade de chorar, tamanha surpresa, tamanha emoção.

– Para mim?! – murmurou ela, comovida. – É tão linda...

– Sim, para ti.

Novamente ele sorriu para ela, um sorriso de ponta a ponta. Meigo, simples e encantador. Ao perceber que os olhos dela haviam marejado, ele, rapidamente, interveio:

– Só queria ver-te alegre. Não foi para te deixar ainda mais triste que eu...

– É que... fiquei emocionada.

Uma pausa e ele ousou perguntar:

– O que há? Por que vejo nos olhos teus uma tristeza infinita? O que houve para deixá-la tão triste? Pode parecer abuso da minha parte, até mesmo intromissão descabida, mas... Talvez eu possa ajudar-te.

– Tu és mesmo um moço de alma boa. Preocupas-te comigo e mal me conheces.

Apontando para o céu, ele rapidamente respondeu:

– Diante dos céus, somos todos irmãos, não é mesmo?

Dirigindo seus olhos para lá, ela concordou:

– Sim, verdade.

Ela fez uma pausa e só então se abriu, ainda que não totalmente:

– Sou viúva.

– Viúva? Eu sinto muito. Vi mesmo, no fundo dos olhos teus, que resguardava alguma tristeza ali... Foi há pouco, digo, há pouco que perdeste teu marido?

– Sim.

– Meus pêsames.

Houve uma pausa até que ele recuperasse o espírito animado e dissesse:

– Logo tu te recuperas. Depois da tempestade, vem a bonança,

178

não é isso o que dizem?

E novamente ela procurou sorrir para ele, enquanto ele se encantava ainda mais pelos seus olhos tristes e seu aspecto frágil como o de um cristal. A seguir, limpou a garganta e pôs-se a declamar um poema com o seu belo sotaque português:

Tive de romper meus medos para chegar até aqui
Não rompi todos, apenas os mais importantes consegui
De que valeria deixá-los vencer?
Teria morrido na praia...
Tive de esquecer meus naufrágios no amor
Pra chegar até aqui bem longe da dor
De que valeria deixá-los vencer?
Teria morrido na praia...
Atenção, eu tenho asas pra voar...
Pode me tirar o chão, pode tirar, pode me tirar o chão...
Eu tenho asas e a imensidão...
E é bom lembrar que nada nunca pode me derrubar.
E é bom lembrar que nada nunca pode me derrubar...

Ao término, Helena só podia mesmo agradecer-lhe por tão belas palavras:

– Obrigada. Muito obrigada por te preocupares comigo e quereres me alegrar.

– Não há de quê. Se precisares de mim, posso levar-te na minha humilde carroça para conhecer os encantos da cidade. O passeio certamente será capaz de despertar alegria em teu coração.

– Está bem. Quando eu me sentir verdadeiramente disposta, chamar-te-ei.

– O dono da pousada sabe onde me encontrar.

E com uma pomposa reverência com sua boina, Emanuel finalmente partiu, deixando Helena com um olhar curioso na sua direção. Ao entrar na pousada, a primeira atitude que tomou, foi falar com o proprietário do lugar a respeito do rapaz. Queria saber se ele era realmente de confiança como aparentava ser.

– O pobre gajo é inofensivo até para uma mosca – explicou-lhe o homem, com forte sotaque português. – Tem uma alma tão boa, que muitos já o fizeram de bobo. Pobre coitado.

– Quer dizer, então...

– A senhorita pode confiar nele, sim. Até mesmo para proteger-te de qualquer mal.

Desde então, Helena se sentiu mais confiante para sair na companhia do rapaz, que muito prestativamente queria lhe apresentar a belíssima Lisboa. Quem sabe, em meio à visitação, ela se esquecesse dos acontecimentos tão tristes que cercaram sua vida nas últimas semanas.

Depois dos primeiros dias de passeio em Lisboa, Helena sentia cada vez mais confiança no rapaz, sem saber precisar de onde vinha tanta confiança.

– Aqui está o teu dinheiro.

– Sabe que se eu pudesse, faria tudo de graça para ti, só aceito, porque realmente preciso, pobre como sou.

– Tu fizeste a gentileza de me levar para conhecer Lisboa. Perdeste teu tempo de trabalho para ser gentil comigo. É mais do que justo que recebas pelos teus préstimos.

– Obrigado. Agradeço tua compreensão.

– Obrigada você. Tua gentileza, como sempre, me comove.

No próximo dia de passeio, Emanuel levou Helena para conhecer Sintra, especialmente o Castelo dos Mouros.

– Tudo tão lindo – elogiou ela o lugar, impressionada com a beleza arquitetônica.

Os dois voltavam para a casa, quando Emanuel avistou algo que muito chamou sua atenção.

– Vê, um balanço na árvore. – Imediatamente ele parou o veículo. – Queres balançar?

– Mas deve ser uma propriedade privada, não?

– Sim. Mas...

– Mas?...

– Fica num lugar distante da casa, duvido que alguém nos veja. Além do mais, será divertido. Vem!

Ele a ajudou a descer do veículo:

– Meu pai me dizia: goza tua mocidade, que o tempo é célere. Num piscar de olhos, os melhores anos da tua vida já se passaram.

Ela novamente apreciou suas palavras e se deixou ser guiada até o local.

Ao balançar-se, Helena se recordou do tempo de criança em que ela e Bernardo se divertiam juntos, fazendo peripécias pela casa dos pais e seus arredores.

– Bernardo... – murmurou ela, sem se aperceber.

– Bernardo? Tu disseste Bernardo?

– Bernardo é meu irmão. Somos gêmeos.

– Pensei que fosse teu marido.

– Não, o nome dele é Henrique.

– Henrique...

– Sim. Henrique.

Diante do que ela disse e de sua expressão desolada, o moço perguntou:

– Tu me disseste que era viúva e há pouco me disseste: o nome do meu marido é... Quando o certo deveria ter sido: o nome do meu marido era...

– É que ainda não me habituei à sua morte.

– Compreendo. Desculpe-me por perguntar.

Breve pausa e ela, voltando novamente os olhos para o passado, comentou:

– Bernardo... tu me lembras Bernardo. Quando éramos crianças e brincávamos juntos. Quando ele ainda me adorava.

O rosto dela murchou.

– O que houve entre vocês? Que motivos tem ele para não te adorar mais, Helena? Tu és uma pessoa encantadora.

– Um dia eu conto a ti tudo que se passou, Emanuel. Só não me peças para fazer agora. Ainda não tenho coragem suficiente para falar a respeito.

– Respeitarei teu tempo, Helena. Perguntei apenas por pensar que necessitavas desabafar com alguém. Ainda que esse alguém fosse um sujeito humilde como eu. Sempre ouvi dizer que desabafar faz bem. Faz com que as pessoas sintam um alívio no peito. Eu mesmo, quando compartilho algo que me oprime o peito com alguém especial, sinto-me bem melhor depois.

Ela assentiu, comovendo-se mais uma vez com a preocupação do rapaz em relação ao seu bem-estar.

– Agora vamos.

Depois de mais um dia ao lado de Helena, Emanuel se viu mais uma vez, em seu humilde quarto do cortiço em que vivia, deitado na sua modesta cama, observando o teto como um garoto perdido de amor. Um garoto que finalmente encontrara a garota dos seus sonhos.

Depois de um punhado de romances ao acaso, ele se sentia novamente corajoso e entusiasmado para liberar finalmente seu o coração para uma nova mulher. Permitiria Deus que ele fosse merecedor do amor de Helena. Só mesmo Deus poderia saber. Só mesmo Deus poderia consentir.

Quando Emanuel fechou os olhos, Helena voltou a ocupar sua mente, com seu rosto lindo e seus olhos entristecidos, despertando nele, como sempre, a vontade de libertá-la de tudo aquilo que tanto lhe afligia a alma. Ah, se Deus lhe concedesse a graça de libertar tão adoravel criatura do jugo de tão desalmada tristeza. Deus quisesse que sim.

No próximo encontro dos dois, Emanuel chegou, trazendo para Helena, como sempre, uma rosa perfumada, usurpada sem maldade alguma de um canteiro de uma casa nas proximidades.

– Tu me pareces mais alegre hoje, Helena. Impressão minha ou...

– Tenho de me alegrar para continuar viva, meu caro. Não tenho escolha senão me alegrar.

– Pois é assim mesmo que deves pensar. Se não procuramos nos alegrar, este mundo maluco nos esmaga feito panqueca.

Ela achou graça e ele também.

– Quero te levar hoje para conheceres o Palácio da Pena. Diz-me que queres ir, por favor. Vais adorar o lugar.

– Está bem, tu me convenceste.

E para lá foram os dois. O lugar era realmente lindo, marcante para todo visitante.

– E imaginar que tudo isso aqui partiu de um simples sonho, hein?

– De um sonho?

– Sim. Alguém certamente sonhou em construir esse castelo,

antes de ele se tornar real. Tudo na nossa vida sempre parte de um sonho, primeiramente. Um ideal. Depois vem a materialização.

– Verdade. Nunca me havia apercebido disso.

– Pois é dos sonhos que vive o homem. Sem eles, os sonhos, o homem cedo ou tarde perde a alegria de viver. Não é à toa que dizem que um homem sem sonhos é um homem sem alegrias na vida.

Ela novamente demonstrou apreciação por suas palavras.

– Como todo homem, tenho lá meus sonhos, sabe? Pelo menos um.

– E qual é, posso saber?

– Sim, Helena, logicamente que pode. Meu sonho é recomeçar a vida num país que me dê mais oportunidade de prosperar financeiramente.

– Que lugar seria esse?

– América do Norte.

– Uma viagem para lá deve custar caro, não?

– Não, se eu conseguir um emprego num dos navios que partem para lá. Um deles abriu inúmeras vagas para serviços em diversas áreas. Tem para camareiros, atendentes, cozinheiros, garçons, etc. Dizem que o navio em questão é o mais bem equipado e projetado até hoje. Tu também poderias conseguir um emprego ali se quisesse.

– Eu? Para trabalhar no quê?

– Arrumadeira, garçonete, cozinheira...

– Cozinheira, não! Pois não sei fritar um ovo sequer.

Risos.

– Para arrumadeira, quem sabe?

– Quem sabe?

– Já é um bom começo.

Naquela noite, antes de dormir, Helena repassou em memória, a conversa que tivera com Emanuel naquela tarde. Uma viagem para outro continente, um lugar onde pudesse se sentir novamente estimulada a recomeçar a vida. Ele lhe falara com tanta empolgação que conseguira contagiá-la.

– Um navio, o melhor e mais seguro construído até então... Por que, não?, pensou ela, apreciando mais uma vez a ideia.

183

Capítulo 19

Enquanto isso, no Brasil...

A família de Lídia voltava da igreja quando avistou a triste figura de Bernardo, sentado junto à sarjeta, com o olhar perdido no nada.

– Vês do que te salvei, minha filha? – disse a mãe da moça para ela. – Que futuro mais infeliz tu terias tido ao lado deste rapaz, que juravas querer te dar só alegrias e vitórias ao longo da vida.

– Não tens pena dele, minha mãe? – questionou Lídia, olhando com tristeza para o rapaz, por quem ainda guardava no coração, profundo afeto.

– Pena, filha? Sim, tenho. Quem não teria de um moço bonito, que teve um destino tão traiçoeiro? Só não posso permitir, minha querida, que a desgraça dele se torne a tua desgraça. Não, isso, não. Se proibi aquele rapaz de te fazer a corte, foi para te proteger de um mal maior. Porque desgraça é, infelizmente, contagiosa. Como uma constipação.

Lídia engoliu em seco, arrepiando-se diante das palavras de sua progenitora. Querendo muito que ela não tivesse razão no que dizia, mas, ao que tudo indicava, ela estivera sempre certa, o que se podia fazer?

Quando Bernardo avistou a jovem que tanto adorava, caminhando ao lado da família, não muito longe de onde ele se encontrava, a tristeza nunca se fez tão explícita em seus olhos como naquele instante. Não se sentia humilhado diante da família da moça, tampouco vítima de um destino ingrato e cruel; seus olhos transpareciam tanta tristeza por continuar repleto de amor por ela em seu coração. Aquele amor poderoso, capaz de cicatrizar feridas aparentemente sem poder de cicatrização.

Sim, ele ainda a amava, e, pelo visto, amaria eternamente, tão forte quanto Henrique Quaresma Assunção amara Beatriz no passado.

Naquela noite, Lídia Piovesan dormiu pior do que nas noites anteriores. Por mais que tentasse, não conseguia parar de pensar em Bernardo, nas condições tão tristes e deploráveis em que se encontrava. Não era para menos. Perdera em apenas um mês, o pai e a mãe de forma tão estúpida, e a irmã, que tanto amava, ao partir para a Europa. Ele era mesmo digno de pena e de ajuda urgente.

Decidida a ajudá-lo de alguma forma, a fazer o que estivesse ao seu alcance, Lídia pulou a janela de seu quarto, e voltou até o local onde Bernardo residia. Ao vê-la, os olhos do rapaz brilharam.

– Lídia?...

Ela chegou até ele e se ajoelhou.

– Ouvi mesmo dizer que havias abandonado tua casa e vindo morar aqui, não acreditei. Mas não te recrimino por teres feito o que fizeste. Depois de tudo o que passaste... E ainda estás passando.

Ela tomou ar e prosseguiu, entre lágrimas:

– Ah, como fui ingrata contigo, Bernardo. Injusta e infiel. Quando tu mais precisaste de mim ao teu lado, para te apoiar...

Ele a interrompeu com certa severidade:

– Some daqui, Lídia, se tua mãe ou algum membro da tua família te vê ao meu lado, ainda mais nestas condições, hão de castigar-te.

– Mais do que já estou sendo, por ter ficado longe de ti?

Diante das lágrimas dele, que disseram para ela mais do que muitas palavras, ela as tocou como se pudesse transformá-las em lágrimas de alegria.

– Eu te amo, Bernardo... Sempre vou te amar.

– Tu não me mereces. Minha família é um poço de desgraças. Se continuares insistindo em se juntar a mim, terás o mesmo destino trágico que todos nós tivemos.

– Não acredito nisso. Não posso acreditar.

Afagando-lhe o rosto, ele, muito ternamente, respondeu:

– Tu não sabes o que passamos: eu, meu pai, minha mãe, e minha irmã...

– Não, meu amor, eu não sei. Talvez nunca saibas nada além do amor que sinto por ti. Amor por tua pessoa, por tua alma, por tua existência... Amor que vai fundo em meu coração.

Sem demora, ela beijou seus lábios umedecidos pelas lágrimas quentes que escorriam de seus olhos lindos e entristecidos.

– Para mim, Bernardo, tu és a pessoa mais bela do mundo... – admitiu ela, tomada de profunda sinceridade.

Ele quis dizer pelo menos uma palavra, mas nem sequer meia conseguiu. A forte emoção não lhe permitiu.

– Tu precisas sair daqui, voltar para a vida! – continuou Lídia, decidida. – Ser mais forte do que todo o pesadelo que desabou sobre a tua cabeça. Precisas libertar tua sombra presa nas trevas. Não podes te entregar ao desânimo, ao desalento, à destruição. Promete-me. Promete-me que vais reagir. Que voltarás a ser aquele Bernardo maravilhoso que conheci. Promete-me, por favor!

Ele, novamente chorando, acatou ao seu pedido:

– Por ti, Lídia... Somente por ti, prometo fazer algo por minha vida dilacerada pela perda dos que eu mais amava.

– Obrigada por me ouvir, por aceitar meus conselhos.

Os dois se abraçaram apertada e efusivamente. Bernardo, enterrando o rosto nos cabelos dela, apertando-o contra a quentura sedosa e perfumada, beijou-lhe a nuca e o pescoço.

Quando ela recuou a cabeça, seus lábios macios novamente moveram-se sobre os dele. Ela queria falar, ele queria dizer e, ao mesmo tempo, nada mais precisava ser dito, só sentido. As almas se comunicavam em silêncio, muito além do que julgava a vã filosofia.

Quando uma súbita expressão de ansiedade deixou o rosto dele novamente tenso, ela, para tranquilizá-lo, sorriu e levou as mãos dele até a altura do seu coração, massageando-a em seu peito.

— Se te reergueres, se voltares para a vida — repetiu ela com convicção —, prometo lutar por ti com unhas e dentes.

Uma pontada de receio imobilizou-o a seguir.

— Não te fies nisso, meu amor — observou ele, seriamente. — Tua família jamais me aceitará como teu esposo. Ainda mais depois de todas as desgraças que me aconteceram. Não percas mais teu tempo comigo, segue tua vida ao lado de outro rapaz e sê feliz.

A resposta dela soou sem vacilar, tranquilizando e surpreendendo Bernardo:

— Sempre ouvi dizer que nada é mais forte do que o amor, e que o amor maior que pode existir no mundo é o de Jesus. Com Ele estou de mãos dadas, manter-me-ei assim e nada poderá me atingir.

— Tua fé me espanta e, ao mesmo tempo, me comove.

— É só o que nos resta, Bernardo. Neste mundo doido, é só o que nos resta.

— Não quero que sofras por minha causa, por tua família não me aceitar.

— Mais do que já estou sofrendo longe de ti? Nada pode ser pior.

Novamente ele se sentiu tocado por suas palavras e depois, de breve silêncio, firmemente pediu a ela:

— Agora vai te embora. Volta pra tua casa, antes que deem pela tua falta.

A expressão dela murchou como uma flor ao sol. Com grande dificuldade, ela respondeu:

— Não quero ir.

— Tu tens de ir.

— Dói demais em mim, deixá-lo aqui. Irei se me prometeres realmente lutar pela tua vida e pelo nosso amor.

— Te prometo, sim, que farei o possível.

— Ah, meu amor, meu amor...

Ele riu: um riso entrecortado mas feliz, feliz por se ver ao lado da jovem que tanto amava, por saber que alguém na vida ainda se importava com ele.

Ela lhe devolveu o sorriso, quando ele deslizou um dedo por sua face, enxugando suas lágrimas quentes.

– Agora vai. Te amo.

Ela partiu, calmamente a princípio, depois, apertando os passos, parando, e voltando novamente o olhar na direção dele, soprando-lhe um beijo com a ponta dos dedos e foi assim, até perdê-lo de vista.

Assim que ela deixou seu campo de visão, o rosto de Bernardo desmoronou. A dor e a decepção com tudo que vivera nas últimas semanas voltaram a amargar seu semblante. O que prometera a Lídia, fizera para não aborrecê-la ou angustiá-la; no íntimo, não pretendia cumprir a promessa. Pelo amor imenso que sentia por ela, preferia deixá-la livre para se casar com outro, a fazê-la correr o risco de ter uma vida desgraçada ao seu lado.

Levou quase dez minutos até que Bernardo percebesse que seu encontro com Lídia fora presenciado por Henrique Assunção, que se mantinha fiel ao seu lado, como um mendigo largado numa sarjeta. Quando seus olhos se encontraram com os dele, o rosto de Bernardo voltou a se amargar, tornando-se duro como pedra.

– Tu amas essa moça, Bernardo – ousou dizer Henrique. – Ela é de fato uma criatura excepcional. O que ela disse a respeito do amor, um amor cristão, é a mais pura verdade e, talvez, tenha sido esse o meu maior erro nos últimos anos. Abandonar o meu lado cristão em troca da ganância dos homens.

Bernardo emburrou e virou-se para o lado oposto à visão daquele que lhe falava. Henrique, por sua vez, não se deixou intimidar pela malcriação do rapaz. Disse, tão firme quanto antes:

– Não deixes de viver esse amor, Bernardo. Não permitas mais infelicidade na tua vida.

Ignorando aquele que se mantinha ao seu lado e tanto procurava ser seu amigo, Bernardo Mietto voltou a se deitar, curvando-se na posição fetal, ansiando por um sono tranquilo que pudesse distanciá-lo de tão degradante realidade.

Capítulo 20

Na Europa, enquanto isso, Helena e Emanuel caminhavam, lado a lado, pelas imediações da pousada em que a jovem continuava hospedada. Depois de alguns passos em silêncio, os dois pararam e ficaram a contemplar o círculo prateado da lua e as estrelas que salpicavam o céu como diamantes. Há tempos que Helena não via uma noite tão bela.

– O céu, tão simples e tão belo, não achas? – comentou ela, distraída.

– Sim, tão simples e tão intenso. Tão mágico.

Novos passos e ele ousou novamente tentar libertá-la de seus traumas.

– Tu nunca falas de teu passado, Helena.

– Se não falo é porque quero esquecê-lo, entende? Essa viagem até aqui, fiz, na esperança de apagá-lo de vez de dentro de mim.

– Não acredito que possas apagá-lo, fugindo dele, Helena. Só mesmo encarando-o e o aceitando, é que podes superá-lo.

– Crês mesmo nisso?

– Totalmente. Devemos ir de encontro ao que nos atormenta se quisermos definitivamente dar um basta nisso.

Com trêmula respiração, ela desabafou:

– Ainda que enfrentar as tormentas possa custar tua vida?

– Ainda assim. Não nos resta escolha.

– Mesmo assim, estou apostando toda a minha fé e esperança nessa viagem, nesse novo recomeço.

– Estou torcendo por ti, Helena.

– Obrigada.

Uma pausa e ele completou:

– O que seríamos de nós sem fé e esperança, não é mesmo?

– Tens razão – concordou ela e voltando a olhar para as estrelas, muito tristemente ela completou: – Só me pergunto se há uma explicação para todos os males que nos atormentam. Penso que o passado é tal qual um fantasma a nos assombrar, sem qualquer possibilidade de exorcismo.

Ele, muito sabiamente respondeu:

– Não creio, contudo, que fantasmas de qualquer espécie assombrem um lugar como este. Se assombram é porque estão dentro de nós, não fora, como pensamos. Vão aonde quer que estejamos, porque vivem dentro de nós. E o que é pior, são mantidos ali por nós.

Ela se arrepiou.

– Desculpe, eu não deveria ter tocado num assunto tão delicado como este.

– Delicado?

– Sim. Tudo que se refere ao passado, é, a meu ver, para as pessoas, algo difícil de se lidar. Elas parecem se apegar aos traumas, às mágoas, às frustrações, muito mais do que as chances de se libertarem de tudo isso. É como se tudo de negativo que lhes aconteceu fosse mais importante do que tudo de bom que já existiu ou possa vir a existir. Coisa de doido, sabe? Capaz de escravizar todos, sem dó nem piedade, pelo resto de suas vidas. Sem chance alguma de libertação. É lamentável.

– Tu tens razão. Nunca havia encarado o passado desta forma. Percebido o poder maléfico que ele pode exercer sobre nós.

Ela suspirou, enquanto focava novamente seus olhos nas estrelas mais brilhantes do céu. Para descontraí-la, Emanuel comentou:

– Sabias que as estrelas se movem com imensa lentidão? Com isso, as estrelas que vemos agora, podem muito bem ter sido admiradas por nossos antepassados.

– É mesmo? Que fato mais interessante!

– Sim, como muitos que cercam a vida do homem neste Universo.

Nova pausa até ele mencionar:

– Haverá um baile em homenagem a um príncipe de um certo país, gostaria muito de levar-te.

– A mim?! Mas... Como tu farias para sermos convidados?

Ele rapidamente respondeu:

– Tenho um amigo que vai trabalhar como garçom na recepção; por intermédio dele conseguiríamos entrar no local e nos misturarmos aos convidados.

Ela achou graça do esquema.

– Tu me farias muito feliz se fosses comigo, Helena.

– É que...

– Por favor.

Ela suspirou, incerta se deveria ou não aceitar o convite.

– Eu realmente não me sinto disposta para tomar parte de uma cerimônia tão esfuziante.

– É por causa do teu marido, não é?

– Sim, ainda é muito recente.

– Eu compreendo. Só queria agradar-te.

Diante do seu olhar de desapontamento, Helena sentiu pena do moço que tanto se esforçava para reerguer o seu astral.

– Tu és um *gajo,* como se diz aqui em Portugal, sem igual.

Diante do elogio, ele corou até a raiz dos cabelos.

Ao voltar para a pousada, vendo-se novamente dentro das quatro paredes do quarto que ocupava ali, Helena se viu enfrentando mais uma vez sua triste realidade. Vira tanta gente feliz, passeando pelas ruas naquele dia, tanta gente bem vestida e gozando de satisfação por estar ali, algo que ela, por mais que se esforçasse, julgava não mais ter o privilégio de aproveitar. Ao deitar-se naquela noite, ela novamente se viu em conflito quanto aos rumos que deveria dar à sua vida.

Sem se aperceber, cochilou, e quando despertou, teve uma surpreendente visão do espírito da mãe parada num dos cantos do aposento.

– Mamãe – exclamou ela, assustada, sentando-se velozmente na cama. – Mamãe... – Os olhos dela se abriram um pouco mais.

O espírito de Beatriz a olhava com lágrimas nos olhos. Parecia querer lhe dizer alguma coisa, algo de muito importante, e por não conseguir, chorava de desespero. O que seria? Helena acabou adormecendo, vencida pelo cansaço. Só mesmo na manhã do dia seguinte é que compreendeu o porquê de tão desesperadora expressão no rosto da mãe. Ela havia morrido.

Dessa vez foi ela quem foi atrás de Emanuel, no porto, e quando ele a viu, soube imediatamente que algo de muito grave havia lhe acontecido.

– Helena...

Ela, entre lágrimas contou-lhe o que descobriu.

– Tua mãe? Tens certeza?

Ela fez que "sim" com a cabeça e foi então que ele tomou coragem de abraçá-la, o que ela aceitou de prontidão, por muito querer um ombro amigo para chorar seu luto.

– Eu sinto muito, Helena – disse ele, enquanto ousava acariciar seus cabelos sedosos. – Que momento mais difícil esse pelo qual estás passando, minha querida... Mas estou aqui por ti. Apesar de conhecer-te por tão pouco tempo, podes contar comigo, como se fosse alguém que te conhece de longa data.

– Obrigada – agradeceu ela, procurando se recompor.

Capítulo 21

Certa noite, depois do jantar, o Senhor Ubiratan saiu para caminhar pelos arredores de sua casa, para fazer a digestão, como lhe era de hábito. Um homem de fino trato, de estatura mediana, ligeiramente calvo e com vagos e doces olhos gris. Aos quase 74 anos de idade, tornara-se um exemplo de longevidade para uma época em que a maioria das pessoas mal passava da quinquagésima primavera.

Ao percorrer mais uma vez as ruas onde vivera grandes momentos de sua vida, Ubiratan emocionou-se mais uma vez. Ao chegar à praça onde muitas vezes cortejara aquela que viria ser sua esposa, ele se sentou e deixou sua mente voltar no tempo.

Foi então que um sujeito de meia idade aproximou-se dele, pedindo licença, e perguntou:

– O Senhor tem um trocado?

Tão imerso em suas lembranças estava o Senhor Ubiratan, que levou alguns minutos para perceber o sujeito a sua frente.

– Pois não?

O sujeito bufou e um tanto impaciente repetiu suas palavras.

– Ah, sim – prontificou-se o idoso, tirando do bolso a carteira e de dentro dela um trocado que deu com muita satisfação ao pedinte.

– Só isso? – reclamou o sujeito, olhando torto para a nota em sua mão.

– Disponha – respondeu o Sr. Ubiratan, sem ouvir direito as

palavras do estranho.

– O Senhor é surdo, por acaso? – enervou-se o homem. – Eu não te disse "obrigado", só mesmo um tolo agradeceria por essa ninharia. O que o senhor me deu, não serve nem para eu comprar um gole de pinga no botequim da esquina.

– Sinto muito – desculpou-se o idoso, tirando outra nota de dentro da carteira e entregando ao sujeito que, novamente se enervou com o que recebeu.

– O Senhor é mesmo um pão-duro. Vive num casarão bonito, que eu sei, tem posses, que eu sei, dinheiro, que eu sei, todos sabem e, no entanto, *ridica* uma esmola para um pobre coitado como eu.

– Eu sinto muito.

– Sente nada! É um sovina miserável que daqui a pouco tempo, daqui a muito pouco tempo, digamos bem, vai estar a sete palmos debaixo da terra, sem poder usufruir de mais nada do que possui e economiza com tanto suor.

As palavras do pedinte, de certo modo, feriram o idoso que passou a olhar para o sujeito durão a sua frente, com lágrimas nos olhos. Nisso, outro andarilho achegou-se aos dois e perguntou:

– E aí, conseguiu tirar algum trocado desse morto-vivo?

– Ainda não, mas vou conseguir se tu me deres uma ajudinha.

– É *pra* já!

Sem piedade, um ergueu o velho pelo colarinho, virou-o de modo que pudesse prender seus dois braços por trás, enquanto o maior roubou-lhe a carteira do bolso e espiou seu conteúdo.

– Vejas só, esta carteira está praticamente vazia. Esse velho safado é tão miserável que é incapaz de gastar consigo próprio.

– Vamos dar uma surra nesse filho da mãe.

– É o que ele merece.

Bernardo, que assistia de longe o que se passava, imediatamente levantou-se do chão e correu para ajudar o idoso.

– Larga dele! – falou, impostando a voz.

– Não te metas onde não foste chamado, seu florzinha.

Bernardo não esmoreceu:

– Tira a mão dele! Estou falando!

– Vem tirar tu!

O indivíduo se atracou com Bernardo e logo os dois foram ao chão. O outro continuou segurando o Sr. Ubiratan, forçando seu braço de forma dolorida.

– Solta-o – ordenou Henrique, surgindo por trás do sujeito.

Quando os olhos ensandecidos do indivíduo encararam Henrique, ele, austero, repetiu:

– Solta-o, por favor.

– Por favor? – zombou o fulano. – Falas bonito, hein?

Sem mais, Henrique foi para cima do meliante que se livrou do idoso, para poder se defender daquele que o provocava. Murros, socos e muito sangue rolou a seguir. Logo, os dois também rolavam ao chão e foi assim, até Henrique conseguir fazer seu rival perder os sentidos, dando-lhe um soco certeiro. Nesse ínterim, Bernardo também havia conseguido derrubar o outro sujeito e agora se punha ao lado do Sr. Ubiratan.

– O Senhor está bem? – perguntou, tocando gentilmente o ombro do homem.

– Sim, sim, filho, graças a ti e ao cavalheiro ali.

– Fizemos somente a nossa obrigação – adiantou-se Henrique.

– Como posso agradecer-lhes pelo que me fizeram?

– Não te preocupes...

O Sr. Ubiratan não conseguiu terminar a frase, levou a mão ao peito e começou a arquejar, violentamente.

– Acho que tudo isso me deixou exaurido – admitiu.

– Precisas de um médico.

– Do meu remédio apenas. Meu calmante.

– É melhor o acompanharmos até tua casa, em caso desses dois patifes tentarem novamente qualquer coisa contra ti.

– Obrigado. Têm certeza de que não estou atrapalhando?

Bernardo olhou muito timidamente para Henrique e respondeu:

– Não, podemos ajudá-lo.

Assim fizeram. Chegando lá, a criada, uma senhora negra de olhos claros e sorriso brilhante, correu para ajudar o patrão.

– O que houve? Já disse para o Senhor não sair à noite, sozinho, que é perigoso.

Ao avistar Bernardo e Henrique, tratou logo de fechar a porta.

– Espera! – falou o Sr. Ubiratan. – Esses homens me salvaram há pouco. Prepara algo para eles comerem.

– Não é preciso – agradeceu Henrique, prontamente.

– É preciso, sim!

E fazendo um sinal para a criada, que ainda se recusava a aceitar Henrique e Bernardo na casa, por estarem sujos, malvestidos e malcheirosos, a mulher acabou acatando a ordem do patrão, especialmente quando ele novamente lhe chamou a atenção.

– Ela é muito eficiente... Um pouco teimosa, sem dúvida, mas muito eficiente. Sentem-se, fiquem à vontade.

– Sujos como estamos, acabaremos sujando o sofá do Senhor.

– Que nada, sentem-se.

Puxando uma cadeira, Henrique se aconchegou ali.

– Aqui não sujarei tanto.

Bernardo imitou seu gesto. Nem bem o dono da casa abriu a boca para oferecer um licor para os dois, a criada voltou à sala, trazendo consigo uma caneca com água fervendo e um pano dobrado.

– O senhor precisa de uma compressa – falou, sem dar tempo ao homem de recusar sua oferta. – Uma compressa no pescoço e outra nos ombros...

– Não é preciso.

– É preciso, sim.

– E quanto à comida para esses dois?

– Estou fazendo um café e um leite quente para comerem com pão e manteiga. É só o que tenho para oferecer a ambos.

– E aqueles doces gostosos que tu fizeste, mulher? Doce de

figo, de abóbora... E o arroz-doce? Eles vão querer também.

– Os meus doces? – a senhora torceu o nariz.

– Larga de ser *ridica,* mulher.

Os três homens riram e quando a criada deixou a sala, o gentil dono da casa voltou a agradecer Bernardo e Henrique, pelo que haviam feito por ele naquela noite. Quis saber então, o que havia acontecido para que ambos acabassem na sarjeta.

Henrique e Bernardo se entreolharam nesse instante, incertos quanto quem deveria responder à pergunta do homem. Visto que nenhum dos dois parecia disposto a desvendar sua curiosidade, o bom velhinho opinou:

– É... Viver nem sempre é fácil, meus caros. Temos de enfrentar longas travessias, árduas jornadas, túneis escuros sem saber ao certo se haverá saída no final... Mas não se sintam os únicos a enfrentar problemas na vida, todos passam por eles.

– Eu pensei que comigo seria diferente – desabafou Henrique, sem receio de parecer esnobe.

– Não há exceção – afirmou o idoso, sorrindo amavelmente para ele.

– Infelizmente estou descobrindo tal verdade a duras penas.

Voltando-se para Bernardo, o Sr. Ubiratan perguntou:

– E quanto a ti, meu jovem, um moço tão bonito, tão na flor da idade, o que o levou a viver na sarjeta? Tem saúde de ferro para trabalhar, ganhar teu próprio sustento, ter uma vida mais digna.

Bernardo engoliu em seco, subitamente envergonhado de si por ter se colocado em condição tão humilhante.

– Tu e ele se parecem, sabiam?

Henrique sentiu orgulho da observação, enquanto Bernardo avermelhou-se feito um pimentão.

– Somos pai e filho – admitiu Henrique, quando não pôde mais se conter. Ainda que temesse a reação de Bernardo, achou melhor ser sincero com o simpático senhor à sua frente. Dessa vez, porém, Bernardo não reagiu contra, apenas abaixou a cabeça, entregando ao chão, seu olhar cansado e entristecido.

– O Senhor quer saber por que fomos parar na sarjeta? – continuou Henrique decidido. – Por que perdemos, de certo modo, a alegria de viver? Eu posso contar ao Senhor.

E diante do interesse do anfitrião, Henrique narrou todos os fatos que desgraçaram a vida de sete pessoas: a dele, de sua esposa (Maria Rita), de Rodrigo (seu filho com Maria Rita), de Miguel, Beatriz e dos gêmeos.

O Sr. Ubiratan ouviu tudo com profundo interesse, sem interromper a narrativa por um momento sequer. Ao término, suspirou, e fez uma declaração bombástica:

– Quem nunca sofreu por uma paixão doentia que atire a primeira pedra.

– Será que todos sofrem por amor? – empertigou-se Henrique, lacrimoso.

Sorrindo, o idoso respondeu:

– Sim, meu caro. Todos sem exceção. Uns mais, outros menos, mas todos em geral, sofrem, em algum ponto da vida, por uma paixão fulminante ou até mesmo por um amor sereno e sincero.

– Que pena! Tudo em torno da paixão e do amor deveria ser feito somente de alegrias.

– Quem dera...

O homem suspirou e prosseguiu:

– Sofro por amor desde sempre. Quando jovem, por ter me descoberto amando minha madrasta. Meu pai, por ter ficado viúvo muito cedo, casara-se com uma moça vinte anos mais jovem do que ele. Da minha idade.

O homem tirou do bolso a carteira e dela uma foto que entregou a Henrique.

– É ela – disse, apontando com o dedo.

– Uma mulher muito bonita – observou Henrique com visível admiração.

– Sim. Uma mulher belíssima. Mas que tive de abrir mão em respeito e consideração ao meu pai. Não podia roubá-la dele, por mais que eu a amasse, não seria certo. Fui então estudar fora, o que muito contribuiu para esfriar minha paixão por ela. Passei dez anos então sem me apaixonar por outra alma feminina. Quando aconteceu novamente, foi pela mulher com quem eu viria a me casar em questão de meses.

Novamente ele abriu a carteira de onde tirou outra foto e mostrou a Henrique que a seguir passou para as mãos de Bernardo.

– Ela também é muito bela.

– Sim. Mas se vissem como ela ficou por causa da doença inesperada e misteriosa que a prendeu à cama, meses depois do nosso casamento... Foi um período negro de nossas vidas. Um período obscuro e desafiador em que eu, por momento algum, me distanciei dela. Mantive-me ao seu lado o tempo todo, procurando lhe dar conforto até onde eu era capaz. Com a força dos medicamentos e de Deus, ela melhorou com o tempo, mas nunca mais foi a mesma. Não com a mesma disposição que tivera até adoecer. Assim, viveu por mais dez anos, vindo a falecer poucos meses antes do meu pai. – O Sr. Ubiratan se esforçou para não chorar. – Eu a amava tanto...

Ele tomou ar e concluiu:

– Mudei-me então para a casa onde cresci e com minha madrasta convivi, sem jamais amá-la novamente como antes. Respeitei sua viuvez e meu pai, até mesmo depois de morto.

Ele procurou se controlar e voltando-se para Bernardo, observou:

– Imagino, meu rapaz, o quanto tu deves estar sofrendo por tudo que aconteceu àqueles que tanto amavas, mas diz-me, com sinceridade: achas mesmo que podes mudar o curso da tua história, entregando-te a uma vida inerte por causa da revolta pelo que te aconteceu? Pensas mesmo que podes ajudar tua irmã, esteja ela onde estiver, precisando do teu carinho e compreensão? Como podes viver assim, tendo uma jovem que te ama, querendo muito te ter como marido, porém, impossibilitada, por te recusares a viver com dignidade? Verdade seja dita, meu jovem. Tu te jogaste na sarjeta, movido pela revolta, pelo ódio e pela tristeza. Só tu mesmo podes te tirar daí e mudar o curso de pelo menos duas pessoas que amas e que também te amam (Lídia e Helena). Reflete a respeito!

Bernardo, ainda que comovido por aquelas palavras, respondeu, impiedoso:

– O Senhor tem razão, mas o ódio que sinto por tudo que esse homem nos fez...

Ele se referia a Henrique Assunção, sentado ao seu lado. O Sr. Ubiratan foi novamente rápido e preciso em sua opinião:

– Sê mais forte do que o ódio, meu rapaz, porque nada de bom poderás construir no mundo e em nome de Deus se te mantiveres preso ao ódio. Preso a ele, tu te tornarás um solo infértil, e quem, na face da Terra, gosta de um lugar assim? Nem tu! A desgraça sobre ti e quem tanto amou e ainda ama pode ter sido causada por fulano ou sicrano, ou pelo destino, caso queira responsabilizá-lo, mas pior do que tudo o que aconteceu a vocês, mais cruel do que a própria desgraça, é se prender a ela pelo resto da vida. Porque algo é certo, tal qual dois e dois são quatro: o passado não pode ser mudado, o que está feito, está feito, mas o presente e, consequentemente o futuro, ah, esses, sim, ainda podem!

Bernardo, novamente se sentindo tocado pelas palavras do idoso, respondeu:

– O Senhor está certo. Nunca havia me dado conta do fato.

Henrique opinou a seguir:

– Eu não condeno Bernardo por sentir raiva de mim. Fui mesmo um homem que só meteu os pés pelas mãos. Feri pessoas, perdi pessoas, só cometi equívocos.

O Sr. Ubiratan rapidamente deu seu parecer:

– Disseste bem: foste! Agora não mais! Por admitir o fato já se percebe que não és mais esse homem, e é isso o que importa.

Bernardo e Henrique novamente se espantaram com as palavras do simpático velhinho que a seguir voltou a usar de sua sapiência para explicar:

– Aqueles homens que há pouco me agrediram, por exemplo, são pessoas revoltadas e equivocadas. Pensam que só porque tenho casa, uma criada, algum dinheiro no banco para o meu sustento, não tenho problemas na vida tampouco tive ao longo dela. Pensam também, erroneamente, que o pouco ou muito que conquistei foi sem esforço, muito trabalho e responsabilidade.

Até mesmo para manter um teto sobre a minha cabeça. Antes de julgarmos, precisamos sempre estudar mais atentamente a vida daqueles que julgamos para compreender, por que são o que são ou se tornaram o que são. Foi isso que a vida me ensinou.

Nova pausa e o Sr. Ubiratan concluiu:

– Espero ter ajudado vocês da mesma forma que me ajudaram esta noite.

Bernardo e Henrique sorriram, comovidos.

– E agora vamos para a cozinha forrar o estômago. Até eu fiquei com fome depois de tudo o que aconteceu.

E para lá foram os três. Ao terminar a refeição, o Senhor Ubiratan agradeceu mais uma vez aos dois e pediu a ambos que o visitassem sempre que possível.

– Voltaremos – afirmaram Henrique e Bernardo em uníssono.

Sem mais, partiram. Logo depois de deixarem a casa do bom senhor, pai e filho seguiram silenciosos pela rua de paralelepípedos, banhada pela luz incandescente do luar. Foi Henrique quem, minutos depois, quebrou o silêncio triste e incômodo:

– Sei que tu não fazes questão de conversar comigo – começou ele, emocionado –, mas preciso te dizer e tu precisas me ouvir. Juntos pudemos salvar uma pessoa, juntos fomos mais fortes do que isolados, juntos fomos mais... Esse é um fato irrefutável!

Ainda que seu orgulho não lhe permitisse, Bernardo admitiu:

– Sim, neste ponto tu tens razão.

– Então me dê uma trégua, Bernardo. Uma trégua para nós. Para que juntos possamos encontrar Helena. Ela deve estar precisando de nós, ou melhor, de ti, que sempre foi tão ligado a ela.

– Sim, eu sinto.

– Então.

– O que sugere?

– Que peguemos o próximo navio para a Europa, e lá tentemos encontrá-la.

O rapaz refletiu por alguns segundos antes de responder:

– Sim, é uma ótima ideia. Essa viagem pode ser também uma

ótima saída para eu esquecer toda tragédia que vivi. Com Helena do meu lado, poderei voltar a me sentir novamente completo.

Mais uns passos e Bernardo lhe fez um alerta:

– Mas sabe, desde já, que quando eu a reencontrar, eu e tu nunca mais nos veremos. Não esperes, por momento algum, que mantenhamos contato, que o que houve entre nós dois seja apagado como se apaga um desenho a lápis com uma borracha.

– Tu ainda és o herdeiro de tudo que possuo. Tu e Helena.

– De ti, eu, pelo menos, não quero nada. Quanto a Helena, isso cabe a ela decidir.

– Está bem. Se assim tu desejas, assim será.

Chegando ao casarão que fora sua morada, até abandoná-lo para morar na sarjeta ao lado de Bernardo, na esperança de vir a conquistar sua amizade, Henrique finalmente leu toda sua correspondência atrasada. Uma das cartas o surpreendeu:

– Bernardo, vê isso! Um colega meu embarcou no mesmo navio que Helena e, sabendo de tudo o que nos aconteceu, achou que eu gostaria de saber onde ela se encontra atualmente.

– Jura? Que notícia mais maravilhosa!

– Ela se encontra em Lisboa, Portugal. Agora a encontraremos com muito mais facilidade.

– Sim.

– Ainda bem que voltei para casa, caso contrário essa carta não teria sido lida.

– Ainda bem... Creio que o responsável por isso tenha sido mais uma vez o Senhor Ubiratan. Graças a ele que...

Bernardo não concluiu seu raciocínio em palavras.

Capítulo 22

Na Europa, enquanto isso, Helena perguntava a Emanuel a respeito de sua ida para a América, que seria para ele, uma espécie de terra prometida.

– Não mais falei a respeito – respondeu ele, prontamente –, pois as únicas vagas de emprego disponíveis no navio eram na fornalha e eu, bem, não tenho experiência com isso.

– Que pena, tu querias tanto ir nesse navio.

– Só porque ele é algo fabuloso. Dizem que nunca se construiu um igual. Comenta-se que as acomodações para a terceira classe são tão luxuosas quanto as da segunda e primeira de outros navios.

– Deve ser luxuosíssimo.

– Sim.

Ele gostaria de dizer a ela que não se importava mais com a viagem, porque se a fizesse se separaria dela o que não queria de modo algum.

Helena, com pena do rapaz, calou-se por instantes.

– O que foi? – perguntou ele, estranhando sua reação.

– É que essa viagem parecia ser tão importante para ti. Parecia, não, ainda é, não é mesmo?

– Sim, mas... Não te preocupes, haverá outra oportunidade.

Helena se levantou, foi até a cômoda e de lá tirou sua bolsa. Voltou a se sentar do lado dele e perguntou:

– Quanto custa a passagem mais barata desse navio?

– Ora, bem, posso me informar. Tu pretendes tomá-lo?

– Eu não, mas tu, sim. Vou pagar para ti a passagem.

– Não, Helena, isso não. O dinheiro vai te fazer falta.

– Tenho lá minhas economias.

– Mesmo assim, não vou me sentir bem, recebendo dinheiro de ti.

– Mas tu foste tão bom para mim.

– Mesmo assim.

Houve uma pausa até ele sugerir, empolgado.

– Por que não vais comigo, Helena? Como te sugeri desde o início. Será uma viagem esplêndida e junto de ti, sentir-me-ei menos só e preocupado contigo. Não quero partir, deixando-te só neste país que ainda é muito estranho para ti.

– Mas...

– Pensa bem, Helena. Na América um servirá de apoio ao outro.

Ela refletiu por instantes e acabou se decidindo. Tirou da bolsa uma quantia maior e entregou a ele:

– Aqui está. Deve ser o suficiente para tu comprares duas passagens na terceira classe deste navio? Quem sabe não é o suficiente para comprar na segunda classe?

– Quer dizer que vais comigo?

– Sim, Emanuel. Penso nessa viagem desde que me falou dela e, bem, pode ser realmente uma ótima ideia para renovar a minha vida.

– Mas esse dinheiro não te fará falta?

– Assim que chegarmos a Nova York teremos de arranjar um emprego de qualquer modo, portanto...

– E se não encontrarmos assim de cara?

– Esse é um risco que teremos de correr. O que achas?

Emanuel, voltando a olhar para o dinheiro nas mãos da jovem, sentiu-se definitivamente empolgado com a ideia.

– Se tu achas mesmo que...

– Essa viagem é o que tu mais queres na vida no momento, não é?

– Sim – mentiu ele, querendo muito dizer a ela que o que ele mais queria, acima da viagem, era ela própria, como sua futura esposa. Conteve-se, mais uma vez para não assustá-la com seus sentimentos.

– Toma o dinheiro e vai comprar as passagens.

– Mas isso é muito! – exclamou ele, assim que ela lhe deu algumas notas.

– Se puderes comprar passagens na segunda classe para nós dois, por favor, faça. Se é para viajarmos no melhor navio do planeta, que façamos em grande estilo.

– Se tu achas mesmo que esse dinheiro não te fará falta...

– Como te disse: ganharemos outro assim que chegarmos a Nova York.

– Tomara!

– Sejamos otimistas.

Ele sorriu, ela sorriu e perguntou:

– Tu me disseste, mas esqueci. Qual é mesmo o nome deste tão fabuloso navio?

– Titanic – respondeu ele com satisfação.

– Titanic?!... Mas que nome pesado para se pôr num navio tão luxuoso, não acha?

– Verdade.

Assim que Emanuel partiu, Helena voltou a pensar na viagem, vendo nela a oportunidade de fugir de uma vez por todas do seu passado tortuoso e dar início a uma nova vida.

Enquanto isso, em alto mar, Bernardo e Henrique seguiam de navio para a Europa, atracando em Portugal, Lisboa, um dia antes da viagem inaugural do Titanic.

Ao localizarem a pousada onde Helena havia se hospedado, os dois souberam, a duras penas, que ela havia partido na companhia de Emanuel, para a Inglaterra, onde apanharia o fabuloso Titanic rumo a Nova York, o mais luxuoso e potente navio já construído até então.

– E agora? – agitou-se Bernardo. – O que fazemos?

– Temos de correr para lá, se quisermos chegar a tempo de

impedir que ela tome aquele navio. Com ela na América, ficará mais difícil de encontrá-la.

– Então vamos!

– O senhor acha que Helena e o tal sujeito com quem ela partiu, para a Inglaterra, bem, eles...

– Tomara que sim, Bernardo. Helena merece ser feliz no amor, reerguer-se totalmente da tragédia que nos devastou no passado.

O rapaz novamente se alegrou com as palavras daquele que o pusera no mundo.

Logo depois de passarem na mansão de Portugal, para apanharem pertences que necessitariam na viagem, os dois partiram atrás de Helena, rezando para chegarem ao porto antes de o navio zarpar. Henrique novamente reviveu o que se passou em Santos, ao tentar impedir Helena de tomar o navio para a Europa.

Se soubessem de antemão que o navio aportaria em Cherbourg-Octeville na França, depois de partir da Inglaterra, teriam tido mais chances de localizar Helena, ainda que já estivesse a bordo do navio.

Pelo caminho, Bernardo, durante um cochilo, despertou gritando, assustado novamente com o mesmo pesadelo que o perseguia desde garoto.

– Bernardo, o que houve? – correu Henrique para o seu quarto conjugado ao dele.

– O pesadelo... O maldito pesadelo que me persegue desde que eu era criança. A mim e a Helena.

– Os com iceberg?

– Sim, com iceberg.

Henrique procurou encorajar o moço, tocando-lhe seu ombro num gesto carinhoso, enquanto Bernardo voltava a respirar com mais tranquilidade.

Southampton, 10 de abril de 1912, o fabuloso Titanic se preparava para sua viagem inaugural de 7 dias até Nova York. Com 269 metros de comprimento por 28 metros de largura e 53 metros de altura, o imponente navio se dividia em dez conveses, sendo o maior transatlântico já construído até então.

Antes de subir a rampa de embarque, Helena voltou seus olhos bonitos mais uma vez para o porto de Southampton, inspirou o ar, apreciando o cheiro de mar e só então caminhou, apoiando-se no corrimão. Dois passos além e ela, subitamente parou.

– O que foi? – estranhou Emanuel, olhando com ternura para a jovem.

– Uma sensação estranha... Como se nunca mais eu fosse rever esse lugar, o que de fato é verdade. Não sei por que me preocupar.

– Para onde vamos, Helena, tu não mais terás tempo para se recordar daqui.

– Acredita mesmo que Nova York seja um lugar tão maravilhoso assim?

– Acredito. Tu verás.

Logo, eles chegaram ao topo do deslumbrante navio que partiu, entre os acenos dos passageiros elegantemente vestidos e seus parentes e amigos que os acompaharam até ali, para lhes desejarem boa viagem.

Em meio ao burburinho, Helena, pensativa, comentou:

– Quantas e quantas cenas como esta este porto já viveu, não é mesmo?

– Sim, o porto é mesmo um lugar de muitas visitas, chegadas e partidas.

– Tal como a vida...

– Sim, Helena. Tal como a vida.

Breve pausa e ele, muito carinhosamente, tocou-lhe o braço e disse:

– Quero te pedir agora que te alegres com a viagem. Que não mais te deixes entristecer pelo que tanto te machucou e ainda te fere na alma. Deixa tudo isso neste porto. Não carregues mais contigo.

– Tens razão novamente, Emanuel. Toda razão.

– Não quero ver-te sofrendo mais, entendes?

Pela primeira vez ela sorriu desde que ali chegaram.

– Sim, meu bom amigo, compreendo. Agora sou eu que não quero fazer desta viagem tão importante para ti, algo chato, por estar na companhia de uma chata.

– Tu nunca me serás uma companhia desagradável, Helena. Jamais.

– Tu és mesmo um moço sem igual, Emanuel. Alguém que merece ser feliz, muito feliz. Sinto-me tão bem por poder ajudar-te a realizar teu maior sonho.

Ele sorriu para ela, emocionado, sentindo mais uma vez vontade de dizer-lhe, o quanto a queria como sua mulher. Para amá-la até o fim da vida, ter filhos com ela, ser feliz ao seu lado. Mas ainda era cedo, ela ainda precisava de tempo para se recuperar do que vivera. Só então ele teria chances, a verdadeira oportunidade de se declarar e ela aceitá-lo como seu. Não havia um porquê para se apressar. Eles ainda tinham todo o tempo do mundo pela frente. Em solo americano, quando prontos para recomeçar a vida, aí, sim, ele lhe falaria do seu imenso amor por ela.

Quando Henrique e Bernardo chegaram ao porto de Southampton, o navio já seguia longe, para decepção dos dois.

– Chegamos tarde demais, que pena – lamentou Bernardo, decepcionado.

– Não te desesperes, meu caro. Iremos atrás dela. Se viemos até aqui, podemos chegar lá também.

As palavras de Henrique conseguiram reacender o entusiasmo no coração de Bernardo.

– Voltemos a Portugal onde pegaremos o que for necessário para tomarmos um navio para Nova York. Não nos atrasemos mais.

E como sempre a esperança reinou no coração de ambos.

Capítulo 23

De volta ao Titanic...

O segundo dia de viagem, amanheceu brilhante, com o sol esplendoroso, iluminando tudo, propício para um passeio pela proa, inspirando o ar puro e fresco do oceano, privilegiando os pulmões dos passageiros com o que havia de melhor na atmosfera.

Helena, sempre disposta a agradar Emanuel, mostrou-se empolgada a conhecer o navio em seus mínimos detalhes.

O salão de baile, a piscina com água azul e cintilante cercada de espreguiçadeiras, mesas de pingue-pongue, não se podia dizer qual ponto do transatlântico era o melhor. Emanuel, diante da empolgação de Helena, elogiou-a em meio a um de seus sorrisos bonitos:

– Muito me alegra vê-la tão entusiasmada com a viagem, Helena.

– Estou, não estou?

– Sim. O que me alegra muito.

Ela novamente se conteve para não dizer-lhe que fazia tudo aquilo para empolgá-lo, também.

No salão de baile, Helena elogiou mais uma vez o lugar. Mesas com toalhas brancas, velas acesas em tubos amarelo-escuros, com ornamento de flores deixavam o lugar ainda mais suntuoso e aconchegante. Os quadros na parede também eram encantadores, perfeitos para decorar as paredes. Tudo feito com muito bom gosto. Havia outras partes do navio que pretendia conhecer mais tarde. Depois que alimentasse seu corpo esfomeado.

– Tu sabias que há cerca de 13 casais em lua-de-mel no cruzeiro?

– Mesmo? Que modo mais interessante de começar a vida de casado, não?

– Sem dúvida.

– Há também um dos homens mais ricos da atualidade à bordo.

– Como sabes disso?

– Ora, conversando com aqui outro ali.

Ela achou graça e disse:

– Há também muitas moças solteiras a bordo, sabias?

– Moças?! De que me servem se estou acompanhado de ti?

Ela novamente sorriu, parecendo novamente a mesma Helena de antes do caos em que se transformara sua vida.

No baile daquela noite, ele a convidou para dançar.

– Dá-me a honra de dançar contigo, mademoiselle?

Ela retribuiu o sorriso. Pegou a mão que ele lhe estendia tão afetuosamente e deixou-se levar até a pista de dança. E assim os dois dançaram, envolvidos pelas lindas canções, tocadas ao vivo por músicos virtuosos.

Ao ver-se tão rente dela, Emanuel sentiu novamente vontade de se declarar para ela, expressar todo o amor que ia fundo em seu coração por sua alma tão bonita. Mas o tempo... Sim, o tempo que a vida ainda lhes permitiria viver, seria mais do que o suficiente para ele lhe fazer tão importante revelação. Em solo americano, quando ela estivesse longe de todo o passado que a atormentava, ela certamente apreciaria melhor essa declaração.

Naquela noite, embaciado pelo crepúsculo, o convés parecia irreal. Foi para lá que os dois seguiram, quando exaustos de dançar, e Helena se sentiu finalmente disposta a se abrir com ele, revelando seu passado tão recente e traumatizante.

– Lembra quando tu me perguntaste sobre o meu passado, que eu parecia fugir dele, esconder algo? Pois bem, tu estavas certo. Venho mesmo fugindo dele há um bom tempo. Não sou viúva como te disse. Sou uma mulher casada e, bem... Vou te contar tudo.

Assim Emanuel soube detalhadamente de tudo o que Helena vivera e tão tragicamente marcara sua vida.

– Eu sinto muito – admitiu o rapaz com lágrimas nos olhos.

– Mas sabe, Helena, que és digna de toda admiração, pois foste capaz de suportar tudo isso, calada. Poucas almas, no teu lugar, teriam a coragem e a força que tiveste.

– Tive de ser, não tive outra escolha.

– Penso que todos nós temos de ser fortes se quisermos realmente viver com plenitude.

– A vida nos faz fortes.

– Sim. A vida... e o amor.

Houve uma pausa até ele perguntar:

– Tu perdoaste a teu pai, digo, o verdadeiro?

– Ele não fez por mal, não tinha como saber do nosso elo. Fomos todos vítimas de vítimas de um destino cruel, da ganância e da paixão que despudoradamente enlouquece os homens e as mulheres.

– Com tão pouca idade, tu falas tão sabiamente, Helena. Admiro-te por isso, também.

– Que bom que ainda posso comover alguém.

Sorrindo lindamente, ele se aproximou dela e quando estava prestes a ceder aos seus desejos, Helena o interrompeu, dizendo:

– Tu és tão bom para mim, Emanuel. Sempre tão bom. Tu mereces o céu e a Terra.

Ele, olhando com admiração mais uma vez para ela, respondeu:

– Tanto assim?

– Sim. Somente os bons e puros de coração devem ganhar as bênçãos dos céus. Não achas?

– Sinceramente não sei, Helena. Mas se eu mereço o céu e a Terra, tu também mereces.

– Não, Emanuel, eu nunca! Desobedeci minha mãe, fui contra seus conselhos tão pertinentes. Se a tivesse ouvido, nenhuma desgraça teria nos acontecido. No fundo, eu fui a culpada por tudo de ruim que nos aconteceu.

– Não penses assim...

– Não é uma questão de pensar, Emanuel. É fato. Qualquer um que souber da minha história, perceberá de imediato que fui eu a culpada por tudo.

– O que importa, minha querida, é que dentre muito em breve, tu estarás recomeçando tua vida e quero ajudar-te no que for preciso para que nunca mais sejas atormentada pelo que passaste.

Novamente ela se sentiu tocada por suas palavras, enquanto ele quis abraçá-la, como se o abraço pudesse libertá-la de todo o mal que vivera recentemente e marcara tanto sua tão preciosa vida.

Naquela noite, na cabine que os dois dividiam, na segunda classe do navio, Emanuel ficou mais uma vez a pensar em Helena, quase sem respirar para poder ouvi-la respirando, macio, quase silenciosamente.

Ele não conseguia deixar de pensar nela, fascinado por sua beleza e sua meiguice que tanto o encantavam.

"Helena...", murmurou em silêncio. "Se um dia tu abrires teu coração novamente para um homem, permite que esse homem seja eu, por favor. Juntos poderemos ser felizes, muito felizes."

E como ele queria que aquilo se tornasse verdade.

Quinta, 12 de abril, terceiro dia da viagem do Titanic... O oceano perdera inteiramente a coloração. Linhas cinzentas se moviam na direção de onde se encontravam. Fazia frio, o vento era cortante. Mesmo assim ela quisera ir até o convés. O que ela fazia ali, era a pergunta que de repente não queria calar dentro dela. Envolta num casaco pesado e com uma estola enrolada em torno do pescoço, quase até o nariz, ela se mantinha ao lado de Emanuel que parecia não se importar com o gelo do lugar.

Foi então que ela notou os capitães de vigia, com binóculos sobre os olhos, atentos ao horizonte.

– Por que ficam de binóculos? – perguntou Helena a Emanuel que, distraído, demorou a ouvi-la.

– Na certa para se precaverem dos icebergs – respondeu ele finalmente, depois de ela repetir a pergunta.

– Icebergs?!

– Há muitos pela travessia e podem ser fatais para um navio, ainda que tão equipado como este. Muitos afirmam, entretanto, que não há nada melhor para se avistá-los, do que a olho nu. Por isso muitos encarregados dos navios, ficam a observar longe, sem ter um binóculo nas mãos.

– E como se garantem caso avistem um à frente?

– Dando três badaladas nos sinos de emergência, o que significa: objeto à frente, perigo de colisão.

– Icebergs... – repetiu Helena, murmurante, arrepiando-se por inteira. E voltou a prestar atenção ao capitão e seus assessores atentos ao longe.

Henrique e Bernardo finalmente chegavam à mansão em Lisboa, tentando não mais pensar na oportunidade que haviam perdido de encontrar Helena.

– Acalma-te – garantiu Henrique tentando reanimar o rapaz ao seu lado. – Partiremos para Nova York ainda esta semana. Quando lá chegarmos, moverei céus e terras para localizarmos Helena por lá. Isso te garanto.

Mesmo acreditando em Henrique, certa apreensão continuava devorando Bernardo por dentro. Como se pressentisse algo de ruim prestes a lhes acontecer. Todavia, guardou segredo do que tanto o perturbava.

Enquanto isso, à bordo do Titanic, os passageiros elegantemente vestidos usufruíam das maravilhas que o imponente navio oferecia a todos. Helena, novamente se sentindo necessitada de ar puro, voltou ao convés. Estava demasiado escuro para que se pudesse ver algo a distância, percebeu ela, voltando novamente sua atenção para aqueles que vigiavam ao longe a aparição de qualquer obstáculo que pudesse prejudicar o percurso do transatlântico.

– Icebergs... Icebergs – murmurou ela, subitamente se recordando dos sonhos pavorosos que tinha com eles desde garotinha.

– Icebergs, Helena? De que icebergs tu falas? – questionou Emanuel, estranhando sua voz e seu semblante.

– Dos icebergs que eu via em meus sonhos, verdadeiros pesadelos, desde garotinha – explicou ela, agoniada, percebendo a seguir o que eles realmente queriam lhe dizer.

Sem mais, ela partiu, estugando os passos, deixando todos que cruzavam pelo seu caminho, ligeiramente assustados com sua aparência e nervosismo. Com o coração disparando no peito, Helena cruzou o saguão com as passadas mais largas que podia dar. Apressou-se na direção da cabine do capitão e quando lá, bateu, insistemente à porta. Como ninguém respondeu, entrou, sem se fazer anunciar, de supetão.

– Icebergs... Icebergs – disse ela, resfolegante.

– Madame...

– Ouçam-me, por favor! – insistiu ela, em tom de súplica.

O capitão Edward J. Smith assentiu rapidamente.

– Madame, acalma-te. (Disse em inglês).

Helena, procurando firmar a voz, tentou lhes explicar seus temores.

– Desde garotinha sou atormentada por um sonho mau. Um sonho com icebergs. Nele me vejo em meio a muitos outras pessoas, com água pelo pescoço, tremendo de frio e gritando por socorro.

De tão nervosa que se encontrava, Helena se esqueceu de que ninguém ali falava sua língua. Somente quando Emanuel se juntou a ela, é que o moço, com seu inglês precário conseguiu traduzir para todos, o que tanto atormentava a passageira.

O capitão tentou se explicar, enquanto Emanuel procurava traduzir para Helena suas palavras.

– Minha senhora, esse é um dos navios mais equipados já construidos até então. Nada de mau pode acontecer a ele, fique tranquila.

Helena não conseguiu, a sensação de que algo de ruim estava prestes a lhes acontecer, persistia em seu coração.

– Acalma-te, Helena e me explica melhor o que pressentes – pediu Emanuel, assim que a levou para longe dali.

Ela, rapidamente atendeu ao seu pedido, sem esconder a ansiedade e o desespero.

– O capitão não te garantiu que o navio é a prova de...

– Mesmo assim, Emanuel. Não é por mim que me preocupo. É por todos esses passageiros e tripulantes. Essas crianças e esses idosos. Se algo acontecer, eles serão os mais prejudicados, pois não possuem a mesma força física que nós, para se salvarem.

– Nada de mau há de nos acontecer, Helena, tu verás!

– Será que há botes salva-vidas para toda tripulação e criadagem?

– Certamente que sim! Um navio desse porte não falharia nesse ponto. Agora acalma-te.

– Penso que deveriam fazer, pelo menos, um treinamento para emergências...

– Haveria.

– Haveria?

– Sim, mas por alguma razão o capitão mandou cancelar.

– Que pena. Isso não é certo.

Observando melhor os barcos salva-vidas, Helena concluiu que eles não seriam suficientes para toda a tripulação em caso de emergência. Ela estava certa: os barcos só conseguiriam salvar 50% dos passageiros, isso se fossem bem aproveitados. O navio tinha capacidade para carregar 64 botes salva-vida, mas só tinha 20 por contenção de gastos.

Enquanto isso, o capitão prosseguia viagem com o transatlântico na velocidade máxima.

14 de abril, 18 horas, 4 dias depois do Titanic ter deixado Southampton. Nenhum dos passageiros e tripulantes fazia ideia de que estavam a poucas horas do seu fim.

21:00 horas e a maioria dos passageiros aproveitava do melhor que o navio podia lhes oferecer: música ao vivo da melhor qualidade, jantares com pratos maravilhosos, ambientes luxuosos para todos jogarem conversa fora à vontade. Falava-se de tudo ali, desde futilidades a assuntos mais sofisticados.

O navio SS Californian que também atravessava o mesmo oceano, havia acabado de informar aos demais navios que faziam o mesmo percurso, que tivessem cuidado com três enormes icebergs, evitando assim uma possível colisão. A equipe do Titanic infelizmente ignorou o aviso.

As 22:30, precisamente, o SS Californian se viu impossibilitado de continuar sua viagem ao se ver diante de um iceberg gigantesco, especialmente em largura. Às 22:55 o telegrafista do navio avisou mais uma vez quem estivesse na redondeza que sua embarcação estava parada, cercada por monstruosas plataformas de gelo. O operador de rádio do Titanic, no entanto, novamente não deu a devida atenção à informação.

Enquanto isso, muitos dos passageiros do Titanic continuavam desfrutando das maravilhas do colossal navio.

Quando o capitão do navio e seu subordinado avistaram o iceberg, a comoção foi total. Imediatamente acionaram os sinais de emergência para que parassem as máquinas antes que o navio colidisse com tão inesperada e monstruosa rocha de gelo.

O certo teria sido avisar a respeito, com no mínimo trinta minutos de antecedência, mas estavam a praticamente meros segundos de uma possível colisão.

Os freios funcionaram a tempo, porém, ao contornarem o vasto iceberg, parte dele perfurou a o casco do navio, permitindo que a água invadisse o seu interior em grande escala.

Por ser o Titanic, enorme, a maioria dos passageiros não percebeu o que havia acontecido. Certo tremor foi sentido por alguns, mas poucos deram devida atenção ao fato.

Levou tempo para que os passageiros percebessem o estrago. Quando aconteceu, o desespero começou a tomar conta de todos. Gritos ecoavam pelos corredores e proa e logo foi decidido que as mulheres e crianças teriam prioridade em relação aos botes salva-vidas.

Por muitos acreditarem piamente que o navio era inafundável, preferiram permanecer sobre ele, do que se espremerem em seus botes salva-vidas.

Emanuel pegou no braço de Helena, que ajudava muitos a tomar os botes e foi franco:

– Vai. Agora é tua vez.

– Não! – respondeu ela, sem titubear. – Eu não mereço. Sou uma pecadora. Isto é um sinal de que não há como fugir dos meus pecados. Sou uma mulher amaldiçoada. Não há salvação para mim.

Emanuel, furioso, entre dentes respondeu:

– Achas mesmo que todos aqui são pecadores? Por isso estão na mesma situação que tu? O que chamas de pecado, tu não fizeste por mal. Seguiu apenas o que ditava o teu coração. Deus não pode culpar-te pelo que houve. Somente tu, e tu estás errada por te culpares assim. Salva-te.

– Não! Tu vais no meu lugar.

– Não, Helena. A regra é bem clara. Mulheres e crianças têm prioridade.

– Não. Eu não vou!

E ela se desvencilhou das mãos dele e continuou ajudando todos.

Os gritos eram aterrorizantes enquanto o Titanic ia afundando cada vez mais. Nesse ínterim, os músicos contratados para abrilhantar os bailes, haviam subido ao convés, onde ficaram tocando na esperança de apaziguar o caos generalizado.

Uma hora, diante de tudo aquilo, Helena haveria de perder a força, e quando aconteceu, chorou, e recuou até um local onde pudesse derramar seu pranto sem ser vista por Emanuel.

– Acabou, meu Deus. Acabou! – suspirou ela, vendo sua vida toda passar pela sua mente, na velocidade de um raio, desde quando os pesadelos com icebergs começaram a atormentá-la.

– Perdão, Pai... – falou ela, elevando seus pensamentos a Deus. – Perdão por eu ter pecado... Por não ter ouvido minha mãe... Por ter me entregado a uma paixão desenfreada... Perdão.

Quando voltou a si, Emanuel estava na sua frente, mirando seus olhos avermelhados de tanto chorar quanto os dele.

– Salva-te, Emanuel – suplicou ela, chorosa.

Ao que ele respondeu, prontamente:

– Não sem ti, Helena. Vem! Dá-me tua mão.

Ele a puxou para junto dele e a abraçou calorosamente.

– Ah, Helena, minha Helena... Não tive a oportunidade de viver ao teu lado por muito tempo, mas pelo pouco que vivi, foi o suficiente para te amá-la. Sim, eu te amei. Imensamente. Te amei calado, te amei sofrido, mas te amei. Ainda te amo.

– Então me abraça forte, Emanuel. Por favor.

Ele fez, mais forte que pôde e murmurou, emotivo:

– Eu te amo, te amo, te amo...

O amor, pensou Helena naquele instante. O amor que ela tanto sonhou viver estava prestes a ser destruído novamente pelas mãos do insuperável destino. Destino que jamais quis vê-la feliz no amor.

18 botes salva-vidas e jangadas desceram à água com somente 700 pessoas a bordo, dentre elas, tripulação e equipe. Muitos dos

que não encontraram lugar ali, com ou sem salva-vidas, jogaram-se na água gelada do oceano, com temperatura de aproximadamente -2 °C, que matou a maioria por hipotermia em aproximadamente 15 minutos. A sensação que se tinha em meio àquela água insuportavelmente gelada, era de que 1000 facas estavam simultaneamente perfurando seus corpos. Puro horror. Muitos também morreram afogados por não saberem nadar.

Dos botes salva-vidas, os que ali estavam puderam assistir a triste cena do maior navio do mundo, apagando sua luz por completo, quebrando-se ao meio e afundando horizontalmente, indo parar a 4 km abaixo do nível do mar. Nessa hora, muitos dos que se mantiveram sobre o navio, por medo de pularem na água, por acreditarem que ainda podiam sobreviver ali, acabaram despencando do transatlântico quando ele tombou de uma vez por todas, para afundar na água gelada do oceano.

Apesar do acidente ter ocorrido em torno das 23:40h, o resgate só foi chegar às 4 da manhã, pelo navio Carpathia.

Desinformação e apreensão marcaram a espera das famílias das vítimas do naufrágio. A chegada do Carpathia com os sobreviventes, parou Nova York. Mais de 30.000 pessoas acotovelaram-se na região do Píer 54 para receber todos. Médicos, enfermeiras, autoridades, membros do Exército da Salvação e diversas associações de moradores e imigrantes estavam a postos para prestar socorro e fornecer roupas e alimentos aos sobreviventes. Alguns sobreviventes, em estado de choque, foram internados num dos hospitais da cidade.

Se a lúgubre chegada do Carpathia cravou um punhal no coração dos nova-iorquinos, do outro lado do Atlântico, em Southampton, na Inglaterra, ponto de partida da fatídica viagem do Titanic, o luto foi ainda maior. Quatro em cada cinco tripulantes do agora naufragado transatlântico provinham da cidade, cuja larga tradição de navegação datava desde o império romano.

Dos 890 profissionais em serviço, apenas 214 sobreviveram.

A partir do dia 17 daquele mês, os nomes dos tripulantes que pereceram no navio foram totalmente divulgados.

Capítulo 24

Em Portugal, nesse ínterim, Bernardo voltou para a mansão da quinta, trazendo consigo o jornal da manhã. Quando Henrique o viu, soube imediatamente que algo de muito grave havia acontecido.

– Bernardo...

Ele não conseguia falar. Tremia por inteiro, dava pena de ver.

– Bernardo, meu... filho...

O rapaz finalmente estendeu a ele o jornal, onde mostrava a naufrágio do imponente navio.

– Não pode ser... – gaguejou Henrique, trêmulo. – Não!

Ele correu os olhos pela manchete, devorando cada linha, cada palavra.

– Há sobreviventes, está escrito aqui! Helena tem de estar viva, Bernardo! Viva! – gritou ele, rindo e chorando ao mesmo tempo.

Jogando o jornal num canto qualquer, Henrique segurou firme os ombros do jovem e disse, com toda esperança que ainda lhe restava:

– Ela deve ter sobrevivido, Bernardo. Era jovem demais para morrer dessa forma. Jovem demais...

O rapaz não soube mais o que dizer. Ambos sentaram-se no sofá, onde ficaram por horas, alheios a tudo mais que se passava a sua volta.

A dor que ambos sentiram com a notícia, propagou-se durante os dias que levaram para tomar conhecimento dos nomes daqueles que haviam sobrevivido a uma das maiores tragédias da humanidade. O nome de Helena Mietto constava apenas na lista dos mortos no naufrágio.

– Acabou – admitiu Bernardo, sentindo-se derrotado na alma. Ao voltar os olhos para Henrique, branco de desgosto, ele tentou encorajá-lo de alguma forma: – Eu sinto muito.

Vendo que o homem parecia em transe, ele tocou seu ombro e disse:

– Vem cá.

Visto que ele não se moveria, Bernardo o abraçou, forte e chorou com ele a triste notícia.

– Ela era tão linda... Tão perfeita... Tão... – balbuciou Henrique, em meio a um pranto agonizante.

– Eu sei.

Ambos continuaram abraçados, buscando por palavras que pareciam não existir, pela esperança que jamais voltariam a encontrar na vida.

– Só agora percebo que o sonho com os icebergs fora sempre um presságio, um aviso. Pena que não soubemos interpretar o pesadelo como deveríamos ter feito, antes da tragédia ter acontecido.

– Uma pena...

Dias depois, o relógio de pêndulo havia acabado de anunciar as horas, catorze horas, quando Henrique recebeu uma visita inesperada.

– Há uma visita para o senhor – anunciou o mordomo.

Nem bem o homem falou, uma senhora fazendo uso de uma bengala invadiu a sala. Ao seu lado estava uma das filhas. Henrique as reconheceu no mesmo instante, tratava-se da mãe e da irmã de Maria Rita sua primeira esposa.

– A senhora aqui...

– Soube que havia voltado – começou ela sem reticências. – Vim ver meu neto. Ando estranhando sua demora para me visitar.

Henrique não esperava por aquilo. Em meio a todos os dramas que vivera nos últimos tempos havia se esquecido daquele porme-

220

nor. A mulher, voltando a atenção para Bernardo, inquiriu:

– Quem é o gajo?

– É meu filho – aduziu Henrique ainda que incerto se deveria dizer-lhe a verdade tão explicitamente.

A mulher, olhando aterrorizada para ele, indagou:

– Teu filho?! Quer dizer que tiveste outro filho antes de se casar com minha Maria Rita?

– Eu não sabia.

– Não sabias?

Henrique tentou se explicar, contando toda sua história, envolvendo Beatriz, mas a senhora não suportou ouvir tudo por completo.

– Responde-me agora onde está o meu neto – grasnou a mulher, enervando-se ainda mais.

E quando o homem que ela tanto desprezava, que um dia fora seu genro, contou-lhe a verdade, a filha precisou acudi-la. O pranto a seguir foi inevitável. Por minutos todos se conservaram em silêncio, chorando copiosamente.

– Tu és amaldiçoado – tornou a mulher, quebrando o silêncio funesto do local. – E és amaldiçoado por não prestares, por seres um pecador, um enviado dos infernos.

Voltando-se para Bernardo, que também se mostrava penalizado e chocado com a reação da mulher, ela também lhe foi franca e direta:

– Afasta-te dele, o quanto é tempo. Ele não traz felicidade para ninguém. Não trouxe para minha filha, não trouxe para meu neto, não trará para ti também. Afasta-te enquanto há tempo.

Sem mais, ela partiu amparada pela filha que a acompanhara até ali.

Assim que ela se foi, Henrique voltou-se para Bernardo e se fez sincero também:

– Ela tem razão em tudo que disse a meu respeito. Não disse nada, porque sabia que ela estava certa.

Bernardo permaneceu em silêncio, julgar nunca era procedente, assim havia aprendido com o Senhor Ubiratan.

Dois meses depois do fatídico acidente, Henrique Quaresma Assunção questionou o filho a respeito de seu futuro.

– O que pretendes fazer de agora em diante, Bernardo?

– Eu... sinceramente não sei. Depois da morte de Helena fiquei ainda mais desnorteado do que já estava. Ainda custa-me acreditar que ela tenha morrido; que todos que eu tanto amava tenham morrido em tão pouco tempo.

– Existe ainda uma pessoa que o ama, muito, aguardando por ti.

O rapaz olhou novamente com mais atenção para ele:

– Estás falando da Lídia?

– Dela mesma. Há uma diferença entre a tua história e a minha com tua mãe, Bernardo. Tu amas uma jovem que te ama reciprocamente. É a família dela que não quer o casamento. Tu não queres a família dela para te casares, queres apenas a ela como tua esposa, portanto...

– Queres dizer que...

– Quero dizer que tu deves voltar para o Brasil e te casares com ela de alguma forma. Tu a amas, não a amas?

– Sim, claro, mas...

– Então vai atrás do teu amor, antes que seja tarde demais.

– Mas a família dela...

– Esquece a família dela, Bernardo. Pensa nela, somente nela e em ti.

Houve uma pausa até o jovem perguntar:

– O senhor volta comigo?

– Não. Tu irás só.

– Por quê?

– Porque lá só há tristeza e saudade do que não vivi. Aqui, longe de tudo, sinto-me menos pior.

Henrique respirou resignado enquanto o filho, imprimindo um tom calmo à voz, falou:

– Eu sinto muito.

– Sentes mesmo?

– Sim, nas últimas semanas em que passei ao teu lado, acabei aprendendo a ver-te de outra forma. Sei que sofres tanto quanto eu

222

por Helena... Nossa querida Helena... Pobrezinha. Quando penso na morte horrível que ela teve...

– Nem fales. É triste demais.

Os dois quedaram pensativos, até Henrique admitir, em tom de desabafo:

– Teu pai, Miguel, eu digo, teve uma vida mais feliz do que a minha. Pois pelo menos foi feliz ao lado de tua mãe por mais de vinte anos e ao lado de ti e de Helena, aos quais ele amou verdadeiramente como filhos. Eu fui infeliz ao lado de minha esposa que morreu cedo, por não conseguir me fazer feliz, e também por eu ter perdido o filho que ela me deu e eu tanto amei.

– A vida te foi ingrata.

– Sabe qual é a verdade, Bernardo? É que desde garoto todos que eu queria bem morriam cedo ou se afastavam de mim. Devo ser mesmo indigno da felicidade que tanto almejamos.

Novamente o rapaz sentiu pena daquele que o havia trazido para o mundo em meio a um desejo intenso de conquistar a mulher por quem se apaixonara perdidamente.

Nos dias que se seguiram, Bernardo ficou entre o "voltar" e o "não voltar para o Brasil", na esperança de convencer os pais de Lídia a deixá-lo casar-se com a moça. Quando optou por voltar, um episódio inesperado o prendeu ali. Henrique subia a larga escada de mármore branco, que levava ao andar superior do casarão, por entre a belíssima passadeira na cor vermelha, apoiando-se no corrimão dourado de metal, quando uma repentina visão o assustou, a ponto de fazê-lo desequilibrar-se e, por pouco, não rolar escadaria abaixo.

O mordomo correu para ajudá-lo, juntamente com uma das criadas. Bernardo não estava na casa nesse instante. Quando chegou, ao ser informado do ocorrido, correu até o quarto onde encontrou Henrique acamado.

– O que houve? – questionou, verdadeiramente preocupado.

Henrique, muito calmamente respondeu:

– Apenas um mal-estar, só isso.

– Não seria melhor chamar um médico?

– Não há necessidade. Logo passa.

– Se tivesse sido realmente apenas um mal-estar, tu não estarias nesta cama, com essa palidez no rosto e esse olhar avermelhado.

– Não te preocupes.

– Conta-me a verdade. Não estás bem de saúde. Vou mandar chamar um médico agora mesmo.

– Bernardo, não te preocupes. Pensa na tua volta para o Brasil. Receio que se não fores agora, percas tua amada por má influência dos pais dela.

O olhar do rapaz, penetrante e firme, deteve-se por instantes no rosto do homem acamado que continuava lhe dando a impressão de que escondia alguma coisa dele.

Ao deixar o quarto, os empregados informaram o jovem a respeito do que realmente vinha se passando com o dono da casa. Aquela não fora a primeira vez em que ele passara mal. Vinha acontecendo constantemente nas últimas semanas. Bernardo, verdadeiramente preocupado com Henrique voltou ao quarto para questioná-lo a respeito. Foi então que ele, muito envergonhado se abriu com o rapaz.

– Não gostaria de falar a respeito, para que não penses que estou enlouquecendo.

– Enlouquecendo? Por que haveria eu de pensar algo assim de ti? Segundo o Sr. Ubiratan, não devemos julgar os outros, lembra?

– Sim, mas...

– O que anda realmente acontecendo contigo?

Um tanto constrangido, Henrique acabou desabafando:

– Tenho visto vultos pela casa, em diversos momentos...

– Vultos... O que queres dizer com isso?

– Bobagem minha. Deve ser minha cabeça... Não anda bem depois de... Tu sabes.

– Faz-te mais claro, por favor.

O homem, muito sem graça, fugindo do seu olhar, procurou esclarecer:

– É tua mãe, Bernardo. Vejo-a pela casa, olhando para mim com seus olhos lindos e tristes... Muito tristes. Não posso estar ficando louco. Não, isso não. Se eu não soubesse que ela havia morrido, eu poderia jurar que é ela mesma quem anda me perseguindo, por me culpar por tudo de ruim que lhes aconteceu.

– Minha mãe...

– A própria. Mas não te preocupes mais. Eu hei de ficar bem. Com o tempo, eu hei de melhorar.

No minuto seguinte, cada qual ficou engolfado nos seus próprios pensamentos até Bernardo ressurgir para a realidade, dizendo:

– Lídia era adepta do Espiritismo. Ou melhor, ainda é. Muito me falou sobre vidas passadas e conexão entre os mortos e os vivos.

– Certamente que já ouvi falar a respeito, mas nunca dei importância... Acho que sempre fui cético demais para assuntos deste perfil.

– Ocorreu-me agora que, talvez, minha mãe não o esteja procurando para te assombrares e, sim, para te dizer alguma coisa. Alguma coisa importante.

– Dizer-me?

– Sim, por que não?

– Mas tua mãe me odiava, sempre me odiou. Teria sido capaz de me perdoar depois de morta, nesse lugar que dizem existir além da morte?

– Precisamos descobrir. Tenho uma ideia de como podemos fazer isso.

Foi então que Bernardo procurou por pessoas que se diziam médiuns, na esperança de descobrir o que realmente estava se passando com o espírito de Beatriz. Nessa época, as sessões espíritas aconteciam geralmente na casa dos próprios médiuns ou daqueles que se interessavam em recebê-los.

Foi descoberto então o que Bernardo já presumira. O espírito de Beatriz se mostrava realmente inquieto com algo. Atormentado por algo. O médium questionou se ela vinha aparecendo para Henrique, nos últimos tempos, por raiva do que ele, direta ou indiretamente havia lhe feito. A resposta precisa só chegou realmente quando Bernardo ousou pedir ao médium que se comunicasse com Helena, o que não conseguiu, por mais que tentasse.

– Deve ser porque faz muito pouco tempo que ela desencarnou – explicou-lhe o sujeito.

– O Senhor acha mesmo?

O homem pareceu em dúvida quanto a afirmar que "sim" com precisão.

– Ainda que minha mãe, após o desencarne, tenha perdoado ao meu verdadeiro pai, não faz sentido algum para mim, o espírito dela permanecer atrás dele, presa àquele casarão. Se ela está lá é porque está tentando nos dizer alguma coisa. Penso agora, depois de o Senhor ter tentado se comunicar com minha irmã e não ter conseguido, que minha mãe anseia em nos dizer que Helena não morreu. Helena está viva!

Henrique olhou espantado para o filho.

– Bernardo, mas na lista do sobreviventes do naufrágio não consta o nome da tua irmã. Só constou mesmo na lista dos que pereceram com o acidente.

– De qualquer modo, para mim, mamãe está querendo nos dizer que Helena está viva. Apesar das evidências, ela continua viva.

Ele tomou ar e completou, decidido:

– Penso que deveríamos nos esforçar ao máximo, a partir de agora, para a localizarmos.

E a empolgação que o rapaz imprimiu na voz contagiou Henrique totalmente. Desde então, os dois não pouparam esforços para localizar a jovem, tanto na América quanto na Europa, caso tivesse voltado para lá.

Nesse ínterim, a carta que Bernardo escrevera para Lídia foi interceptada pela mãe da moça que, ao lê-la, assustou-se com a reviravolta que novamente teve a vida do rapaz. Ao saber de sua intenção de se casar com Lídia, assim que regressasse ao Brasil, ela imediatamente conversou com o marido e juntos determinaram que a filha deveria se casar mesmo com o rapaz que eles haviam escolhido e determinado para ela.

– Eu amo o Bernardo e vou aguardar por ele. Ele há de voltar – defendeu-se Lídia com lágrima nos olhos.

– Eu e teu pai não te daremos a bênção para te casares com aquele rapaz cuja desgraça parece persegui-lo aonde quer que vá, como fez com todos os outros membros de sua família. Se casares com ele, estarás desgraçando tua vida e a nossa. É isso que tu queres para ti e para nós, teus pais, que sempre te amamos e quisemos somente o melhor para ti?

A moça se sentiu mais uma vez encurralada, sem saber novamente por onde escapar daquela situação.

Depois de muito procurarem por Helena, Bernardo e Henrique não conseguiram encontrar nenhuma pista dela, concluindo, infelizmente, que o que pensaram a seu respeito fora puramente fruto da esperança que muito raramente se apaga no coração dos seres humanos. Até mesmo anúncios em jornais, procurando por uma jovem chamada Helena Mietto que estivera à bordo do Titanic, foram postos na esperança de localizá-la. Ali se dizia também que a jovem poderia ter perdido a memória diante do choque que levou com o naufrágio. Os anúncios foram lidos por muitos, mas nenhum sinal de Helena foi obtido.

Bernardo, por não ter recebido nenhuma resposta a sua carta enviada para Lídia, decidiu lhe escrever mais uma por achar que a anterior houvesse se extraviado. Logo em seguida lhe escreveu outra para a qual também não obteve nenhuma resposta. Nesse período, Bernardo e Henrique se aproximaram ainda mais um do outro. Bernardo lia-lhe os periódicos em voz alta e a seguir, debatiam os temas publicados. Henrique lhe era sempre muito gentil, porém, preocupava-se, cada dia mais, com a felicidade do rapaz. Por isso insistia que voltasse ao Brasil na esperança de reaver sua amada.

– De que me adianta voltar, meu Senhor, se Lídia nunca respondeu as minhas cartas? – defendia-se Bernardo, tristemente.

– Ela talvez não as tenha recebido. Tu deverias escrever para ela novamente.

– Já fiz três vezes e nunca obtive resposta. Se ela nada me respondeu foi porque realmente desistiu de mim. Preferiu dar outro rumo à sua vida.

– Talvez...

Dias depois, Henrique recebia uma carta resposta a sua, que havia mandado para seu fiel empregado no Brasil, a fim de obter informações da jovem Lídia Piovesan.

– Bernardo, ouça isso. Escrevi para Santos, a fim de saber sobre sua adorada jovem e eis o que me foi informado.

Bernardo surpreendido com a atitude de Henrique, ouviu atentamente o que ele tinha a lhe relatar.

– Segundo consta, Lídia Piovesan decidiu ser freira depois de ser forçada pelos pais a se casar com um sujeito que eles acreditavam ser o ideal para se tornar seu marido.

– Freira?

– Diz a carta que a jovem reside atualmente num convento em São Paulo.

– Não posso acreditar que Lídia tenha se decidido a...

– Penso que essa foi a única maneira que ela encontrou para não se casar com quem não queria. Com quem seus pais a forçaram a se casar.

– Sim, mas...

– Penso também que ela não se casou com este sujeito porque ainda o ama. Se eu fosse tu, voltava para o Brasil agora mesmo para apurar os fatos o quanto antes.

– Mas...

– Nem mas nem meio mas, meu rapaz. Tu ainda amas essa rapariga, não amas? Então não percas mais tempo. Vai atrás dela. Antes que seja tarde. Eu já estou melhor de saúde. Parte o quanto antes.

Bernardo ainda era completamente apaixonado por Lídia e as palavras de Henrique, ditas com tanto entusiasmo e precisão conseguiram finalmente fazê-lo tomar uma atitude em relação à sua vida amorosa.

Capítulo 25

Ao chegar a Santos, Bernardo tentou, a todo custo, descobrir o endereço do convento em que Lídia se encontrava; quando não conseguiu, viu-se obrigado a ir a casa de sua família tentar obter a informação. A mãe da moça, ao vê-lo, arrepiou-se da cabeça aos pés.

– Tu, aqui? Pareces mais uma assombração.

– Vim saber onde posso encontrar Lídia. Vim da Europa à sua procura. Exclusivamente para revê-la.

– Minha filha não te quer. Vai-te embora.

– Não, Senhora. Eu a amo. Sei também que ela me ama...

– Tu carregas no sangue um pecado mortal, por isso tua família foi desgraçada.

– Ainda assim eu amo Lídia.

– Deixa-a em paz.

– Se ela me pedir para deixá-la em paz, farei, com certeza. Mas preciso ouvir de sua boca este pedido.

– Pois de mim, nem de nenhum membro desta família, tu obterás o endereço dela.

– Eu hei de obtê-lo mesmo assim.

– Se tu amas mesmo minha filha, poupa-a da tua maldição. Se ela casares contigo, será tão desgraçada quanto tua família.

As palavras da mulher tocaram Bernardo profundamente, provocando-lhe medo mais uma vez de ela estar certa. Deveria ele seguir seu conselho? Proteger Lídia de um mal maior que ele pudesse fazer a ela? Bernardo voltou para sua casa, pensativo. Atravessara o oceano para reencontrar a jovem amada e dizer-lhe que ainda a amava, desesperadamente... Seria justo agora desistir de tudo pelo medo de ele ser realmente uma alma amaldiçoada? Ah, se alguém pudesse ajudá-lo naquele instante, alguém... Foi então que ele se lembrou do Senhor Ubiratan e foi procurá-lo. O reencontro dos dois foi algo de emocionante e comovente.

– Não sabes o quanto me alegra rever-te, meu rapaz. Ver-te também sadio e renovado.

Bernardo lhe agradeceu os elogios e compartilhou seu drama com o amigo.

– Queres minha opinião sincera? – indagou o bom velhinho. – Vai atrás dela, ouve dela mesma o que realmente pensa a respeito de vocês.

– O senhor acha, então, que...

– Sim, meu jovem. Se tu amas essa jovem com tanto ímpeto, segue o que dita o teu coração. Um dia tu e teu pai me salvaram de uma situação perigosa, hoje, sou eu quem pretendo salvar-te de um destino triste e solitário.

– Como hei de descobrir o endereço do convento?

– Eu posso ajudar-te. Sou um velho, com uma desculpa qualquer posso me achegar à família da moça e descobrir o que necessitas.

E foi assim que Bernardo conseguiu encontrar o paradeiro de Lídia Piovesan.

Ajoelhada diante da imagem da Virgem Maria, Lídia, trajando as vestimentas de uma noviça, orava, fervorosamente com as mãos unidas. Foi então que a porta da capela se abriu, como se aberta por uma forte rajada de vento.

– Lídia! – ecoou a voz de Bernardo pela abóboda do lugar.

A moça estremeceu ao seu chamado, voltando-se para ele como que num sonho, em que tudo parece acontecer lentamente. Ao vê-lo, ela imediatamente levou as mãos à boca, contendo uma exclamação, um suspiro, um grito.

Libertando-se da repentina e sinistra paralisação de seus músculos, Bernardo deu um passo, depois outro e correu até ela. Mirando seus olhos pôs-se a murmurar palavras que não soaram altas o suficiente para serem ouvidas.

– Deus meu, pensei que nunca mais a reencontraria.

– Tu... – ela tentou, mas não teve forças para expressar seus sentimentos em palavras.

Ele então a abraçou, forte, como fariam duas crianças amedrontadas, que se reencontram após longas e terríveis horas de separação.

– Eu precisava ver-te – continuou ele, afoito. – Há muito tempo que já queria ter vindo atrás de ti, mas como tu não respondeste a minhas cartas...

– Nunca recebi carta alguma. Pensei até que houvesse te esquecido de mim.

– Não, meu amor. Nunca.

Ele novamente mirou fundo os olhos dela e perguntou, sem esconder a ansiedade:

– Tu ainda me amas? Tu ainda me queres?

– Sim, meu amor. Só vim parar aqui porque achei que tivesses desistido de mim. Também para não me casar com quem meus pais tanto queriam que eu me casasse. Como poderia eu me casar com outro, amando-te? Nunca!

Nisso, ambos foram interrompidos pela chegada de duas noviças que se horrorizaram ao verem um estranho abraçado a uma de suas colegas. Houve muita confusão a seguir, pois Bernardo havia pulado o muro para poder adentrar o convento, assim que negaram sua entrada no local.

Horas depois, na carruagem a caminho de Santos, Bernardo desabafava com sua amada:

– Todos devem ter-me julgado um louco, pela maneira como invadi o convento, algo que jamais sonhei fazer, em circunstâncias normais. Porém, se eu não fizesse...

– Foi a coisa mais audaciosa que já vi na vida. A mais audaciosa e surpreendente. Adorei!

Ele apreciou suas palavras por meio de um sorriso bonito e comentou, a seguir, com um quê de tristeza:

– Eu não quis acreditar que tivesses me esquecido. Que tivesses preferido outra vida além da que desejou ter ao meu lado.

Ela afagou-lhe o rosto e disse:

– Foi a única forma que encontrei para impedir que minha família me forçasse a me casar com outro. Foi só por isso. Cada minuto que passei longe de ti parecia destruir um pedaço de mim.

Temi que não voltasse a tempo de me encontrar inteira.

– Pois aqui estou e de ti não mais me separarei.

Ele então lhe beijou os lábios, expressando todo o seu amor por ela, até se recordar de algo importante. Enfiou as mãos no bolso de onde tirou a aliança que há muito guardara para pedi-la em casamento. O modo com que ele pegou sua mão e lhe pediu majestosamente: "Casa-te comigo?", encheu a moça de súbita e gloriosa alegria.

– É claro que sim, meu amor. Serei tua esposa com muito gosto.

Abriu-se aquele sorriso mágico no rosto dele, por entre a barba cerrada que ele deixara crescer nos últimos tempos. Nesse instante, Bernardo foi capaz de antever o futuro que teria ao lado da mulher amada, relampejando através de sua mente apaixonada e pura.

– Eu te amo, Lídia Piovesan.

– Eu também te amo, Bernardo Mietto.

E novamente os dois se beijaram.

– Vamos passar a lua de mel na Europa se tiver a coragem de enfrentar uma viagem de navio até lá.

– Vamos, sim. Ao teu lado tenho toda coragem do mundo.

– A essa altura já deves saber que Henrique Assunção é meu verdadeiro pai, não é?

– Sim. Tu mesmo me contaste antes de partir.

– É verdade. Havia me esquecido. Também com tantas reviravoltas em minha vida.

– Pois bem... – o rosto dele entristeceu.

– O que foi?

– Helena... Minha irmã querida. Se tu não leste nenhuma das cartas que te enviei então não sabes que ela morreu no naufrágio de um navio. O famoso Titanic. Tu com certeza deves ter ouvido falar a respeito.

– Sim. Quem não ouviu? Foi notícia em todos os jornais.

– Pois bem... Vou te contar tudo.

A seguir Bernardo resumiu os acontecimentos. Ao término, Lídia tão lacrimejante e arrasada quanto ele, tentou confortar o rapaz:

– Eu sinto imensamente. Eu também adorava Helena. Sempre fomos grandes amigas. Que fim mais triste o dela!

– Sim, horrível, pavoroso. Helena não merecia. Não, depois

de tudo que passou.

– A vida é mesmo muito injusta para muitos.

Ele abaixou a cabeça, incerto se deveria ou não contar à moça a respeito do que a mãe dela havia lhe dito, em tom de alerta.

– Assim que cheguei a Santos, fui à casa de teus pais na esperança de conseguir teu endereço. Tua mãe me negou no mesmo instante e me pediu para me afastar de ti, por acreditar que teu envolvimento comigo poderia desgraçar tua vida, assim como aconteceu com os demais membros da minha família. As palavras dela mexeram tremendamente comigo. Penso, no íntimo, que ela está certa. Que eu e os meus somos mesmo um bando de desgraçados. Como negar depois de tanta tragédia envolvendo a todos nós?

Ele, mirando fundo novamente os olhos dela, completou:

– Ouve-me Lídia, ouve-me bem. Será que deves mesmo te casar comigo? Será que tua mãe não está certa? Será...

Ela o impediu de prosseguir, colocando delicadamente seus dedos mimosos por sobre seus lábios.

– Não complete a frase – pediu-lhe, amorosamente. – Nada me fará mudar de ideia. É contigo que quero me casar. Estou decidida a isso. Porque te amo, porque sempre te amei. Por isso não tenho medo. Ainda que haja tormentas, estou disposta a enfrentar todas elas de peito aberto. Com a cara e a coragem que terei por te amar.

– Tens certeza?

– Absoluta! Pelo nosso amor sou capaz de tudo ao teu lado.

– Tu me comoves com tuas palavras.

Ela afagou seu rosto e, dessa vez tomou a iniciativa de beijá-lo, enquanto novas lágrimas rolavam por sua face bonita e jovial.

– Quero voltar para Portugal – prosseguiu Bernardo, minutos depois –, também para dar apoio ao Henrique. Depois de conviver com ele, aprendi a vê-lo com outros olhos. Ele é tão frágil quanto qualquer um de nós. Não mais lhe quero mal. Além do mais, ele já sofreu tanto pelos males que causou ao próximo... Foi ele também o responsável, de certo modo, pela nossa união. Ele acreditou o tempo todo que minhas cartas não haviam chegado a ti e que eu deveria apurar o caso, voltando para o Brasil.

– Que bom que tu encontraste compaixão em teu coração, Bernardo.

– Compaixão, sim, Lídia. Perdão, já não sei se poderei lhe dar.

– O tempo é o senhor dos mestres, não é o que dizem?

– É o que dizem.

– Então, dê tempo ao tempo.

E Bernardo novamente apreciou as palavras da jovem.

Ao chegarem à cidade, a carruagem os levou direto à casa da família de Lídia onde ela surpreendeu seus pais com sua chegada repentina e sua decisão:

– Papai, mamãe, venho até aqui pedir a bênção de vocês para me casar com Bernardo Mietto.

– Isso nunca! – bramiu a mãe, inflamando-se toda. – Se casares com este moço, estarás desgraçando a tua vida. Como freira tu serás mais digna diante dos olhos de Deus.

– Essas são suas últimas palavras, mamãe?

– E as de teu pai também.

– Então não me resta outra solução senão me casar com Bernardo sem receber a bênção de vocês dois.

– Lídia – chamou a mãe, novamente em tom de reprimenda.

– Eu sinto muito, mamãe. Mas eu amo o Bernardo. Disso nunca fiz segredo para ninguém.

– Lídia! – tornou a mãe, enervando-se ainda mais.

E quando a filha não mais lhe deu atenção e partiu na companhia de Bernardo, a mulher se agarrou ao marido, chorando convulsivamente.

– Ela vai se arrepender tanto, meu marido. Tanto...

Lídia Piovesan e Bernardo Mietto casaram-se no dia seguinte tendo como padrinho Seu Ubiratan e alguns amigos mais próximos como testemunha do grande enlace. Em seguida, partiram para a Europa como haviam combinado.

Nesse ínterim, na Inglaterra, a família de Sarah Feldman, mulher que também estivera à bordo do Titanic e fora dada como sobrevivente, continuava procurando por ela na América e na Europa.

– Eu não entendo – desabafava seu marido. – Por que o nome de Sarah constou na lista de sobreviventes se ela até hoje não nos procurou?

– Segundo aqueles que mandaste à América, para investigar o paradeiro dela – lembrou-lhe a cunhada –, uma mulher chamada Sarah Feldman desceu do Carpathia, sim, no dia em que o navio aportou em Nova York, trazendo os sobreviventes da tragédia.

– Teria ela perdido a memória diante do choque que o naufrágio lhe causou?

– Se assim tivesse sido, alguém já teria nos informado.

– De qualquer modo, a busca por ela continua. Se Sarah realmente sobreviveu, ela há de ser encontrada, cedo ou tarde.

– Deus te ouça.

Semanas depois, o marido de Sarah Feldman chegava à casa do Dr. Taylor Belford, conceituado médico europeu que fora convidado para ministrar aulas numa das mais conceituadas faculdades dos Estados Unidos.

– Pois não? – perguntou-lhe uma criada.

– Procuro por Sarah Feldman. Ela se encontra?

– Um minuto, por favor.

Não muito longe dali, a criada chamou por Sarah que há meses trabalhava na morada como copeira.

– Sarah, há um senhor procurando por ti.

– Um senhor?!

O rosto da moça se converteu no mesmo instante numa máscara de preocupação.

– Seja quem for, diga para voltar outra hora. Estou muito ocupada agora.

Sem mais, ela saiu para o jardim, levando nas mãos uma bandeja, onde os moradores fariam seu almoço naquele dia. O marido de Sarah Feldman, muito desapontado, deixava a propriedade quando a esposa do Dr. Taylor o viu e foi até ele. Mesmo de longe podia notar sua ansiedade e preocupação. Depois de trocarem cumprimentos, o visitante disse ao que vinha:

– Vim em busca de Sarah Feldman.

– Sarah?!

– Sim. Mas ela não pode me atender agora, voltarei outra hora.

– O senhor é o quê dela?

– Seu marido.

A mulher, surpresa com a revelação, pediu ao sujeito, no mesmo instante, que a acompanhasse e, assim que avistou Sarah, chamou por ela.

– Sarah, vem aqui, por favor. Esse senhor deseja falar-te.

A criada fora certamente pega de surpresa, seu rosto rapidamente denotou espanto, embaraço e desespero.

– Pois não?

– Tu... – surpreendeu-se o cavalheiro. – Tu não és Sarah... Procuro por Sarah Feldman...

A moça ficou a olhá-lo com olhos tristes, parecendo querer-lhe dizer alguma coisa, sem ter forças suficientes para fazer.

Ao pedir para ver seu passaporte, a criada só mostrou porque a patroa insistiu. Os documentos eram mesmo de Sarah Feldman, esposa do sujeito que tanto ansiava encontrá-la.

– Quem és tu? – questionou o visitante, olhando enviesado para a moça trêmula à sua frente. – Por que te passas por minha esposa? Onde conseguiste o passaporte dela? Responda-me, vamos! Responda-me!

– Um minuto, por favor. A moça está a tremer – acudiu a dona da casa.

– Desculpe-me.

Depois dos nervos acalmados, o visitante insistiu na sua pergunta:

– Quem és tu? Diga-me.

A moça, procurando se fazer de forte, finalmente conseguiu responder à pergunta que ele fazia com tanta ansiedade:

– Sou aquela que se apoderou do passaporte de uma morta.

– Morta?! Quer dizer então que...

– Sim, sua esposa morreu durante o naufrágio do Titanic, eu sinto muito.

O homem chorou por minutos até conseguir ter forças novamente para desvendar aquele mistério.

– Quem és tu, então?

Entre lágrimas ela respondeu:

– Meu nome verdadeiro é Helena Mietto. E vocês hão de compreender porque eu quis tanto me passar por Sarah Feldman depois da tragédia do navio.

Capítulo 26

A seguir, Helena contou sua triste história envolvendo sua mãe, Miguel e Henrique Assunção. Há meses morando na América, conseguira aperfeiçoar o seu inglês, o que lhe permitiu se comunicar com todos com maior facilidade.

— Eu jamais pensei que haveria de expor minha vida novamente – desabafou ela. – Falando de um passado do qual não sinto nenhum pingo de orgulho por ter tomado parte. Mas não há como fugir, não é mesmo? Por mais que tentemos, o passado segue ao nosso encalço, como uma sombra incansável a nos acompanhar.

O homem e a mulher, olhos atentos a ela, ouviam tudo com grande interesse.

— Quando o Titanic tombou, muitos daqueles que ainda permaneciam sobre ele foram arremessados ao oceano. Alguns tiveram morte instantânea ao colidirem com os destroços do navio. Eu tive sorte de atingir a água sem me ferir, segurando-me a seguir, num dos pedaços de qualquer coisa flutuante que havia por ali, como outros também fizeram. Antes, porém, de tudo isso acontecer, Sarah Feldman se juntou a mim em total desespero. Logo, o choque com tudo a fez ter um mal súbito, provavelmente um infarto, e isso fez com que ela me desse seu passaporte com a promessa de que eu procuraria sua família para lhe dar um recado.

— Um recado? Que recado foi esse?
— Que ela os amava muito.

Helena não conseguiu concluir a frase, a forte emoção não lhe permitiu.

– Sinto muito por não tê-los procurado para cumprir o que prometi a ela, mas não tive condições financeiras nem psicológicas. Até eu ser encontrada pelo bote salva-vidas, que me tirou daquela água gelada, onde eu certamente teria morrido em questão de mais alguns minutos, eu, por momento algum, pensei em me passar por Sarah. Só mesmo quando à bordo do Carpathia, depois de pedirem o meu passaporte é que a ideia me ocorreu. Ao me perguntarem se eu tinha algum documento comigo, entreguei, sem querer, o de Sarah e, assim, pensaram que eu era ela. Quando percebi a confusão, achei melhor manter a mentira porque ela me daria o direito de eu nunca mais ser Helena Mietto outra vez. Pode ter sido infantil da minha parte, mas... Tudo o que eu queria naquele instante era deixar de ser quem fui e tanta tristeza passou e causou aos seus.

– Eu sinto muito. Tua vida não foi realmente fácil, mas...

– Não me entreguem às autoridades, por favor. É só o que peço ao Senhor.

Nisso, o proprietário da casa adentrou o recinto. Sua esposa, ao tentar lhe explicar o que havia sido descoberto, foi interrompida delicadamente pelo marido:

– Eu já sei de tudo. Sempre soube. Acolhi Helena nesta casa porque senti pena dela. De seu passado, de sua triste realidade.

– Quer dizer então que meu marido já sabia que...

– Sim, não tinha como eu não saber. Sendo eu um dos médicos voluntários para atender os sobreviventes do Titanic, examinei Helena. Fui escolhido para atendê-la por eu falar um pouco de português e espanhol. Visto que ela não falava inglês, achei muito estranho ela ser uma inglesa. Se não dominava a língua, como poderia ter ela um passaporte inglês? Não fazia sentido. Então ela me contou tudo a seu respeito e eu, solidário a ela, aceitei acobertá-la nesta casa. Se tomei a atitude errada, bem, isso cabe a Deus julgar.

– De fato, a história dela é muito triste.

O homem se calou e um longo silêncio se estendeu a seguir.

Após breve reflexão, o marido de Sarah compartilhou com todos a decisão a que chegou:

– Eu nada direi às autoridades, só quero o passaporte de minha esposa, o levarei comigo como recordação.

– Está bem – concordou Helena no mesmo instante, pedindo-lhe encarecidamente mil desculpas novamente por não lhe ter procurado como Sarah Feldman tanto desejou.

Assim que o visitante partiu, o Dr. Taylor voltou-se para Helena e disse, ternamente:

– Tu ainda tens teu passaporte brasileiro, não tens? Pois bem, usa-o de agora em diante.

Ela assentiu e novamente o agradeceu por tudo que lhe fizera até então.

Obviamente que outros mais acharam estranho o fato de Sarah ser uma inglesa e não falar o inglês. Quando questionada a respeito, ela alegou ter se mudado para o Brasil quando ainda menina, por isso pouco dominava a língua. Caso a imigração americana estranhasse o fato de não haver um carimbo no passaporte da moça, o Dr. Taylor explicaria que ela fora uma das sobreviventes do Titanic e que devido ao choque pelo naufrágio, perdera temporariamente a memória. Por isso fora confundida com outra mulher.

Naquele dia, ao recolher-se em seu quarto, Helena fez o que há muito se prometera nunca mais fazer na vida: voltar os olhos para o passado. Ela se viu novamente ao lado de Emanuel Garrido, declarando-se para ela:

"Ah, Helena, minha Helena... Não tive a oportunidade de viver ao teu lado por muito tempo, mas pelo pouco que vivi, foi o suficiente para te amar. Sim, eu te amei. Imensamente. Te amei calado, te amei sofrido, mas te amei. Ainda te amo."

E o amor, pensou Helena naquele instante. O amor que ela tanto sonhou viver estava prestes a ser destruído novamente pelas mãos do insuperável destino. Destino que jamais quis vê-la feliz no amor.

A seguir ela se recordou do momento em que o navio tombou

e Emanuel escorregou, ficando cada um para um lado. Ela ainda podia ouvir o grito que ele deu, desesperado e tomado de horror, enquanto esticava uma das mãos na sua direção, como se pudesse alcançá-la. Foi horrível, o momento mais triste de sua vida, sem dúvida alguma.

O transatlântico então tombou ainda mais e Emanuel não mais se aguentou segurar, rolou navio abaixo até desaparecer de sua visão. Helena, naquele instante, fechou os olhos até espremê-los, para não ter de ver o tão trágico fim do rapaz. Nunca, em toda vida, ela se sentira tão inútil diante de uma situação. Seus olhos ardiam e as lágrimas que derramava pareciam feitas de sangue. Emanuel não merecia ter aquele final... Era tão bom, tão amoroso, tão puro... Apesar do pouco tempo de convívio entre os dois, ele despertara nela grande carinho por ele. Talvez compartilhasse do mesmo amor que ele nutrira por ela. Um amor mais lúcido e sereno.

Emanuel perseguira seu maior sonho e morrera por ele. Quão injusta a vida lhe tinha sido. Por que havia de ter sido assim?

Helena se recordou a seguir do que lhe aconteceu depois. O momento em que o navio tombou de vez e começou a afundar totalmente e ela perdeu as forças e se jogou no oceano gelado. Ao ver-se submersa, pensou ser seu fim. Contudo, a falta de ar a fez voltar à superfície, com toda força de que dispunha. Foi salva pelo bote salva-vidas que voltou ali para encontrar algum sobrevivente. Ao ver-se ao lado de uma criança que tremia e gemia de frio, ela a abraçou e procurou lhe confortar com palavras amorosas e calorosas.

Ao ser socorrida pelo Carpathia, Helena recebeu uma muda de roupa e uma manta para se proteger do frio. Enquanto procurava interagir com o novo ambiente em que se encontrava, foi servido aos resgatados um caldo especialmente preparado pelos cozinheiros do navio, para forrar o estômago de todos. Ao perceber que ela não se mostrava disposta a provar, a mãe da criança que Helena confortara no bote, aproximou-se dela com um prato de canja fumegante e disse:

"Prove, te fará bem. Aquecerá teu estômago, alimentará teu

corpo, acalmará tua alma."

"Obrigada."

Em silêncio, as duas compartilharam daquele caldo com sobras de pão.

"Prove um bocadinho mais."

"Obrigada."

Por nenhum momento Helena pensou em procurar por Emanuel no navio, poderiam tê-lo salvado também e ela nada soube, não teria como, não em meio àquela confusão.

Ela se recordou a seguir do que disse a Emanuel quando ele insistiu para que ela se salvasse.

"Vai. Agora é tua vez."

"Não!", respondeu ela, sem titubear. "Eu não mereço. Sou uma pecadora. Isto é um sinal de que não há como fugir dos meus pecados. Sou uma mulher amaldiçoada. Não há salvação para mim."

Ele, furioso, respondeu:

"Achas mesmo que todos aqui são pecadores? Por isso estão na mesma situação que tu? O que chamas de pecado, tu não fizeste por mal. Seguiu apenas o que ditava o teu coração. Deus não pode culpar-te pelo que houve. Somente tu, e tu estás errada por te culpares assim. Salva-te."

"Não! Tu vais no meu lugar."

"Não, Helena. A regra é bem clara. Mulheres e crianças têm prioridade."

"Não. Eu não vou!"

E ela se desvencilhou das mãos dele e continuou ajudando todos.

Mesmo não se achando merecedora de salvamento, ela acabara sendo salva. O misterioso destino que a levara até aquele caos a salvara, só lhe restava saber o porquê. Talvez Emanuel estivesse mesmo certo no que disse a ela, essa era a única explicação que ela conseguia encontrar em tudo aquilo.

Semanas depois, Helena enfrentava um novo impasse. Polido como sempre, o Dr. Taylor lhe explicou:

– Helena, minha querida, devo voltar a morar na Europa em poucas semanas. Meu contrato com a faculdade está para expirar e não pretendo renová-lo. Estou com saudades da Europa. Se quiseres ir comigo, pago tua passagem. Se quiseres ficar...

Helena ficou momentaneamente em dúvida quanto ao que fazer. No tempo que residira na América fizera muito poucos amigos, talvez por medo de ser descoberta, e também pela dificuldade de aprender a língua nativa. Mesmo depois de dominá-la, ainda assim dispunha de muito poucos amigos, na verdade, o único amigo mesmo que tinha, que poderia considerar um, era aquele que lhe estendera a mão quando ela mais precisou. A gratidão pelo que ele fez por ela era imensa e, por isso, ela aceitou acompanhá-lo de volta à Europa.

Aceitara também porque o sonho de viver na América fora inteiramente de Emanuel, ela só fora para lá por sua causa, para alegrá-lo e ser solidária a ele. Visto que ele havia morrido no naufrágio do navio, não havia mais por que viver ali. Foi assim, então, que Helena voltou para a Europa que mergulhou no que viria ser conhecido como a primeira guerra mundial durante o período de 1914 a 1918.

Ao lado do Dr. Taylor Copeland, Helena se esforçou ao máximo para ajudá-lo a salvar a vida dos soldados feridos em guerra. Foram tempos difíceis, de dor e desespero para todos que se feriam nos campos de batalha e também para aqueles que lhes prestavam socorros.

Não era nada fácil para os enfermeiros, médicos e voluntários passar os dias, vendo jovens e mais jovens soldados, chegarem aos hospitais e prontos-socorros improvisados, multilados e agonizando de dor. Verem-se incapazes de curar muitos dos ferimentos e até mesmo, aliviar a dor dos feridos era para muitos algo quase que insuportável. Logo Helena percebeu que o Dr. Taylor estava prestes a ter um esgotamento nervoso.

– Quero poupar da dor e de todo esse sofrimento, esses soldados e cidadãos vítimas da guerra, mas nem sempre tenho meios... – admitiu ele, certo dia, rompendo-se em lágrimas. – É tão triste ver esses enfermos implorando a mim, por meio do olhar, que os liberte da dor que...

– Sei o quanto é triste... Mas o Senhor tem feito o que pode.

– Essa guerra é insana. Não deveria existir. Não poderia existir.

Em mais um rompante, Helena acolheu o médico em seus braços, procurando ampará-lo diante de tão hedionda situação.

– Sou-te muito grato Helena. Muito grato por estar ao meu lado nesses tempos tão difíceis.

– A realidade, ainda que seja cruel, só nos resta encará-la.

Em meio aos horrores da guerra, Helena se sentiu menos culpada por tudo que aconteceu em seu passado. Ver-se ajudando todos aqueles soldados feridos, agonizando de dor, fez com que ela encontrasse finalmente um bom motivo para ter sobrevivido ao naufrágio.

Certo dia, num momento raro de sossego, Helena ficou a refletir sobre a vida e suas árduas passagens. Foi então que se lembrou de Bernardo, seu irmão querido e da saudade que sentia dele. Teria ele se casado? Teria sido com Lídia? Teria filhos?

Recordou-se ela do anúncio que saiu no jornal e foi levado até ela pelo Dr. Taylor. Fora escrito por Bernardo. O que o teria levado a Portugal? Ainda estaria morando no endereço que constava no anúncio? Teria ele se ligado a Henrique? Feito amizade? E quanto a Henrique? Ainda estaria vivo? Sete anos já haviam se passado desde a última vez que se viram. Custava-lhe acreditar como o tempo havia passado tão rápido.

A guerra então chegou ao fim com a rendição da Alemanha (Novembro de 1918). O Dr. Taylor então chamou Helena para ter um particular com ela.

– Não achas que deves procurar teu irmão? Pelo menos teu irmão, que há tempo te procura?

A pergunta deixou Helena temporariamente sem resposta.

– Muito já se passou desde tudo que aconteceu entre ti e teu verdadeiro pai.

– Certas coisas jamais se esquecem.

– Eu sei. De qualquer modo, teu pai pode ter morrido nesse período. Eu, no teu lugar, procurava teu irmão, pelo menos teu irmão. Vai te fazer bem, Helena, acredite. Tu te tornaste uma mulher solitária e triste desde a tragédia do navio e outras mais que fizeram parte da tua vida. Tu não mereces mais sofrer. Se cometeste realmente algum pecado, foste perdoada totalmente, depois de todo bem que fizeste ao próximo nestes anos de guerra.

As palavras novamente a tocaram.

– Tu amas teu irmão que eu sei.

– Sim, amo-o muito.

– Então... Vai em busca dele. Começa por Portugal, pois talvez ele ainda se encontre no endereço que deixou no anúncio que pôs nos jornais à tua procura. Se não o encontrares em Portugal, aí, sim, parte para o Brasil, pois certamente ele deve ter voltado para lá.

Helena acabou aceitando a sugestão.

Capítulo 27

Às vésperas do início da primavera de 1919, Helena voltou a Lisboa. Quisera nunca mais pôr os pés ali para não ter de se lembrar do período negro que passou até chegar ao local e também para não ter de recordar dos bons momentos que viveu ao lado de Emanuel, que tanto se esforçou para alegrá-la.

Ao chegar ao endereço que conseguira por meio do anúncio em jornal, Helena ainda se mantinha incerta se deveria realmente procurar o irmão ali. Quando a carruagem parou em frente ao lindo gramado que se estendia na quinta herdada por Henrique Assunção, ela, com a ajuda do cocheiro desceu do veículo. A propriedade era realmente linda, a casa, um espetáculo.

– Tudo bem com a Senhora? – perguntou-lhe o cocheiro, estranhando sua aparência pesada e cansada ao mesmo tempo.

– Sim – respondeu ela, como que desperta de um transe.

– Posso já retirar tuas malas ou queres que eu aguarde?

– Aguarde-me, por favor.

Houve nova pausa até que Helena se dispusesse a andar. Foi por uma das janelas, em frente à mansão, que Lídia avistou a cunhada.

– Bernardo – murmurou ela, emocionada. – Vem até aqui.

O marido, assustado com sua reação, atendeu prontamente ao pedido da esposa.

– O que foi?

– Vê – respondeu Lídia a tremer por inteira de emoção. – É

ela...

Os olhos do moço se abriram consideravelmente.

– Helena... – balbuciou ele e, no mesmo instante, dirigiu-se para fora da casa. Ao ganhar o ar, parou, maravilhado com o que via. Seus olhos estavam realmente brilhantes devido às lágrimas que logo rolaram por sua face e sua barba bem aparada.

– Helena... – repetiu ele emocionado. – É mesmo tu, minha Helena.

Ela continuou caminhando até ele como se caminhasse dentro de um sonho mágico e emocionante. Ela parou a um metro de distância dele, onde ambos ficaram a se contemplar com olhos extasiados. Tanto ele quanto ela pareciam ter perdido a força para expressar seus sentimentos diante de tão emocionante reencontro. Por fim, ele deu um passo à frente e a abraçou, forte, enquanto desabava num choro agonizante. Fortemente enlaçados, ela lhe afagava os cabelos com os dedos delicados como faria sua mãe ao reencontrar o filho tão adorado.

Então, ele conteve o choro e afastou o rosto para poder vê-la melhor.

– Juro, por tudo que há de mais sagrado, que no íntimo eu sabia que esse momento chegaria – admitiu ele, voltando a suspirar. – Que bom que chegaste!

Novamente se abraçaram com ela se apertando fortemente contra ele e sussurrando palavras que pareciam escapar-lhe dos lábios sob dominio próprio, em acalorada vibração.

– Sete anos, quase oito que tu e eu não nos víamos – murmurou ele. – Que loucura...

Ela novamente tentou falar e não conseguiu. Ele então a encaminhou para dentro da mansão, chamando por Lídia.

– Helena – exclamou a moça, também chorando de emoção. – Quão alegre é este dia, por saber que estás viva, minha querida.

As duas se abraçaram fortemente.

– Bernardo jamais acreditou que tu tivesses morrido. Vivia sempre a me dizer que tu ainda estavas viva, em algum lugar, viva!

– Que bom que tu e ele ficaram juntos – elogiou Helena, olhando orgulhosamente para o casal.

– Sim. Foi díficil, quase impossível, mas no final o amor venceu todas as barreiras impostas por um cruel destino que insistia em nos separar.

– Que bom!

Helena estava verdadeiramente feliz pelo casal.

– Tu já és tia, Helena. Nesse periodo, eu e Bernardo tivemos duas meninas... Duas lindas garotinhas: Ana e Amélia.

– Que notícia mais maravilhosa!

Nova pausa.

– Helena, minha irmã, vou pedir ao criado que apanhe tuas malas – prontificou-se Bernardo.

Depois dessa parte resolvida, ele pediu que trouxessem algo para a irmã se alimentar. Foi então que Lídia e Bernardo apresentaram suas filhas e contaram à recém-chegada como conseguiram ficar juntos. Depois foi a vez de Helena contar tudo o que passou, desde que partiu do Brasil na esperança de fugir ou apagar para sempre seu passado tão triste.

– E foi isso que aconteceu comigo – terminou Helena, ainda muito emotiva.

– O destino realmente não te foi favorável, minha irmã... O importante é que estás viva e podes agora recomeçar tua vida mais uma vez. Ao meu lado e ao lado de Lídia.

Um sorriso tímido brilhou no rosto amargurado e cansado da moça. Houve então uma pausa até ela perguntar, o que já deveria ter feito desde que ali chegou:

– E ele, Bernardo? O que foi feito dele?

O irmão soube no mesmo instante a quem ela se referia.

– Bem... – ele limpou a garganta antes de explicar: – Ele está lá em cima, Helena. Em seu quarto, de onde raramente sai.

A resposta a surpreendeu, para Helena, Henrique Assunção estava morto ou fora ela quem preferiu acreditar que estivesse, para não ter de encará-lo novamente.

– Então ele ainda está vivo...

– Sim, minha irmã. Mas se tu não te sentes bem ao lado dele, evita contato. A casa é grande, imensa, na verdade, com isso não terás de conviver com ele.

– Tu me disseste que aprendera a vê-lo com outros olhos neste período...

– Sim. É verdade.

– Quem sabe eu também não aprendo.

– Quem sabe...

Depois de alojada num quarto da mansão, Helena decidiu não mais protelar o que, cedo ou tarde, haveria de acontecer. Caminhou até o quarto que Henrique ocupava na casa e bateu à porta. Entrou, assim que recebeu permissão. Ele também aguardava por aquele momento, pois já soubera de sua chegada por intermédio do próprio Bernardo. Ambos ficaram a se admirar, em silêncio por minutos que lhes pareceram intermináveis. Foi ele quem conseguiu dizer as primeiras palavras:

– Um dia eu disse a Deus: perdão por tê-Lo renegado durante todos esses anos. Se puderes realmente me perdoar, peço-te apenas que protejas Helena onde quer que ela se encontre, porque eu, assim como teu irmão, jamais deixamos de acreditar que estivesses viva. Disse a Ele também, que nos perdoasse por tudo que aconteceu, e que se pudéssemos voltar no tempo eu mudaria totalmente o curso de nossa história para evitar todo o sofrimento que te causei.

– Eu também fui culpada.

– Mas eu insisti... Se eu não tivesse insistido... Se eu não tivesse proposto a tua mãe que...

– Se não tivesse feito, eu não estaria aqui.

– É verdade.

– Portanto...

Nova pausa e ela completou:

– Eu quis ter morrido naquele naufrágio, sabe? Tomei aquele navio na esperança de deixar para trás, tudo o que tanto me martirizava e, no entanto, não consegui. Estamos frente a frente novamente. Com isso chego à conclusão de que não há mesmo como fugirmos dos nossos problemas, só mesmo encarando todos eles, à medida do possível, é que podemos superá-los e, assim, voltarmos a viver com mais leveza e dignidade.

Ele demonstrou apreciação por suas palavras. Ela continuou:

– Será que podemos ser amigos daqui pra frente? Passar uma borracha no passado?

– Lógico que sim, Helena. A vida é mesmo feita de recomeços: um novo dia, uma nova semana, um novo mês, um novo ano... Uma nova estação, uma nova etapa.

– Sim... Um eterno recomeço. Ainda bem que é assim.

– Ainda bem.

Nova pausa e uma estante se destacando timidamente no canto do aposento, chamou a atenção da moça. Ao perceber seu interesse, Henrique explicou:

– Cada livro que tu vês aí, foi meu melhor amigo durante esses últimos anos. O tempo em que o desgosto fez do meu coração sua morada. Eles ainda continuam sendo. Foi por meio desses livros que pude penetrar num mundo de imagens e sensações que jamais havia conhecido. Pude voltar a colorir, ainda que de leve, o meu mundo que se tornara preto e branco depois de tudo o que nos aconteceu.

Quando o som da cidade adormecia e só me restavam a tristeza e a solidão, era nos livros que eu me apegava para fugir de ambas.

Por isso, posso dizer, sem sombra de dúvida, que me mantive vivo graças ao mundo fascinante da literatura e fiz questão de sobreviver para poder rever-te, Helena e reparar, de algum jeito, o mal que te fiz.

– Se tu tivesses sabido da verdade... Se eu tivesse... Nós nunca teríamos...

– Não, nunca.

– Fomos vítimas da paixão e de segredos para encobrir verdades que poderiam ferir a todos nós.

– Sim.

Nova pausa e ele disse:

– Os livros também fizeram com que eu me aproximasse mais de Deus. O que também ajudou a confortar meu coração em desalinho.

– Estimo.

249

Pela primeira vez, um sorriso menos amargurado e inibido cobriu a face de ambos. Era sem dúvida alguma um novo começo, uma nova etapa para ambos cujo destino os uniu de forma tão tempestuosa e cruel.

No dia seguinte, durante o almoço em família, Helena, voltando-se para Bernardo, perguntou o que há muito desejava:

– O que te fez suspeitar que eu não havia morrido no naufrágio?

Bernardo explicou.

– Um médium?! – exclamou ela, surpresa e pensativa ao mesmo tempo. – Surpreendente.

– Sim, Helena. Surpreendente.

– Acreditas mesmo que essa gente tem o poder de se comunicar com os mortos?

– Sim. Depois da experiência que tive.

Ela se silenciou por instantes, reflexiva.

– Poderias me levar até esse sujeitou ou qualquer outro do tipo? – pediu ela, então.

– Sim, Helena. Logicamente que sim.

Ao final daquele dia, ambos se encontravam na casa do médium em questão.

– O que te trazes até mim, minha jovem? – perguntou o cavalheiro, muito cordialmente à Helena.

– Venho saber se podes entrar em contato com uma pessoa muito querida, com quem tive o prazer de compartilhar bons momentos, ainda que por muito, muito pouco tempo.

– Farei o possível. Mas não te decepciones se eu não conseguir. Nem sempre é possível, uma vez que os espíritos também têm suas ocupações no mundo espiritual, com isso, nem sempre estão disponíveis para um contato.

– Não me decepcionarei.

O médium pediu aos dois que se sentassem e depois de fazer as orações devidas, procurou se conectar com o espírito de Emanuel, como Helena tanto almejava. Emanuel, que sempre que podia, visitava Helena para saber como estava, transcreveu uma carta para ela por intermédio das mãos do médium:

Helena, minha querida. A vida tem muitos caminhos para unir todos e outros árduos para nos separar. Não há como vivermos sem evitar, muitas vezes, as influências negativas de outras pessoas a nossa volta, do clima, tempo e espaço terrestre. Foi isso que aprendi aqui onde estou por meio de amigos espirituais. O pouco tempo que passamos juntos foi para mim uma preciosidade, levarei comigo, na memória da alma, onde quer que eu reencarne.

Eu tinha um sonho de mudar de vida, de recomeçá-la noutro lugar, ainda que distante, lembras-te? De qualquer modo, estou vivendo isso na prática, só que noutro plano. Nem todos os sonhos terrestres são possíveis de serem realizados. Essa é uma verdade absoluta que todos devem compreender para não se frustrarem e amargarem suas vidas. O importante nisso tudo é que hoje sei, com certeza, de que da mesma forma que um dia tivemos a chance de nos conhecer, teremos novas chances de nos reencontrar, porque a vida não para, tampouco acaba para o espírito. Seja aqui ou aí, seja em que parte for desse cosmos infinito, nós ainda nos reencontraremos, estejas certa disso. Por hora fica com os teus, estou feliz por ter finalmente te libertado das mágoas do passado e procurado teu irmão. Agora me sinto mais tranquilo em relação a ti.

Com todo o meu carinho e amor,

Emanuel Garrido.

– Fez sentido para ti? – perguntou o médium ao ver Helena emocionada.

– Sim. Total sentido. É ele mesmo. O Senhor não poderia ter forjado esta carta, pois nada sabia sobre nós dois.

– Sim, de fato.

– Obrigada.

Os irmãos se despediram do senhor e Helena quis então voltar até a estalagem em que morou, até partir para sua viagem de navio. Quando lá, recordou-se dos bons momentos que ali viveu ao lado do belo e amável Emanuel. Havia agora uma paz pairando em torno do seu coração. Um conforto que só mesmo o contato com o mundo espiritual poderia lhe oferecer.

Capítulo 28

Nesse ínterim, na cidade de Santos, Brasil, a mulher que fora criada de Beatriz e Miguel por um tempo, ajoelhava-se no genuflexório em frente à cabine do confessionário onde um dos padres aguardava os fiéis para a confissão semanal.

– Padre – começou ela, um tanto insegura.
– Sim, filha, diga.
– Há muito que preciso confessar algo que fiz e não tenho coragem de dizer.
– Foi algo grave, filha?
– Penso que sim.
– Tu te arrependes?
– Numa vezes sim, noutras não.
– Abre-te com Deus, só assim poderás aliviar o peso em teu coração.

Ainda que incerta se deveria falar, a mulher foi em frente:
– Num passado bem distante, eu e meu pai fomos escravos do pai de um sujeito chamado Miguel Mietto; um homem muitas vezes impiedoso, que deixou meu pai morrer por maus tratos. O maior sonho do meu pai era ver a abolição da escravatura, algo que não pôde, por maldade desse homem sem coração. Então, eu jurei vingança a essa gente e como não pude atingir diretamente aquele que nos fez mal, decidi atingir o filho dele.

Ela fez uma pausa.

– Prossiga.

– Pois bem, padre, anos depois da abolição, tornei-me criada de Miguel Mietto e sua esposa. Por ter vivido com os escravos, sabia quais eram as ervas que se usavam para abortar uma criança, especialmente quando concebida por um branco cujo único interesse era abusar de suas escravas. Assim sendo, sempre que eu podia, sugeria a Dona Beatriz Mietto que fizesse uso delas, fazendo-a pensar que era para o seu próprio bem. Com isso, por mais que ela tentasse engravidar, não conseguia, causando grande sofrimento no casal, como eu tanto desejava.

– Que horror, filha! Tu não devias ter feito isso.

– Mas fiz e como disse ao Senhor: há momentos em que me arrependo e noutros não.

– Mas afinal, a tal senhora nunca conseguiu engravidar?

– Conseguiu, sim. Foi quando eu adoeci e tive de me afastar da casa. Quando regressei, ela já estava para dar à luz, o que muito me irritou. De qualquer modo, quando ela desejou ter outro filho, voltei a usar de minhas ervas para prejudicar seu intento. Junto a isso eu também fiz uso do que vocês chamam de magia negra. Eles não podiam ser felizes, de jeito nenhum. E de fato não foram. O Senhor Miguel vivia metido em jogatina, perdendo tudo, causando grande sofrimento na esposa. Quando percebi que minha vingança havia sido concluída, deixei de trabalhar para o casal. Mais tarde, digo, muitos anos depois, o Senhor Miguel descobriu que a esposa havia se deitado com outro para que esse outro perdoasse uma dívida sua. Como ela ficou grávida logo a seguir, deduziu que os filhos eram desse fulano, já que ela nunca conseguia engravidar do marido. Isso causou uma tragédia ainda maior na vida de todos os envolvidos. Ou seja, minha vingança foi muito maior do que eu pensei que poderia ser. De qualquer modo...

Ela fez uma pausa e perguntou:

– Os filhos também poderiam ser do sujeito com quem Dona Beatriz se deitou... Como saber a verdade, padre?

– Aí é que está, filha, só Deus sabe.

E a mulher quedou pensativa.

253

Final

Muitas décadas depois. Março de 2016, Avenida Paulista, São Paulo. Milhares e milhares de brasileiros reunidos nas ruas para dar fim à corrupção no país. Helena, vestindo uma camisa verde e amarelo, com a bandeira do Brasil estampada na frente, caminhava ao lado de muitos e, foi assim que ela reencontrou alguns de seus conhecidos numa vida passada, com quem se uniu novamente por um mesmo ideal. Mais do que isso, haveriam de viver parte do que as injustiças do passado lhes roubou por ganância, vício, ócio, vingança, desespero e culpa.

Ela estava prestes a viver uma nova etapa e, dessa vez, o amor triunfaria.

LANÇAMENTOS DE AMÉRICO SIMÕES

SEM VOCÊ, É SÓ SAUDADE
POR AMOR, SOMOS MAIS FORTES
HORA DE RECOMEÇAR

OUTROS SUCESSOS DE AMÉRICO SIMÕES
1.A OUTRA FACE DO AMOR
2.A VIDA SEMPRE CONTINUA
3.A SOLIDÃO DO ESPINHO
4.A LÁGRIMA NÃO É SÓ DE QUEM CHORA
5.FALSO BRILHANTE, DIAMANTE VERDADEIRO
6.DEUS NUNCA NOS DEIXA SÓS
7.DEPOIS DE TUDO, SER FELIZ
8.E O AMOR RESISTIU AO TEMPO
9.NENHUM AMOR É EM VÃO
10. NINGUÉM DESVIA O DESTINO
11. NEM QUE O MUNDO CAIA SOBRE MIM
12. O QUE RESTOU DE NÓS DOIS
13. PAIXÃO NÃO SE APAGA COM A DOR
14. POR ENTRE AS FLORES DO PERDÃO
15. QUANDO E INVERNO EM NOSSO CORAÇÃO
16. QUANDO O CORAÇÃO ESCOLHE
17. SE NÃO AMÁSSEMOS TANTO ASSIM
18. SÓ O CORAÇÃO PODE ENTENDER
19. SUAS VERDADES O TEMPO NÃO APAGA
20. SEM AMOR EU NADA SERIA
21. PAIXÕES QUE FEREM – TRILÔGIA PAIXÕES/VOLUME 1
22. O LADO OCULTO DAS PAIXÕES – TRILÔGIA PAIXÕES/VOL. 2
23. A ETERNIDADE DAS PAIXÕES - TRILÔGIA PAIXÕES/V. 3
24. VIDAS QUE NOS COMPLETAM
25. MULHERES FÊNIX

26. O AMIGO QUE VEIO DAS ESTRELAS
27. O DOCE AMARGO DA INVEJA
28. AMANDO EM SILÊNCIO
29. POR UM BEIJO ETERNO
30. DÍVIDAS DE AMOR
ENTRE OUTROS

Para adquirir um dos livros ou obter informações sobre os próximos lançamentos da Editora Barbara, visite nosso site:

www.barbaraeditora.com.br
E-mail: editorabarbara@gmail.com

ou escreva para:
BARBARA EDITORA
Rua Primeiro de Janeiro, 396 – 81
Vila Clementino – São Paulo – SP
CEP 04044-060
(11) 2615 8082
55815472

Contato c/ autor: americo.simoes@uol.com.br
Facebook: Américo Simões - Romances
Blog: http://americosimoes.blogspot.com.br

BARBARA, SEMPRE UM BOM LIVRO PERTO DE VOCÊ.

PARA TODOS: SORTE, SAÚDE, SUCESSO E AMOR!